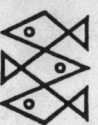

Über dieses Buch

In einer Zeit, die, umgetrieben von dem Zerfall der umfassenden kulturellen, religiösen und philosophischen Orientierungssysteme, nach heilsamen Problem*lösungen* schreit, erscheint es angebracht, mit geschärfter Aufmerksamkeit auf die innere Geschichte der *Probleme selbst* zu hören und sich auf die *Richtigstellung der Fragen* zu konzentrieren. Das gilt auch für die Deutung geschichtlicher Reflexionsprozesse.

Ein Beispiel dafür gibt Heidrun Hesse mit ihrer Studie zur Entwicklung des Ideenensembles der Kritischen Theorie, insbesondere in der Ausprägung, die es im Werk Max Horkheimers gefunden hat. Die Autorin erkundet den »Denkweg«, den Horkheimers Sozialphilosophie genommen hat, indem sie deren »inneren Widersprüchen« nachgeht; sie erschließt die Kritische Theorie als »(Selbst-) Kritik der neuzeitlichen Rationalität« und der mit ihr gesetzten Techniken der Herrschaft über die Natur und in der Gesellschaft. Durch genaue Darstellung des Argumentationszentrums der Horkheimerschen Begriffsarbeit am Zivilisationsprozeß werden der Erfahrungsgehalt und die fortschwelenden Fragen der Kritischen Theorie freigelegt.

Die Autorin

Heidrun Hesse, geboren 1951 in Wittdün auf Amrum, hat Philosophie und Germanistik studiert und lebt in Tübingen. Sie ist mit Aufsätzen in Zeitschriften hervorgetreten.

HEIDRUN HESSE

Vernunft und Selbstbehauptung

Kritische Theorie als Kritik
der neuzeitlichen Rationalität

FISCHER TASCHENBUCH VERLAG

FISCHER WISSENSCHAFT

Originalausgabe
Veröffentlicht im Fischer Taschenbuch Verlag GmbH,
Frankfurt am Main, Juni 1984
© 1984 by Fischer Taschenbuch Verlag GmbH, Frankfurt am Main
Umschlaggestaltung: Jan Buchholz / Reni Hinsch
Gesamtherstellung: Buch- und Offsetdruckerei Wagner GmbH, Nördlingen
Printed in Germany
1280-ISBN 3-596-27343-9

Inhalt

»Komm! ins Offene, Freund! zwar glänzt ein Weniges heute
  Nur herunter und eng schließet der Himmel uns ein.
Weder die Berge sind noch aufgegangen des Waldes
  Gipfel nach Wunsch und leer ruht von Gesange die Luft.
Trüb ists heut, es schlummern die Gäng und die Gassen und fast will
  Mir es scheinen, es sei, als in der bleiernen Zeit.
Dennoch gelinget der Wunsch . . .«

Friedrich Hölderlin

Für Klaus

Vorbemerkung

Wissen ist Macht. Es entdeckt dem Wissenden die Wahrheit der Naturgesetze und verspricht, sie nutzbar zu machen. Daß es schließlich auch zum richtigen Leben befähigen und anleiten werde, erhofften sich die Philosophen der Aufklärung. Vernunft, ohne Vorurteile in richtigen Gebrauch genommen, verhieß nicht nur Herrschaft über bedrohliche Naturgewalten. Sie sollte auch die Herrschaft von Menschen über Menschen, die soziale Gewalt, beseitigen, allgemeingültige Grundlagen von Recht und Moral feststellen, den Fortschritt zu umfassender Gerechtigkeit und jedermanns Glück gewährleisten.

Solche Zuversicht ist uns abhanden gekommen. Während die aufgeklärte Moderne weiter daran arbeitet, ein »neues Atlantis« zu realisieren, setzt sie sich mehr und mehr einem ungeheuerlichen Verdacht aus, dem Argwohn nämlich, sie beschleunige in Wahrheit das Herannahen der Apokalypse, zumindest aber den schleichenden Untergang des Individuellen in einer total verwalteten Welt. Die losgelassene technische Rationalität droht nicht nur die Natur zu verheeren. Längst ist sie vielerorts zu undurchschaubaren Systemzwängen geronnen, in denen sich ohnmächtig zu verfangen scheint, wer sein Leben handelnd selbst zu bestimmen versucht. Wieder einmal werden »schicksalhaft geteilte Werte« beschworen, um aufbrechende Widersprüche zu verdrängen und angeblichem Sinnverlust zu wehren. Ist Orientierungslosigkeit die Gefahr? Oder sollten wir uns vielmehr vor den Wegen hüten, die als Auswege angepriesen werden? Ist das Ende nahe? Und falls diese Frage mit »ja« zu beantworten sein sollte, wessen Ende? Das der Welt oder aller Vernunft oder bloß das Ende maßlos überspannter Erwartungen? Vielleicht sind der Pessimismus und die Angst, die sich gegenwärtig lauthals Gehör verschaffen, nicht allein den Schrecken der Wirklichkeit geschuldet, sondern Ausdruck einer tiefen Enttäuschung, die unausweichliche Kehrseite der allzu zuversichtlichen Vernunft-Utopien, die den Beginn der Neuzeit markieren.

Auf die unheilvolle »Dialektik der Aufklärung« haben Max Horkheimer und Theodor W. Adorno schon vor fast vierzig Jahren aufmerksam gemacht. Der selbstzerstörerischen Dynamik des aufklärenden Denkens ist die Kritische Theorie jedoch auch selber erlegen. Das läßt sich sowohl an der hermetischen Aporetik »Negativer Dialektik« demonstrieren, wie in der Auseinandersetzung mit der Horkheimerschen Sozialphilosophie vorführen. Mit Nachdruck hat die Kritische Theorie der Gesellschaft, die Horkheimer in den dreißiger Jahren entwarf, zunächst an das neuzeitliche Projekt vernünftiger Emanzipation anknüpfen wollen, dessen Scheitern die »Kritik der instrumentellen Vernunft« später reflektiert. Deshalb will ich in dieser Studie versuchen, den Denkweg zu erhellen, den die Kritische Theorie genommen hat, indem ich ihren inneren Widersprüchen nachgehe, ohne ihr andächtig in die totale Resignation zu folgen. Es geht mir vor allem darum, den vernunftkritischen Ansatz Horkheimers aufzunehmen, ihn zu präzisieren und in die gegenwärtige Rationalitätsdiskussion einzubringen, um deren Dilemma schärfer sichtbar zu machen. Deutlich werden wird, so hoffe ich, wie sich auf diese Weise brisante Probleme triftig durchdenken lassen und daß die Kritische Theorie als (Selbst-)Kritik der neuzeitlichen Rationalität gelesen werden kann und muß.

A. Horkheimers Entwurf einer kritischen Gesellschaftstheorie

Die interessantesten Gedanken birgt die Kritische Theorie Max Horkheimers dort, wo sie sich zur Kritik der instrumentellen Vernunft wandelt. Das zu belegen, ist das Ziel dieser Arbeit. Um die Probleme darzustellen, mit denen diese Einsicht verknüpft ist, und die Folgerungen zu überprüfen, die sie aufdrängt, werde ich mich vorrangig mit jenen Schriften Horkheimers auseinandersetzen, in denen die verhängnisvolle Instrumentalisierung der Vernunft eigens thematisiert wird. (Also mit den Texten *Vernunft und Selbsterhaltung*, *Zur Kritik der instrumentellen Vernunft* und mit der von Horkheimer gemeinsam mit Adorno verfaßten *Dialektik der Aufklärung*.)

Horkheimers Kritik der neuzeitlichen Rationalität, die zur berechnenden Logik der Herrschaft verkommen zu sein scheint, lebt vom Gedanken an eine andere Vernünftigkeit, die nicht im technischen Kalkül aufgeht. Sie versteht sich als Vernunftkritik im klassischen Sinne: Vernunft versucht ihrer selbst innezuwerden, ihre Grenzen zu bestimmen und denkbarem Mißbrauch zu wehren, aber auch ihren – vergessenen – Möglichkeiten nachzuspüren. Die aufregenden Überlegungen zur selbstzerstörerischen Dialektik der Aufklärung, in denen das Denken die Reflexion gegen sich selbst riskiert, stehen in der Tradition der Aufklärung, der sich bereits die frühe Kritische Theorie verpflichtet weiß. Zumindest insgeheim bedeuten sie jedoch auch, daß einige vormals von Horkheimer behauptete Positionen nunmehr selbstkritisch verworfen werden. Wenn ich im folgenden das Konzept Kritischer Theorie umreißen werde, wie es Horkheimer während der dreißiger Jahre in einer Reihe von Aufsätzen (vornehmlich in der von ihm herausgegebenen *Zeitschrift für Sozialforschung*) entfaltet hat, so vor allem, um diese aufschlußreiche Verschiebung in den Blick zu bringen. Ich hoffe damit zugleich auf Schwierigkeiten aufmerksam zu machen, die das frühe Programm der Kritischen Theorie aufwirft und denen vielleicht noch die späte Kritische Theorie einen Teil ihrer charakteristischen Aporien schuldet. Es geht mir nicht darum, mit dem

philologischen Skalpell sämtliche Widersprüchlichkeiten herauszu-
schneiden, die sich in Horkheimers vielfältigem Essay-Werk finden
lassen, und höhnisch über sie zu triumphieren. Vielmehr beabsichtige
ich, dem Leser einen für die weiteren Untersuchungen hinreichenden
Begriff davon mitzuteilen, wie sich die Kritische Theorie Horkheimers
philosophiegeschichtlich verortet, welche Elemente sich in ihr zusam-
menfügen und welchen Zielen sie sich verschreibt.

I. Kritische versus traditionelle Theorie

1937 veröffentlichte Horkheimer die grundlegende Abhandlung »Traditionelle und kritische Theorie«[1] in der *Zeitschrift für Sozialforschung*. Damit war ein bleibender Name für seine theoretischen
Anstrengungen und die seiner engeren Mitarbeiter am »Institut für
Sozialforschung«[2] gefunden, das vor dem Faschismus aus Frankfurt
am Main geflohen war. Emphatisch grenzt der Institutsleiter darin die
Idee einer »kritischen Theorie«, ja »eines kritischen Verhaltens«.[3] gegen überkommene Theorieformen ab, die das Gegebene zum Maßge-
benden verklären. Die relativ gewaltsame begriffliche Zuspitzung auf
eine nur scheinbar eindeutige Alternative – hier (neue) kritische, dort
(alte) traditionelle Theorie – hat zu Mißverständnissen Anlaß gegeben.[4] Traditionelle Theorie schimpft Horkheimer keineswegs alles,
was vor ihm gedacht worden ist. Vielmehr bezeichnet dieser Begriff
einen ganz bestimmten Typus des Denkens. Descartes hat ihn aus der
Taufe gehoben[5]; längst jedoch ist er zum dominierenden Verfahren
der Welterkenntnis geworden, denn er bestimmt das methodische
Vorgehen der Wissenschaften und prägt deren eigentümlichen Wirklichkeitsbezug. Traditionelle Theorie in diesem Sinne will das, was wir
in Natur und Gesellschaft vorfinden, klar und vollständig beschreiben
und schließlich kausal erklären. Wenn Wissen uns befähigt, zutreffende Voraussagen zu machen, bewährt sich seine Richtigkeit. »Es ist
ein Operieren mit Konditionalsätzen angewandt auf eine gegebene
Situation. Unter Voraussetzung der Umstände abcd muß das Ergebnis
q erwartet werden, fällt d weg, das Ergebnis r, tritt g hinzu, das Ereignis s, und so fort. Solches Kalkulieren gehört zum logischen Gerüst
der Historie wie der Naturwissenschaft. Es ist die Existenzweise der
Theorie im traditionellen Sinn.«[6] In der Form solcher Wenn-Dann-
Aussagen werden Gesetzmäßigkeiten festgestellt, die gleichförmige

Muster aus dem Fluß des Geschehens herausheben. »Die Erkenntnis bezieht sich einzig auf das, was ist, und seine Wiederholung.«[7] Descartes hat die Grundprinzipien dieser Methode formuliert. Wenn wir sie beachten, wird unser Wissen prinzipiell mathematisierbar. Mit allen Vorurteilen soll aufgeräumt und die zeitlos gültige Erkenntnis beliebiger Sachverhalte garantiert werden. Daß diese Methodik auf nützliches, verwertbares Wissen zielt, hat Descartes sogleich betont.[8] Macht und Erfolg des kalkulierenden Denkens beweisen die Naturwissenschaften und ihre mannigfachen Anwendungen, die aus unserer von Technik durchsetzten Lebenswelt gar nicht mehr wegzudenken sind.

Während die Maßstäbe der Nützlichkeit und Zweckdienlichkeit in der Ordnung des traditionellen Wissens fraglos vorausgesetzt werden, stellen sie sich der Kritischen Theorie selber als Problem dar. Nicht daß sich Horkheimer als Wissenschaftsverächter gebärdet. Er hält Theoriebildung traditioneller Art im Gegenteil für unverzichtbar, nur eben nicht für hinreichend. »Die Selbsterkenntnis des Menschen in der Gegenwart ist jedoch nicht die mathematische Naturwissenschaft, die als ewiger Logos erscheint, sondern die vom Interesse an vernünftigen Zuständen durchherrschte kritische Theorie der bestehenden Gesellschaft.«[9] Mit diesem Satz ist die Perspektive angegeben, aus der Horkheimer zwei gewichtige Einwände gegen jene Spielart von Theorie vorbringt, die als traditionell gekennzeichnet wurde. Im Gegensatz zur angestrebten Kritischen Theorie glaubt jene es mit immerwährenden Gesetzen zu tun zu haben; nur sie jedenfalls versucht sie zu ermitteln. Sie besinnt sich nicht auf den geschichtlich-gesellschaftlichen Zusammenhang, in dem sie sich breitmacht; sie erwägt nicht, ob und wie dieser ihre eigene Gegenstandswahl und Erkenntnisweise beeinflußt.

Erst in den letzten Jahren ist einer größeren Zahl von Wissenschaftstheoretikern ein wissenschaftshistorisches Licht aufgegangen.[10] Deutlich geworden ist endlich, daß wissenschaftliche Theorien sich nicht in einem sauber abgekapselten gesellschaftlichen Vakuum entwickeln und durchsetzen. Gewertet werden die nunmehr offenkundigen Einwirkungen, ja Vernetzungen, allerdings zumeist immer noch als unkontrollierte Einbrüche irrationaler Entscheidungen in den geordneten Fortgang rationaler Wissenschaft. Hier trifft Horkheimers zweite Überlegung: Wissenschaftliche Rationalität beschränkt sich auf den internen Ablauf des Forschungsprozesses. Traditionelle Theorien sind auch gar nicht in der Lage dazu, selbstkritisch zu reflektieren, welche

Rolle sie im Lebensprozeß der Gesellschaft spielen. Ihr Ziel ist es, die vorgefundene Welt zu erfassen, wie sie nun einmal ist. Genau das macht ihren handgreiflichen Nutzen aus. Die Zwecke allerdings, denen sie dann faktisch unterworfen werden, »gelten« ihnen »selbst als äußerlich«[11]. Über mögliche und wünschbare Handlungsziele können traditionelle Theorie und positive Wissenschaften keine gültige Auskunft geben. Dem je privaten Meinen wird anheimgestellt, was der methodischen Überprüfung nicht zugänglich scheint: konkret geschichtlich zu bestimmen, wie ›richtiges Leben‹ aussieht. Nur in Gestalt soziologischer Erhebungen oder historischer Tatsachenforschung findet diese Frage Aufnahme in das System traditionellen Wissens. Faktisch vorhandene Einstellungen können registriert und mit Präzision beschrieben werden. Ob diese Einstellungen und Verhaltensweisen aber gut oder schlecht, gerecht oder böse sind, das entzieht sich derartigen Erhebungen.[12] Traditionelle Theorie kennt nur ein rationales Kriterium: ob etwas funktioniert oder nicht.

Horkheimer wendet sich gegen diese folgenschwere Amputation des Begriffs der Vernunft, die Fixierung rationaler Überlegung auf das Gegebene, die sich schon bei Descartes andeutet. Der französische Philosoph stellt ja genaue Regeln auf, durch deren Beachtung wir zu unerschütterlicher Erkenntnis gelangen sollen. Um gegen Irrtümer ein für allemal gefeit zu sein, sollen wir nur das als wirklich gewußt betrachten, was uns die analytisch-deduktive Methode klar (clare) und differenziert (distincte) erschließt. Descartes ist zuversichtlich, auch die praktisch-moralischen Fragen auf diesem Wege beantworten zu können. Das ist ihm freilich selber schon nicht gelungen. Um uns, die wir doch täglich handeln müssen, nicht gänzlich ohne Hilfe zu lassen, empfiehlt er im *Discours de la Méthode* eine provisorische Moral. Bis auch die ethischen Probleme dereinst mit absoluter Gewißheit geklärt sein werden, meint Descartes, sei es angebracht, sich nach dem Herkommen zu richten und eher die eigene Haltung im Sinne besserer Anpassung zu ändern, als das, was uns als Realität entgegenstehen mag.[13]

Descartes' ethische Empfehlungen werden oft nicht ernst genommen. Das Provisorium, das sich so bescheiden gibt, ist aber nicht allein aus redlicher Verlegenheit geboren. Genau betrachtet, bringen diese simplen Ratschläge recht gut zum Ausdruck, was Horkheimer als den Kern traditioneller Theorien herausarbeitet. Sie können eben nur feststellen und fortschreiben, was ist. Vollständige Erkenntnis, wie sie von ihnen angestrebt wird, kann das Gegebene zwar durchsichtiger machen; sie vermag aber keinen Schritt über das Vorfindliche hinaus anzuleiten oder gar zu rechtfertigen. Denn »alle über das Vorhandene und sich Wiederholende hinausreichenden geschichtlichen Tendenzen [,] fallen nach dieser Auffassung nicht unter die Begriffe der Wissenschaft«[14]. So wie Theorien des Cartesischen Typus den Zugang zur Wirklichkeit methodisch zu sichern versuchen, neigen sie auch dazu, das Gegebene zum Verbindlichen zu erheben. Dagegen protestiert Horkheimer mit Verve. »Die kritische Theorie erklärt: es muß nicht so sein, die Menschen können das Sein ändern, die Umstände dafür sind jetzt vorhanden.«[15] Allerdings, hätte Horkheimers philosophische Kritik der Gesellschaft nicht mehr zu bieten als diesen wohlmeinenden Appell, man müßte sie ins weite Reich des Erbaulichen verweisen. Horkheimer geht es jedoch gerade darum, die Idee richtigen Lebens reflektiert zu bewahren und in vernünftiger Auseinandersetzung zu erläutern, wie wir die Welt verändern können. Seine Aufsätze bilden zwar kein lückenloses und widerspruchsfreies System; sie entwerfen aber Argumentationsansätze, die immer wieder – in wechselnder Gestaltung – dieses Grundproblem Kritischer Theorie aufnehmen.

Um den Anspruch auf Rationalität einzulösen, greift Horkheimer auf einen umfassenden Begriff von Vernunft zurück, der mit dem der Freiheit eng verknüpft ist. An ihm hat sich die große philosophische Tradition abgearbeitet und teilweise sogar aufgerieben. Das »Interesse an der Aufhebung des gesellschaftlichen Unrechts«, so behauptet der Begründer der »Frankfurter Schule«, sei »der materialistische Inhalt des idealistischen Begriffs der Vernunft«.[16] Die philosophischen Konzepte Kants, Hegels und Marxens spielen die entscheidenden Rollen in Horkheimers Entwurf, wie Vernunft verwirklicht werden könne.

Daß gerade die große Philosophie der Tradition sich der Kritik des Bestehenden verschrieben hat, hat er vor allem in dem 1940 verfaßten Aufsatz »Die gesellschaftliche Funktion der Philosophie«[17] herausgestellt. Horkheimers allen gegenteiligen Gerüchten zum Trotz unzweideutig positive Aufnahme des Vernunftbegriffs des Deutschen Idealismus wird aber bereits in den frühen Materialismus-Arbeiten deutlich[18], obwohl deren Erwägungen noch von der Konfrontation der Horkheimerschen Version des Materialismus mit der idealistischen Metaphysik leben und nicht mit der Terminologie von »kritischer« und »traditioneller« Theorie umgehen. Schon in den frühen Aufsätzen jedenfalls betont Horkheimer, daß in den Philosophien Kants und Hegels jenes Ideal angelegt sei, das die »Theorie seiner Verwirklichung [...] von der Philosophie zur Kritik der politischen Ökonomie«[19] führe.

II. Verwirklichung der Vernunft

Immer wieder betont Horkheimer, seine Idee einer Kritischen Theorie
der Gesellschaft orientiere sich in erster Linie an Marxens Kritik der
politischen Ökonomie.[1] Doch sind weitere Erblasser nicht zu übersehen. Geprägt wurde Horkheimers theoretisches Werk zunächst wohl
vor allem durch das Denken Kants, jenes »Alleszermalmers«, der die
Vernunftkritik zu seiner Lebensaufgabe gemacht hat.[2] Die Titel seiner
drei Hauptwerke zeigen das deutlich an. Kant hat zu klären versucht,
welche Bedingungen die objektive Erkenntnis der natürlichen Welt
ermöglichen und welche Prinzipien sie gewährleisten. Scharfsinnig hat
er die Grenzen sichtbar gemacht, an die wissenschaftliche Erfahrung
stoßen muß und über die sie sich nicht hinwegsetzen kann und darf. Er
hat demonstriert, wo unser Denken sich in bloßen Mutmaßungen verliert und allenfalls noch wirre Hirngespinste hervorbringt. Dabei ging
es ihm nicht bloß darum, das rationale Verfahren der Wissenschaften,
das ihm in Gestalt der Newtonschen Physik vor Augen stand, philosophisch zu begreifen; ihn hat vielmehr die Frage umgetrieben, wie
naturwissenschaftliche Welterkenntnis und moralisches Handeln, das
sich in Freiheit selbst das Gesetz gibt, überhaupt zusammengedacht
werden können.

Diesem Problem muß sich auch die Kritische Theorie stellen. Denn sie
will ja belegen, daß Vernunft sich selbst beschränkt, solange sie nur
erklärt und erhält, was sich ihr ohnehin darbietet. Gleich zu Beginn
seiner philosophischen Laufbahn hat sich Horkheimer mit Kants Werken auseinandergesetzt. Seine Habilitationsschrift beschäftigt sich,
ebenso wie schon die Dissertation, mit der »Urteilskraft«, der Kant
seine dritte Kritik gewidmet hat. Zwar wartet die, alles in allem, bie-
dere akademische Pflichtübung weder mit bestechender Analyse noch
mit sonderlich originellen Gedanken auf, immerhin aber signalisiert
ihr Titel[3], daß der junge Horkheimer offensichtlich für die Vermittlung von theoretischer und praktischer Philosophie interessiert.

In der *Kritik der reinen Vernunft* zeigt Kant, daß Freiheit in der theoretisch durchgängig bestimmten Welt nicht aufzufinden ist. Wenn wir
unser Verhalten zum Gegenstand wissenschaftlicher Forschung machen, läßt es sich allemal kausal erklären, also – im Prinzip wenigstens
– auf eine äußere Gesetzmäßigkeit zurückführen.[4] Praktisch-moralische Erwägungen setzen hingegen Freiheit voraus, autonomes Handeln erst recht. Eine minimale Distanz zum Gegebenen muß sich
finden lassen, soll wenigstens ein Spielraum für die Überlegung eröff-

net werden, welche Handlungen vernünftigerweise vollzogen werden sollten und welche nicht. Soll gar über letzte Zwecke entschieden werden, die in sich überzeugen und nicht bloß im Hinblick auf ein anderes zu rechtfertigen sind, versagt die theoretische Vernunft. Sie kann nur lückenlose Bedingungszusammenhänge analysieren und rekonstruieren. Technisch-pragmatisch gewendet, vermag sie überdies, vorgegebenen Zwecken angemessene Mittel zuzuordnen. »Hypothetische Imperative« nennt Kant Handlungsweisungen, die solcher Wenn-Dann-Logik folgen.[5]

Eine Voraussage, und sei sie noch so triftig, gibt keine Auskunft darüber, ob das, was wahrscheinlich eintreten wird, auch erstrebenswert ist. Seltsamerweise sind wir aber durchaus fähig und auch immer wieder gefordert, uns – mit Hilfe von Argumenten – darüber klar zu werden, ob wir das, was wir gerade angestellt haben, auszuführen versuchen oder für die Zukunft planen, auch tun sollten – und das eben nicht allein in Anbetracht verheißener Vorteile oder drohender Strafen. Genau hierin sieht Kant das einzigartige Vermögen der »praktischen Vernunft«. Diese kann nämlich »Handlungen für notwendig« erklären, »die doch nicht geschehen sind und vielleicht nicht geschehen werden«[6]. Wir können uns den Nötigungen der platten Faktizität wie der eigenen Begierden denkend entziehen und ausschließlich nach vernünftigen Kriterien urteilen, die wir als richtig eingesehen haben. Die Welt bewußt zu verändern, das läßt sich nur fordern, wenn wir die Idee einer praktischen Vernunft nicht ganz und gar verwerfen.

Vernunft – dieser Begriff bezeichnet die Instanz, die die mancherlei Erkenntnisse zur systematischen Einheit versammelt, Zwecke bestimmt und endlich auch unabhängige Überlegung und kritische Bewertung ermöglicht; auch »kontrafaktisch«, wie modischer Wortgebrauch weiß. Als einzige anerkennenswerte Autorität liefert sie zugleich den verbindlichen Maßstab moralischer Beurteilung. »Vernunft« meint unsere Mitgift, das Allgemeine bedenken zu können. Wir können zumindest die Motive unserer Handlungen daraufhin durchforsten, ob in ihnen unser egoistisches Interesse aufgehoben ist und mit den Interessen und Rechten der anderen zu einem harmonischen Ausgleich, zur Einheit findet. Ethisches Handeln geht nicht auf Eigennutz. Nach Kant kommt es zustande, wenn der subjektive Grundsatz, der unsere Handlung bestimmt, ihre Maxime, ohne weiteres, vor allem widerspruchsfrei als allgemeingültiges Gesetz vorgestellt werden kann. Nur wer die Antriebe seines Handelns in dieser Weise reflektierend überprüft und berichtigt, folgt einer vernünftigen moralischen

Regel.[7] Das Individuum also ist aufgefordert, sich freiwillig und aufgrund eigener Einsicht in die Pflicht des Allgemeinen zu nehmen. Daß Kants Morallehre letztlich auf das zielt, was die späte Kritische Theorie als Versöhnung nur noch vage ersehnt, deutet sich in der letzten Fassung des »kategorischen Imperativs« an, die die *Grundlegung zur Metaphysik der Sitten* anbietet, freilich mit unverkennbar realistischem Unterton: »Handle so, daß du die Menschheit sowohl in deiner Person, als in der Person eines jeden andern jederzeit zugleich als Zweck, niemals bloß als Mittel brauchest.«[8]

Horkheimer übernimmt die Grundintention der Kantischen Ethik. In der Gestalt der praktischen Vernunft erscheint das Ideal der zwanglosen Vereinigung des Individuellen und Allgemeinen, um deren konkrete Verwirklichung es der Kritischen Theorie der Gesellschaft geht. Solidarität ist nur ein anderer Name dafür.[9] Allerdings, selbst wenn jeder die jeweiligen Maximen seines Handelns im Sinne dieser praktischen Vernunft tatsächlich kontrollieren würde, genügte das Horkheimer nicht: »Nicht daß die Einzelnen ihr Handeln mit dem Naturgesetz der Allgemeinheit für vereinbar halten, sondern inwieweit es auch in Wirklichkeit damit vereinbar ist, gibt den Ausschlag für das Glück der Menschheit.«[10] Diese Problemstellung sprengt freilich den sorgsam gezimmerten Rahmen der Kantischen Moralphilosophie. Denn der große Vernunftkritiker hat die Freiheit für die praktische Vernunft zwar gerettet, aber um den absurd hohen Preis, daß sie keine sichtbaren Spuren in der Wirklichkeit hinterlassen kann.

Kant bescheidet sich damit, nachzuweisen, daß sich Freiheit, die unabdingbare Voraussetzung vernünftiger Selbstbestimmung, widerspruchslos mit der wissenschaftlichen Welterklärung zusammendenken läßt. Diese erfaßt ja alle Phänomene als Glieder einer endlosen Kausalkette. Zunächst legt Kant nun dar, wie empirische Erkenntnis funktioniert. In seiner *Kritik der reinen Vernunft* arbeitet er heraus, wie unsere Erfahrung der Gegenstände immer schon durch spezifische Formen der Anschauung (Raum und Zeit) präformiert und mittels der Kategorien unseres Verstandes (z. B. der der Kausalität), die wir den beobachteten Vorgängen wie selbstverständlich unterlegen, erst zu naturgesetzlichen Erklärungen geordnet wird. Während unser Erkenntnisapparat auf diese Weise die bestimmungslose Vielfalt der Dinge formt, muß er immer auf Empfang eingestellt bleiben: Er ist darauf angewiesen, daß ihm die Eindrücke der Gegenstände von außen gegeben werden. Nur vor dem Hintergrund der transzendentalen Bedingungen, die unsere Subjektivität vorgibt, kann objektive Erkenntnis zustande gebracht werden. Ihrer Wirksamkeit ist es zu verdanken, daß wir uns über unsere Wahrnehmungen miteinander verständigen können. Erst auf den zweiten Blick enthüllt dieser menschliche Mechanismus zur Sicherung objektiver, und das heißt intersubjektiv teilbarer, Erfahrung seine Kehrseite. Seine Wirksamkeit hat nämlich auch zur Folge, daß wir die Dinge prinzipiell nur so erkennen können, wie sie uns im Koordinatensystem dieser unserer Subjektivität erscheinen, keinesfalls aber so, wie sie »an sich selbst sein mögen«[11]. Diese Wahrheit gilt auch für unsere Selbsterkenntnis. Sobald wir uns zum Objekt methodischer Erfahrungswissenschaft machen, müssen wir zugeben, daß unser gesamtes Verhalten Naturgesetzen gehorcht. Denken können wir uns, Kant zufolge, dennoch als freie Wesen (so eben, wie wir an uns selbst sein mögen), die ihr Handeln selbst bestimmen können.

Kants »Lösung« des Rätsels der Freiheit besteht also in einer rigorosen Zwei-Welten-Lehre. Wie problematisch diese ist, mag man an der Formel ablesen, mit der Kant sein kritisches Programm in der Einleitung zur *Kritik der reinen Vernunft* vorstellt. Er habe, so gesteht der Philosoph, das Wissen begrenzen müssen, um für den Glauben Platz schaffen zu können.[12] Es ist nichts weiter als konsequent, wenn er ethische Erwägungen nicht nur von allen sinnlichen Impulsen reinigen will, sondern auch von jeglicher gegenständlichen Realisierbarkeit abtrennt. Kant gelingt es, Freiheit und naturgesetzliche Kausalität zusammenzudenken – gerade dadurch, daß er sie berührungslos (rein) auseinanderhält.

Dieses Dilemma hat Kant durchaus gesehen. Und er hat nach Möglichkeiten gesucht, es zu überwinden. Von diesen Anstrengungen legt insbesondere die *Kritik der Urteilskraft* Zeugnis ab. In der Einleitung ist die entscheidende Schwierigkeit klar ausgesprochen: »Ob nun zwar eine unübersehbare Kluft zwischen dem Gebiete des Naturbegriffs, als dem Sinnlichen, und dem Gebiete des Freiheitsbegriffs, als dem Übersinnlichen, befestigt ist, so daß vom ersteren zum anderen (also vermittelst des theoretischen Gebrauchs der Vernunft) kein Übergang möglich ist, gleich als ob es verschiedene Welten wären, deren erste auf die zweite keinen Einfluß haben kann: so soll doch diese auf jene einen Einfluß haben; nämlich der Freiheitsbegriff soll den durch seine Gesetze aufgegebenen Zweck in der Sinnenwelt wirklich machen, und die Natur muß folglich auch so gedacht werden können, daß die Gesetzmäßigkeit ihrer Form wenigstens zur Möglichkeit der in ihr zu bewirkenden Zwecke nach Freiheitsgesetzen zusammenstimme.«[13]

Kant ist dementsprechend bemüht, eine mögliche begriffliche Vermittlung der moralisch geforderten Autonomie des Menschen und
seiner wissenschaftlichen Einordnung in den naturgesetzlichen Bedingungszusammenhang wenigstens andeutungsweise zu erarbeiten.
Seine teilweise hochinteressanten Analysen der ästhetischen Erfahrung
und der organischen Natur, zu deren Verständnis die Erklärung allein
durch kausale Mechanismen nicht hinreicht, stellen als mögliches Bindeglied den Begriff einer »Zweckmäßigkeit ohne Zweck« vor. Ohne
daß ich mich hier intensiver auf die *Kritik der Urteilskraft* einlasse, sei
festgehalten, daß es Kant letztlich nicht gelungen ist, die beiden aus-
einandergerissenen Welten durch eine feste Brücke wieder zu verbin-
den oder einen verläßlichen Weg durch den aufgebrochenen Abgrund
anzugeben.
Horkheimer orientiert sich im Gegensatz zu Kant geschichtsphiloso-
phisch. Zwar teilt er Kants Grundproblem, das ich zu skizzieren
versucht habe, und das hat Folgen für Konzept und Entwicklung der
Kritischen Theorie. Den Lösungsansätzen aber, die sich in der *Kritik
der Urteilskraft* vorsichtig andeuten, ist er nicht gefolgt. Die Kritische
Theorie bemüht sich nämlich, den konkret historischen Nachweis zu
erbringen, wie praktische Vernunft als umfassende Solidarität verwirklicht werden kann.
Dieses Programm ist sicherlich nicht weniger mit Schwierigkeiten be-
lastet als das Kantische. Einige davon lassen sich durch einen kurzen
Blick auf die Hegelsche Metaphysik der Geschichte verdeutlichen. In
der *Phänomenologie des Geistes* hat Hegel die Kantische Ethik einer
beißenden Kritik unterzogen.[14] Mit ironischer Raffinesse zeigt er, daß
die »moralische Weltanschauung« sich in der Bewegung ihrer Verwirklichung selbst auflösen müßte und folglich gar nicht ernsthaft auf
ihre Realisierung aus sein kann. Das moralische Subjekt will sich einzig aus sich selbst und durch die Achtung gebietende Vorstellung eines
allgemeinen Gesetzes bestimmen lassen. Die Absicherung dieser Autonomie bringt es aber mit sich, daß der Bedingungszusammenhang
der Natur auf der anderen Seite als das schlechthinnige Gegenteil des
moralischen Bewußtseins ebenso unabhängig stehen bleibt – abwei-
send, widerspenstig, bestenfalls gleichgültig gegen den Endzweck der
praktischen Vernunft. Der soll jedoch das Höchste sein und noch dazu
verwirklicht werden. Äußere und innere Natur (Sinnlichkeit) sollen
immerhin so gedacht werden können, daß das ethisch Gebotene in
ihnen durchgesetzt werden kann. In dieser Welt sogar glücklich werden können soll, wer der Vernunft-Moral entsprechend handelt. »Die

Vollendung derselben aber ist ins Unendliche hinauszuschieben; denn wenn sie wirklich einträte, höbe sich das moralische Bewußtsein auf.«[15] Das ist der auffällige innere Widerspruch der »moralischen Weltanschauung«, die von der strikten Entgegensetzung zur empirisch erfahrbaren Welt lebt und aus genau dieser unaufhebbaren Distanz zum Gegebenen ihre kritische Kraft schöpft. »Die Vollendung ist darum nicht wirklich zu erreichen, sondern nur als eine absolute Aufgabe zu denken, d. h. als eine solche, welche schlechthin Aufgabe bleibt. Zugleich ist jedoch ihr Inhalt als ein solcher zu denken, der schlechthin sein müsse und nicht Aufgabe bleibe [. . .].«[16]

Kants Ethik erhebt die hehre Idee, Individuelles und Allgemeines könnten in und durch Vernunft zur Einheit verschmelzen, zum leitenden Prinzip moralischer Beurteilung überhaupt. Das moralische Individuum darf sich nicht dem überlassen, was die Neigung ihm einflüstert; es hat dem zu gehorchen, was die Vernunft als Wächterin des Allgemeinen ihm als absolute Pflicht gebietet. Das Reich dieser Idee und ihre Autorität erstrecken sich aber allenfalls über ein von Widersprüchen gesäubertes, unerreichbares Jenseits, nicht über die greifbare Wirklichkeit. Die intelligible Welt der Moralität hängt in der Luft. Um sie notdürftig abzusichern, muß Kant den Gott – als Postulat der praktischen Vernunft[17] – wieder in die Welt einführen, den er mit dem Werkzeug der theoretischen Vernunft gerade zuvor aus ihr verbannt hat.[18]

Hegel hält nichts davon, einer möglicherweise vertrackten Welt Vernunft-Ideale als unendliche Forderungen entgegenzuhalten. Er besteht darauf, daß philosophisches Begreifen nachzuweisen habe und vermöge, daß und wie Vernunft in der Geschichte immer schon wirksam ist. Ohne Auseinandersetzung mit bestimmten Inhalten und tatsächlichen geschichtlichen Widersprüchen ist das schwerlich zu leisten. Dazu ist Kants Moralphilosophie jedoch grundsätzlich nicht geeignet. So unerbittlich sich der »kategorische Imperativ« auch immer geben mag, in konkreten Entscheidungssituationen läßt er sich schier beliebig verwenden, weil er nur dem Einzelnen ein bloß formales Kriterium der Vernünftigkeit an die Hand gibt.

Einzig ein »guter Wille« kann der Kantischen Zwei-Welten-Systematik zufolge als uneingeschränkt gut angesehen werden. Gut, nicht etwa weil ihm handelnd etwas gelänge, sondern gerade allein aufgrund des puren Wollens, das sich der Vernunft gemäß ausrichtet.[19] Zwar hat Kant immer wieder darauf aufmerksam gemacht, daß es unangenehm sein kann und Selbstzwang erfordert, sich zur Pflicht zum Allgemeinen durchzuringen. Seine Ethik muß aber jeden Versuch als unangemessen zurückweisen, die Moralität eines Menschen von außen, mittels handfester Kriterien einer Beurteilung zugänglich zu machen. Wer aufrichtig glaubt, nur das Beste (für den/die Mitmenschen) zu wollen, läuft gleichwohl Gefahr, das Gegenteil zu bewirken: das Schlechte zu tun. Der gute Wille, sich selbst überlassen, kann durchaus in den Dünkel der Selbstgerechtigkeit verfallen. Daß es mit dem guten Willen nicht getan ist, unterstreicht Horkheimer deswegen.[20] Oft genug, nein, zu oft schon hat sich der gute Wille in die Geschichte der Schrecken eingeschrieben. Das moralische Bewußtsein, vereinzelt, kann die Welt nämlich für gänzlich nichtig erklären und sich ihr und den Mitmenschen rücksichtslos und dabei reinsten Gewissens entgegenstellen. Tugend und Terror können in einem Tritt marschieren. Gegen solch folgenschwere Anmaßungen und Irrtümer aber ist in den Formalismus der Kantischen Ethik keine hinreichende Sicherung eingebaut. Das ist die Kehrseite ihres bemerkenswerten kritischen Potentials.

Wie der Vernunftanspruch der Moralität in der Wirklichkeit befriedigt – und befriedet – werden kann, das will Hegels philosophisches System für alle einsehbar machen. Mit bestechender Härte führt es vor, wie die Aufhebung der Widersprüche auszusehen hat. Der »größte Realist der Philosophie«[21], wie Horkheimer ihn einmal nennt, besteht darauf, daß das Individuum sich den geltenden Gesetzen zu beugen habe, wenn es mit der ethischen Gesinnung Ernst machen will. »Denn so etwas Leeres wie das Gute um des Guten willen hat überhaupt in der lebendigen Wirklichkeit nicht Platz. Wenn man handeln will, muß man nicht nur das Gute wollen, sondern man muß wissen, ob dieses oder jenes das Gute ist. Welcher Inhalt aber gut oder nicht gut, recht oder unrecht sei, dies ist für die gewöhnlichen Fälle des Privatlebens in den Gesetzen und Sitten eines Staates gegeben.«[22] Wirkliche Freiheit muß sich im tatsächlichen, bestimmten Handeln erweisen, und laut Hegel besagt das: sie erfüllt sich in der einverständigen Bindung an sittliche Pflichten und der Inanspruchnahme öffentlich-allgemein garantierter Rechte. Es wäre demgegenüber sogleich als dreiste Abweichung auszumachen, sollte ein Individuum hervortreten und sich zum Richter über das Gegebene aufwerfen. »Denn das Wahre ist die Einheit des allgemeinen und subjektiven Willens; und das Allgemeine ist im Staate in den Gesetzen, in allgemeinen und vernünftigen Bestimmungen.«[23] Nichts anzuerkennen als das, was sie selber als gerechtfertigt einsieht, ist dennoch das gute Recht der Subjektivität. Daher will Hegel dieses Grundprinzip der Moralität auch durchaus bewahren.

Daß es in Recht und Staatsverfassung aufbewahrt und institutionell gesichert ist, soll für jeden begreifbar werden, der die Anstrengung auf sich nimmt und denkend nachzuvollziehen versucht, wie der Philosoph die Weltgeschichte als Gang des »Fortschritt[s] im Bewußtsein der Freiheit«[24] rekonstruiert. Horkheimer schreibt: »Das endliche Einzelwesen kann nach Hegel zum begrifflichen Bewußtsein seiner Freiheit im Staat nur durch die idealistische Spekulation gelangen. In dieser Vermittlungsfunktion sah er wesentlich die Leistung seiner Philosophie und damit der Philosophie überhaupt.«[25] Heile Welten oder farbenprächtige Wolkenkuckucksheime auszumalen oder das Individuum immerhin zu moralischem Eigensinn zu ermutigen, das ist Hegel zufolge nicht die Aufgabe der Philosophie. Wer die zerrissene Wirklichkeit einfach an einem jenseitigen Ideal harmonischer Ordnung mißt, der genügt dem Wirklichkeitsanspruch des begreifenden Denkens nicht. Dieses weiß vielmehr, daß Vernunft – auch unter größten Anstrengungen – in keine Welt hineinzubringen ist, die nicht in sich selber schon irgendwie vernünftig strukturiert wäre. Wenn es diese Ordnung entdecken will, darf das Denken allerdings die Mühe, ja den Tod nicht scheuen.[26] Gerade auf das Negative, Widersprechende muß es sich einlassen, es festhalten und mit Bewußtsein durchdringen. Auf diese Weise aber kann sichtbar gemacht werden, daß es in unserer Geschichte wirklich vernünftig zugegangen ist. »Wer die Welt vernünftig ansieht, den sieht sie auch vernünftig an, beides ist in Wechselbestimmung.«[27] Erkennend können wir nämlich nachvollziehen, wie sich die gegenwärtige Welt herausgebildet hat und uns in ebendieser Bewegung der Erklärung mit ihrem Sinn versöhnen.

Hegel ist gelegentlich unterstellt worden, er habe es darauf abgesehen, dem platten Gegebenen zu huldigen und alles, was ist, in die Aura des Vernünftigen und Sinnhaften zu tauchen. Seine berüchtigte und oft angefeindete Aussage, was vernünftig sei, das sei wirklich, und was wirklich sei, das sei vernünftig[28], gibt im Gegenteil ein strenges Kriterium für die Auseinandersetzung mit dem Vorhandenen an. Vernünftig ist weder, was einfach da ist, noch das, was unseren Herzenswünschen entsprechend da sein sollte; und im emphatischen Sinne wirklich ist nur, was dem Maßstab der Vernunft genügt. Es ist dieses Kriterium der Beurteilung, das Horkheimer gegen die traditionelle cartesische Theorie retten will. Als Kern der neuzeitlich-naturwissenschaftlichen Weltsicht entpuppt sich dagegen die Vorstellung, wirklich sei ausschließlich das, was – die genaue Erhebung aller Randbedingungen vorausgesetzt – mit Sicherheit noch und noch experimentell wiederholt werden könnte, was also in diesem genau fixierten Sinne ›machbar‹ ist. Wird jedoch als wirklich nur anerkannt, was als vernünftig eingesehen werden kann, dann eröffnet sich ein anderer Weg zur Erkundung und Bewährung der Wahrheit. Hegels systematische Philosophie des Geistes beansprucht das Verdienst für sich, diesen Weg Schritt für Schritt gebahnt zu haben. Jeder, der bereit ist, die Arbeit des Begreifens auf sich zu nehmen, soll schließlich zum »absoluten Wissen« gelangen können. Erst in diesem erfüllt sich der emphatische Begriff der Wirklichkeit. Das Wissen ist dann zur Vollendung gelangt, wenn es das Seiende in seinen konkreten, widerspruchsvollen Bestimmtheiten begriffen und in sich aufgenommen hat. Die Voraussetzung der Vernunft muß sich ausweisen und rechtfertigen, indem sie die überzeugenden Rekonstruktion der Weltgeschichte und der Stufen des Wissens gewährleistet. Diese Bewegung der Überprüfung, die die angenommene Maßstäbe ständig der kritischen Reflexion am gegenständlichen Material aussetzen will, gipfelt in der kunstvollen Einsicht in die gute Ordnung der Gegenwart.

Horkheimer kritisiert Hegels Weise, das Problem, wie Vernunft und Wirklichkeit zur Einheit kommen können, zu schlichten. Die Dynamik der Vermittlung wird letztlich stillgestellt. Wahrheit und Wissen werden zur Identität, wenngleich diese als Einheit der Gegensätze und konkret bestimmungsreich verstanden wird.[29] Andererseits ist Horkheimer durchaus nicht entgangen, daß – der immer noch als »preußischer Staatsphilosoph« geschmähte – Hegel »die vorschnelle Versöhnung nicht durch eine verschönende Umfärbung der Wirklichkeit erkauft«[30] hat. In der Tat nimmt der gewiefte Dialektiker kein Blatt vor den Mund. Unverblümt gibt er den Preis an, der für die Realität der Idee zu zahlen ist: »Das Partikulare ist meistens zu gering gegen das Allgemeine, die Individuen werden aufgeopfert und preisgegeben. Die Idee bezahlt den Tribut des Daseins und der Vergänglichkeit nicht aus sich, sondern aus den Leidenschaften der Individuen.«[31] Wohl kann sich der Sinn der Geschichte nur durch das Wirken der handelnden Individuen verwirklichen, selbst dann übrigens, wenn er seinen Agenten selber unklar bleiben sollte. Doch der Weltgeist stapft erbarmungslos über sie hinweg, über zahllose Einzelne wie über ganze Völker. Was immer sich dem forschen Fortschritt widersetzen sollte, nicht mitkommen kann oder gar genießend innehalten will, wird ohne Skrupel vernichtet oder als »faule Existenz«[32] zumindest mit Verachtung gestraft. Das Werden des wahren Allgemeinen kündigt sich an, solange in Kampf und Auseinandersetzung vorangeschritten wird, nicht aber, wenn Leben sich selbst genügt und sich in überschaubaren Zwecken vergißt. Wo etwas so Beiläufiges gelingt wie individuelles Glück, da ist aus der Totalen der Vernunft nichts als lähmender Stillstand oder bestenfalls idyllische Zurückgebliebenheit zu sehen. »Die Weltgeschichte ist nicht der Boden des Glücks. Die Perioden des Glücks sind leere Blätter in ihr; denn sie sind die Perioden der Zusammenstimmung, des fehlenden Gegensatzes.«[33]

Hegels Philosophie des Geistes unterzieht das Denken der ebenso grandiosen wie schmerzhaften Kur, die gewordene Wirklichkeit als vernünftig zu begreifen und anzuerkennen. Die Gegenwart mit ihren Errungenschaften, vor allem der verfassungsmäßigen Absicherung der Freiheit aller, die die Gesetze beachten, wird zur Perspektive erhoben, aus der die Vergangenheit zugerichtet wird.[35] Daß die Versöhnung von Individuellem und Allgemeinem in der Realität bereits erreicht sei und nur noch in ihrer Reichweite philosophisch begriffen werden müsse, diese fixe Idee leitet die Konstruktion des Stufengangs der Weltgeschichte – und auf den Treppenabsätzen häufen sich die Leichen. Versöhnung wird von Hegel, seinem Scharfblick für Widersprüche zum Trotz, in die Form einer Metaphysik der Geschichte gegossen, bloß kunstfertig zurechtgebastelt; daran nimmt Horkheimer mit Grund Anstoß: »Aber die Lehre von der absoluten Identität des Subjekts und Objekts steht von Anfang an fest und bildet überall den Richtpunkt. Nur deshalb können in dieser Philosophie die Verschiedenheiten und Spannungen in ›Widersprüche‹ uminterpretiert werden, weil sie von vornherein als Gedanken des allumfassenden und mit allen identischen Subjekts gefaßt sind.«[36]

Der Weltgeist ist es, der zu sich selbst kommt. Und die Vernunft erweist sich als »das Vernehmen des göttlichen Werkes«[37], wenn wir im philosophierenden Nachvollzug der als Einheit entfalteten Weltgeschichte herausfinden, daß »die wirkliche Welt ist, wie sie sein soll, daß das wahrhaft Gute, die allgemeine göttliche Vernunft auch die Macht ist, sich selbst zu vollbringen«.[38] Das widerspenstige Individuum wird dementsprechend zur Vernunft gebracht. Es kommt zu seinem Recht nur, insoweit es sich nicht nur der Instanz des Allgemeinen in sich selber verpflichtet weiß, sondern sich auch in die vorhandenen Gesetze schickt. Die Zerrissenheit, die die moralische Weltanschauung charakterisiert, wird letztlich bloß sublim überdeckt, wenn wir uns mit Hegels Hilfe zur Sittlichkeit erheben. Einen Hinweis auf den Fortbestand der Problematik liefert beispielsweise Hegels Unterscheidung von zweierlei Typen der Individualität. Während die normalen, durchschnittlichen Individuen ganz in der geduldigen Anpassungsarbeit der »Bildung« aufgehen, stellen sich die »welthistorischen Individuen« vermessen gegen das überlieferte, in Geltung befindliche Recht und setzen sich auch durch; sie wissen angeblich, was vernünftig und an der Zeit ist.[39] Diese Dynamik endet für Hegel allerdings mit seiner Gegenwart als der Gegenwart überhaupt. Eine abgerundete Metaphysik der Geschichte kann sich eben nicht mit dem begnügen, was unvollständig bleibt; sie ist quasi gezwungen, rückblickend zu unterstellen, die Geschichte habe ihre höchste Vollendung erreicht, und zu versuchen, das Wahre als das ewig Gegenwärtige aus dem Fluß des Geschehens herauszufischen.[40]

Doch drückt sich in dieser philosophischen Haltung eine weitere »Demut vor dem Bestehenden« aus, die Horkheimer als Hegels spezifische »falsche › Bescheidenheit‹«[41] anprangert. Immerhin wird der Vernunft die Kraft zugebilligt, sich in der Wirklichkeit durchzusetzen; aber während und indem sie das Gegebene durchdringt und aneignet, bleibt sie doch in einen umgrenzten, vorgegebenen Raum eingesperrt. Ihre subversive Kraft wird um so mehr gefesselt, als alle Widersprüche zu Fasern eines Entwicklungsstranges gedreht werden, in einem hierarchisch gegliederten, abgeschlossenen Sinnganzen aufgehoben scheinen.

Horkheimers Überlegungen zu einer Kritischen Theorie der Gesellschaft wollen dagegen keinesfalls vor der Gegenwart haltmachen. Die Gegensätze bestehen ja sichtbar fort. Sie sollen noch klarer herausgearbeitet und daraufhin geprüft werden, welche vernünftigen Veränderungsmöglichkeiten sie (ver)bergen. Das hat mit der Ausrufung abstrakter Utopien oder der Sanktionierung egoistischer Wünsche nichts zu tun. Die Kritische Theorie orientiert sich an der klassischen Idee vernünftiger Allgemeinheit. Sie will aber auch die umfassenden Glücksansprüche der verschiedenartigen Individuen ernst nehmen. Horkheimer starrt nicht gebannt auf die (scheinbar) ewigen Gesetze des Geschehens; aufmerksam will die Kritische Theorie vielmehr den Horizont der Gegenwart absuchen, um Möglichkeiten zu erspähen, die den vergänglichen Hoffnungen der Menschen für den Augenblick ihres Lebens entsprechen könnten.

Der Philosophie des Deutschen Idealismus, so kann man zusammenfassen, verdankt Horkheimer den Gedanken der Vernunft, für dessen konkret geschichtliche Realisierung er eintritt. Vernünftig begründbar scheinen ihm Handlungen nur im Hinblick auf eine Idee des Allgemeinen, das allen Individuen auch Glück gewährt.[42] Die jeweils überkommenen Lebensformen nebst ihrer rechtlichen Sicherung können keinen allzeit gültigen Maßstab der Bewertung abgeben. Sie sind in sich widersprüchlich und verstellen alternative, durchaus realistische Lebensmöglichkeiten. Diese sichtbar und den Handelnden zugänglich zu machen, ist das erklärte Ziel der Philosophie Horkheimers. »Die Utopie als Krönung philosophischer Systeme wird deshalb durch eine wissenschaftliche Deskription der konkreten Verhältnisse und Tendenzen ersetzt, welche zu einer Verbesserung des menschlichen Lebens führen können.«[43]

Durch diese Aufgabenstellung sieht sich die Kritische Theorie auf Karl Marxens Kritik der politischen Ökonomie verwiesen.[44] Horkheimer betont den anti-metaphysischen Zug der Marxschen Theorie. Ihr zufolge liefere »keine der Geschichte logisch vorgeordnete Einsicht den Schlüssel zu ihrem Verständnis«.[45] »Vielmehr ergibt sich die richtige Theorie aus der Betrachtung der jeweils unter bestimmten Bedingungen lebenden und mit Hilfe bestimmter Werkzeuge ihr Leben erhaltenden Menschen.«[46] Darin erblickt Horkheimer die entscheidende Differenz zwischen dem Materialismus, der ihm vorschwebt, und Hegels Idealismus, der die Geschichte einem einheitlichen Prinzip unterwirft.

Daß die bürgerliche Gesellschaft nicht die vollendete Erfüllung aller Wünsche verkörpert, die vor der Vernunft bestehen können, daß sie vielmehr in bezeichnender Weise hinter dem zurückbleibt, was objektiv möglich ist, hat Marx mit revolutionärer Schärfe zum Thema seiner Polemiken, ökonomischen Analysen und zukunftsorientierten Entwürfe gemacht. Bereits Hegel hat durchaus erkannt, daß die bürgerliche Gesellschaft, die durch individuellen Besitz und kapitalistische Konkurrenz bestimmt ist, extreme ökonomische Ungleichheiten hervorbringt. Diese ins Auge stechende Ungleichheit scheint ihm aber durch die vernünftige Verfassung des Staates aufgehoben zu sein, die ja allen Bürgern dieselbe Freiheit zuerkennt. Ganz anders bietet sich derselbe Sachverhalt aus dem Blickwinkel der Kritik der politischen Ökonomie dar: die formelle Gleichheit aller vor dem Gesetz ist der manifesten ökonomischen Ungleichheit bloß aufgepfropft, solange die elementare wirtschaftliche Organisation des Lebens diese immer aufs neue erzwingt, weil sie unter kapitalistischen Vorzeichen steht.

Die bürgerliche Gesellschaft – das ist geradezu eine Chiffre für den ungelösten Widerspruch zwischen Individuellem und Allgemeinem. Einzelne haben die Kommandogewalt über das, was doch alle gemeinsam vollbringen. Während die Besitzer der Produktionsmittel die Herstellung der Waren anordnen und über die Produkte frei verfügen können, wenngleich sie dabei zum Spielball der Marktgesetze werden mögen, die sich in der Konkurrenz der Kapitalien automatisch durchsetzen, hat die große Masse der Arbeiter nichts anderes auf den Markt zu tragen als ihre bloße Arbeitskraft. Durch die Warenform, in die sich aller gesellschaftliche Reichtum hüllt, auch die menschliche Arbeitskraft, die ihn allererst produziert, wird dieses Ausbeutungsverhältnis verschleiert. Die geschichtlich-gesellschaftlichen Beziehungen der Menschen zueinander, die auf dem Arbeitsmarkt verzerrt Ausdruck finden, erscheinen als – kaum beeinflußbare – dingliche Verhältnisse, an denen das menschliche Wollen auf Schranken stößt. Erst wenn diese »Fetischisierung« durchbrochen wird, wenn die Menschen kapieren, daß die scheinbar blinden ökonomischen Gesetzmäßigkeiten von ihnen selber ins Spiel gesetzt werden, können Individuelles und Allgemeines wirklich zu harmonischer Einheit gebracht werden. Vernunft läßt sich nur verwirklichen, indem die zur Gesellschaft vereinten Menschen auch das ökonomische Leben, das heißt ihren »Stoffwechsel mit der Natur« bewußt und frei regeln. Freiheit bedeutet für Horkheimer, durch Marx belehrt, »[. . .] den gesellschaftlichen Arbeitsprozeß und damit die menschlichen Beziehungen überhaupt vernünftig, das heißt nach einheitlichem Plan im Interesse der Allgemeinheit zu regeln und zu lenken«.[47] In zwangloser Übereinkunft soll das gemeinschaftliche Leben geplant werden und so eine gesellschaftliche Organisation sicherstellen, die den Bedürfnissen aller gerecht wird. In der kapitalistischen Gesellschaft dagegen wird das Allgemeine verdinglicht wirksam, als Naturgesetzlichkeit, die bedingungslose Anpassung und gedankenlose Fügsamkeit erheischt.

Auch Marxens Kritik der politischen Ökonomie kann also als eine Anweisung gelesen werden, wie Vernunft zu verwirklichen sei. Die marxistische Theorie versucht, die politisch-ökonomischen Konsequenzen aufzuzeigen, die aus der klassischen Philosophie folgen, wenn man ihre moralisch-sittlichen Grundsätze strikt beachtet.[48] Zwar wird kritisiert, daß die idealistische Philosophie diese Ideen zu Ideologien verklärt, und diese sollen beseitigt werden. »Aufheben« allerdings, so betont der junge Marx, lasse die Philosophie sich nur, indem sie verwirklicht werde. Und Horkheimer übernimmt diesen Gedanken.[49] Marxens Kritik der Religion und Philosophie, die er als Ausflüchte aus der widerspruchsvollen Wirklichkeit kennzeichnet, gipfelt in der Zielsetzung, »die Wahrheit des Diesseits zu etablieren«, »nachdem das Jenseits der Wahrheit verschwunden ist«[50]. Entsprechend stellt er den neuen »kategorischen Imperativ« auf, »alle Verhältnisse umzuwerfen, in denen der Mensch ein erniedrigtes, ein geknechtetes, ein verlassenes, ein verächtliches Wesen ist [. . .]«.[51] Während die frühen Texte Marxens, insbesondere die *Pariser Manuskripte*, aufdringlich mit normativen anthropologischen Kategorien unterfüttert sind, konzentrieren sich die späteren Arbeiten um das Hauptwerk *Das Kapital* darauf, die ökonomische Verfassung der bürgerlichen Gesellschaft minutiös zu analysieren. Weil die Perspektive, die die Darstellung der kapitalistischen Mechanismen ermöglicht und leitet, nicht immer wieder ausdrücklich herausgestellt wird, haben manche Marx-Interpreten sie für diese Phase ganz zu leugnen gesucht.[52] Es ist jedoch nicht der Fall, daß *Das Kapital* eine quasi-positivistische und leidenschaftslose Beschreibung der kapitalistischen Warenproduktion gibt; die normative Idee der Vernunft hat an vielen Stellen ihre Spuren hinterlassen, sie blitzt in eingestreuten Gedankenspielen auf, wie beispielsweise in dem Gegenbild eines Vereins »freier Menschen«, der die gesellschaftliche Produktion gemeinschaftlich regelt.[53] Und sie bestimmt allererst den zentralen Blickwinkel der konkreten Untersuchungen. Als geschichtlich geworden und veränderlich erkennbar wird der kapitalistische Verwertungsprozeß nämlich erst auf der Folie des Marxschen Arbeitsbegriffs, der die Gebrauchswerte schaffende Auseinandersetzung mit der Natur hervorhebt.[54] Die Darstellung der kapitalistischen Wirtschaftsform ist kein Selbstzweck. Sie zielt auf die konkrete Utopie einer humanen Gesellschaft, in der es kein materielles Elend mehr gibt, die zur Reproduktion des Lebens unumgängliche »notwendige Arbeitszeit« auf alle Glieder der Gemeinschaft gleichmäßig verteilt ist und somit Freiheit und Muße von allen genossen werden können.[55] Dieses materialistische Programm faßt Horkheimer folgendermaßen zusammen: »Die Gesellschaft muß dann so beschaffen sein, daß sie ihre eigenen Interessen, und zwar aller ihrer Mitglieder auf rationalem Wege feststellt: nur unter dieser Voraussetzung ist es für den Einzelnen, der sich selbst an einem solchen Plan subjektiv und objektiv beteiligt findet, sinnvoll ein Leben danach einzurichten.«[56]

Die »Assoziation freier Menschen, bei der jeder die gleiche Möglichkeit hat, sich zu entfalten«[57], stellt die Kritische Theorie als diejenige gesellschaftliche Organisationsform heraus, durch die sich die Idee der Vernunft endlich verwirklichen ließe. »Von abstrakter Utopie unterscheidet sich diese Idee durch den Nachweis ihrer realen Möglichkeit beim heutigen Stand der menschlichen Produktivkräfte.«[58] Offenbar geht Horkheimer davon aus, daß Marx diesen Nachweis bereits erbracht habe. Jedenfalls widmet sich die Kritische Theorie selber kaum der elementaren ökonomischen Analyse. Sie orientiert sich aber am Gedankenexperiment eines planwirtschaftlichen Sozialismus, um tätigem Umdenken den Weg zu ebnen, allererst Gesichtspunkte zu entdecken, aus denen die Chancen wahrnehmbar werden, die die Gegenwart uns bietet.

Kant, Hegel, Marx – meine bisherigen Ausführungen könnten den Eindruck erwecken, Horkheimers gesamtes theoretisches Konzept ergebe sich in einem simplen Dreischritt: In Abgrenzung zur wissenschaftlichen Beschreibung und Erklärung der natürlichen Welt habe Kant den Begriff einer praktischen Vernunft bewahrt, die unserem Handeln Normen geben kann, indem sie letzte Zwecke bestimmt. Hegel habe dann demonstriert, wie diese Vernunft mit der zerrissenen Wirklichkeit zu vermitteln sei. Mit Marx schließlich ließe sich die Idee der Vernunft zur angemessenen Gestalt der Verwirklichung bringen. Die Suchbewegung gelangte dann in der sozialistischen Gesellschaft der Zukunft zum Ziel, der endlich realisierten allgemeinen Gerechtigkeit, die auch den differenzierten Glücksansprüchen der Individuen einen Platz einräumte. Die Kritische Theorie der Gesellschaft bestünde dann wesentlich darin, einen neuen Schlußstein am Gebäude der Vernunft setzen zu wollen. So bliebe sie selbst in einer Metaphysik der Geschichte befangen, auch wenn deren Vollendung erst für die Zukunft versprochen wäre und jedenfalls von unserem eigenen Handeln abhinge.

Ich will nicht verheimlichen, daß sich in Horkheimers Schriften in der Tat Bemerkungen finden lassen, die sich umstandslos in solche Schematik fügen.[59] Es ist jedoch auch nicht von der Hand zu weisen, daß die frühe Kritische Theorie ausdrücklich gegen jegliche Metaphysik Stellung bezieht. Sie verabschiedet die trostreiche metaphysische Augenwischerei, Geschichte sei das notwendige Werden der Wahrheit als Freiheit. Doch redet sie deswegen noch lange nicht einem verzweifelten historistischen Relativismus das Wort, der zu keinerlei praktischen Unterscheidungen mehr fähig ist. Es geht ihr darum, Geschichte und Wahrheit zu vermitteln, ohne ein wie auch immer geartetes Absolutes zu unterstellen.

III. Geschichtliche Wahrheit

Die Gegenwart, aus der heraus wir leben, denken und handeln, ist geschichtlich geworden und bleibt in Bewegung. Warum sollte sie nicht durch unsere Anstrengungen beeinflußt und verändert werden können? Umgrenzt von den Horizonten der Erinnerungen und Antizipationen, rückt sie in all ihrer Widersprüchlichkeit in das Zentrum der Überlegungen Horkheimers. Nur wenn man – insgeheim – die Wirksamkeit eines überzeitlichen Prinzips in oder hinter den historischen Ereignissen unterstellte, ließe sich die Gegenwart als endgültiger oder vorläufiger Höhepunkt einer zielgerichtet fortschreitenden Entwicklung auszeichnen und so verklären. Die Kritische Theorie aber konstatiert den Zusammenbruch solcher Metaphysik: »Mit der ›absoluten‹ Philosophie, die sich über den Unterschied der erkennenden Subjekte und über die Lückenhaftigkeit des Wissens hinwegsetzt, mit der Geistesphilosophie, die das Seiende aus ›einem‹ Geist begreifen oder deuten will, ist es vorbei. Auch was sich als Teildeutung, als grundsätzlich vorläufiges Wissen auf ein solches Ganze bezieht, hat insofern sein Gewicht verloren, als dieses Ganze: sei es ›der‹ Geist oder ›die‹ Geschichte oder ›das‹ Sein gar nicht existiert.«[1] Wenn Horkheimer die Gegenwart als Geschichte[2] zu begreifen versucht, so ist damit also nicht einfach ein mehr oder weniger neues Prinzip der Deduktion der jeweiligen Wahrheit aufgestellt. Geschichte gilt nicht als das durchgängig beschreibbare Netz der Zeit, das, einem eigentlich unzeitlichen Gesetz entsprechend, nach und nach geknüpft wird. Weder das vertrocknete Wissen von dem, was sich in der Vergangenheit ereignet haben mag, noch das ahnungsvolle Einstimmen in die geschichtlichen Schickungen des Seins genügt dem Anspruch der Kritischen Theorie, sich auf den Spannungszustand einzulassen, den wir Gegenwart nennen.

Die jeweilige historische Situation, in die wir hineingeboren werden, prägt unsere Vorstellungen und Wünsche; in ihr bildet sich allererst unser Selbst heraus und bestimmen sich die Normen, in die es sich findet. Ein unüberschreitbarer Bedingungszusammenhang umgibt uns immer schon. Er kann nicht einmal gänzlich erhellt werden. Jedenfalls aber bringt er Gegensätze, Spielräume und widersprüchliche Handlungsmöglichkeiten.

Mit dem klassischen Begriff der Vernunft ist freilich ein schlechthin normatives Prinzip gemeint. Und Horkheimer hält die Erinnerung an diese Idee ja entschieden fest. Ebenso nachhaltig jedoch besteht er darauf, daß sich nicht ein für allemal gültig bestimmen läßt, was als vernünftig anzusehen ist. Sinnvoll reden läßt sich von Vernunft dennoch, wenn man sich auf die jeweilige Situation einläßt und den Begriff geschichtlich konkretisiert. Denn auch das Wissen, das allgemeine Anerkennung findet, führt uns nicht in ein Reich ewig geltender Gesetze, das den geschichtlichen Kämpfen gänzlich entrückt wäre: »In der Geschichte gibt es keinen durchgehenden, zu sich selbst kommenden Gedanken; denn es gibt keinen von den Menschen unabhängigen Geist. Die Menschen mit ihrem Bewußtsein sind bei all ihrem Wissen, ihrer Erinnerung, ihrer Tradition und ihrer Spontaneität, ihrer Kultur und ihrem Geist vergänglich; es existiert nichts, was nicht entsteht und vergeht.«[3] Deswegen ist uns ein transzendentes Reservoir der Wahrheit nicht gegeben. »Daß die Vernunft ihrer Ewigkeit nie gewiß sein kann, daß die Erkenntnis zwar einer Zeit gemäß, aber zu keiner Zeit für alle geschichtliche Zukunft gesichert ist, ja, daß der Vorbehalt der zeitlichen Abhängigkeit sogar noch die Erkenntnis betrifft, die sie feststellt – dieses Paradoxon hebt die Wahrheit dieser Behauptung selbst nicht auf, sondern es liegt gerade im Wesen der echten Erkenntnis, niemals abgeschlossen zu sein.«[4]

Hinweise auf ein verwandtes Konzept geschichtlicher Wahrheit lassen sich bereits in einigen Äußerungen Marxens ausmachen. So lautet ein Kernsatz aus der, gemeinsam mit Engels verfaßten, *Deutschen Ideologie:* »Wir kennen nur eine einzige Wissenschaft, die Wissenschaft der Geschichte.«[5] Wie die Menschen einer bestimmten Gesellschaft ihr Leben organisieren und was sie anders machen könnten, das wird zum Thema der ökonomisch-philosophischen Untersuchungen des Kapitalismus. Wesensaussagen sind nur noch von heuristischem Wert. Wie die geschichtliche Wirklichkeit beschaffen ist, läßt sich aus ihnen nicht mit Gewißheit ableiten. Daraus folgt: »Die wahre Theorie muß innerhalb konkreter Zustände und an bestehenden Verhältnissen klargemacht und entwickelt werden.«[6]

In dem Aufsatz »Materialismus und Metaphysik«, der 1933 in der *Zeitschrift für Sozialforschung* erstmals veröffentlicht wurde, hat Horkheimer das materialistische Programm der frühen Kritischen Theorie folgendermaßen zusammengefaßt: »Die ökonomische Theorie der Gesellschaft und der Geschichte ist nicht aus rein theoretischen Motiven, sondern aus dem Bedürfnis entstanden, die gegenwärtige Gesellschaft zu begreifen; denn diese Gesellschaft ist dazu gelangt, eine immer größere Anzahl Menschen von dem auf Grund des allge-

meinen Reichtums an wirtschaftlichen Kräften möglichen Glück ab-
zusperren. Im Zusammenhang damit bildet sich auch die Vorstellung
einer besseren Wirklichkeit, welche aus der heute herrschenden hervorgeht, und dieser Übergang wird zum Thema der gegenwärtigen
Theorie und Praxis. An Idealen fehlt es dem Materialismus daher
nicht. Sie bestimmen sich ausgehend[7] von den Bedürfnissen der Allgemeinheit und werden gemessen an dem, was mit den vorhandenen
menschlichen Kräften in sichtbarer Zukunft möglich ist. Aber der Materialismus verzichtet darauf, diese Ideale der Geschichte und damit
auch der Gegenwart, als von den Menschen unabhängige Ideen zugrunde zu legen.«[8]

Wir führen unser Leben unter bestimmten historischen Bedingungen;
aber wir greifen auch bewahrend oder verändernd in den Lauf der
Welt ein, ob wir das nun beabsichtigen oder unser Heil im Gegenteil
darin sehen, uns aus allem herauszuhalten.[9] Dieser Sachverhalt ist anzuerkennen, ohne daß wir nun nichts Eiligeres vorhaben, als die in sich
vergänglichen, vielerart menschlichen Aktivitäten in ein dauerhaftes
Korsett zu zwängen, sie mittels eines – mehr oder weniger ausgeklü-
gelten – metaphysischen Systems einer quasi-göttlichen Ordnung zu
unterstellen. Deren »Leistung« liegt nach Horkheimer nämlich gerade
darin, »[...] menschliche, geschichtliche, partikulare Zwecke mit dem
Schein der Ewigkeit zu umkleiden, sie auf ein den geschichtlichen
Veränderungen nicht Unterworfenes und daher Unbedingtes zu be-
ziehen«.[10] Tröstend oder vernichtend, dieses unterstellte Absolute
gäbe jedenfalls über nichts beredter Auskunft als über den vorüber-
huschenden Schatten der Gegenwart, die seiner bedarf.[11]

Als radikale Absage an jegliche Metaphysik, die über die wirklichen
Verhältnisse hinwegschwebt, will Horkheimer die ökonomische Analyse verstanden wissen: »Die Lehre von der fundamentalen Rolle der
ökonomischen Verhältnisse gilt nunmehr als Kennzeichen der materialistischen Ansicht und mit diesem neuen Inhalt ist es auch unmöglich geworden, irgendeinem obersten Prinzip als solchem eine
abschlußhafte Gestalt zu geben.«[12] Der Materialismus der Kritischen
Theorie hütet sich davor, Dogmen über die Grundbestandteile der
Welt zu ersinnen und zu verkünden. Materialismus – das ist vielmehr
der Name für die möglichst umfängliche und vorurteilsfreie Auseinandersetzung mit der geschichtlichen Wirklichkeit. »Der Materialismus der Gegenwart, das ist die ökonomische Theorie der Gesellschaft.«[13] Wenn er von ökonomischer Theorie spricht, denkt
Horkheimer nicht an ein krudes reduktionistisches Unterfangen. Es

geht nicht darum, komplexe Phänomene zuerst als »Überbau« zu denunzieren und dann flugs deterministisch durch eine angebliche »Basis« zu erklären. Ausdrücklich warnt Horkheimer davor, den Begriff
des Ökonomischen zu eng und schematisch zu fassen.[14] Der gesamte
differenzierte Lebenszusammenhang einer Gesellschaft soll genau untersucht, nicht aber aus erlesenen Prinzipien abgeleitet werden.[15] In
diesem Sinne bestimmt Horkheimer die Aufgaben des Frankfurter Instituts für Sozialforschung.[16] Es gehe um »die Frage nach dem Zusammenhang zwischen dem wirtschaftlichen Leben der Gesellschaft, der
psychischen Entwicklung der Individuen und den Veränderungen auf
den Kulturgebieten im engeren Sinn, zu denen nicht nur die sogenannten geistigen Gehalte der Wissenschaft, Kunst und Religion gehören,
sondern auch Recht, Sitte, Mode, öffentliche Meinung, Sport, Vergnü-
gungsweisen, Lebensstil usf. Der Vorsatz, die Beziehungen zwischen
diesen drei Verläufen zu erforschen, ist nichts als eine den zur Verfügung stehenden Methoden wie dem Stand unseres Wissens angepaß-
tere Formulierung der alten Frage nach dem Zusammenhang von
besonderer Existenz und allgemeiner Vernunft, von Realität und Idee,
Leben und Geist, nur eben auf die neue Problemkonstellation bezogen.«[17] Insbesondere durch die neugierige Aufnahme psychoanalyti-
scher Erkenntnisweisen hat die Kritische Theorie die historisch-
ökonomische Analyse dann bereichert. Dem Individuum, seiner persönlichen Entwicklung und seinen Konflikten, wird ein größeres
Gewicht zugemessen als in der klassischen Politischen Ökonomie.
In Horkheimers Interpretation ist der Historische Materialismus viel-
seitig und offen; er bildet kein den Wandel der Zeiten überdauerndes
Gerüst, das jede Einzeleinsicht endgültig abstützen könnte und von
Prophezeiungen umrankt wird. Denn menschliches Erkennen hat den
geschichtlichen Veränderungen Tribut zu zollen: »Die Menschen sind
nicht nur in der Kleidung und im Auftreten, in ihrer Gestalt und
Gefühlsweise ein Resultat der Geschichte, sondern auch die Art wie
sie sehen und hören, ist von dem gesellschaftlichen Lebensprozeß, wie
er in den Jahrtausenden sich entwickelt hat, nicht abzulösen. Die Tatsachen, welche die Sinne uns zuführen, sind in doppelter Weise
gesellschaftlich präformiert: durch den geschichtlichen Charakter des
wahrgenommenen Gegenstands und durch den geschichtlichen Charakter des wahrnehmenden Organs.«[18]
Die Kritische Theorie unterstellt also keine ein für allemal fixierbaren
Gesetzmäßigkeiten des Geschehens, die alle möglichen Variationen
der »Randbedingungen« unversehrt überdauern. Das »Morgen« läßt

sich aus dem »Heute« nicht errechnen. Das Zukünftige könnte sich als etwas ganz anderes entpuppen, als die uniforme und monotone Verlängerung unseres Wissens über Vergangenheit und Gegenwart vermuten läßt. Horkheimer betont daher, daß selbst die Grundbegriffe einer Theorie (etwa der der »Klasse« in der Politischen Ökonomie) nicht als zeitlos beständige Kerne möglicher Erkenntnis aufzufassen sind.[19] Dem Begründer der Kritischen Theorie ist jedoch bewußt, daß es möglich ist, eine erstarrte Politische Ökonomie als Metaphysikersatz zu benutzen. Er warnt daher energisch davor, auch diesen Ansatz zu einer bloß moderneren Form der Gesetzesgläubigkeit zu dogmatisieren: »Wenn der Gegensatz zwischen den wachsenden menschlichen Kräften und der gesellschaftlichen Struktur, der sich in diesem Zusammenhang als Motor der Geschichte erweist, als universales Konstruktionsschema an die Stelle konkreter Untersuchungen tritt oder zu einer mit Notwendigkeit die Zukunft gestaltenden Macht erhoben wird, so kann sich die soeben angedeutete Geschichtsauffassung in eine abschließende dogmatische Metaphysik verwandeln.«[20] Dieser Gefahr versucht Horkheimer vorzubeugen, indem er die Voraussetzungen und zentralen Aussagen der Kritischen Theorie immer wieder der Überprüfung aussetzt.

Horkheimers Ansatz einer Theorie der Gesellschaft zehrt davon, daß unsere Wirklichkeit als geschichtliche erfahrbar geworden ist. Am neuzeitlichen Ideal, Vernunft sei zu verwirklichen, wird festgehalten. Doch erst die historische Analyse eröffnet diesem Programm hinreichenden Raum, denn sie entdeckt die Spannung zwischen dem schlechten Gegebenen und dem mit Vernunft Möglichen. »Geschichtlichkeit« wird zum pointierten Gegenbegriff zu jedwedem Versuch, Gegensätze und widersprüchliche Tendenzen in einem abgezirkelten metaphysischen Weltbild zu Ruhe und Ordnung zu bringen. Geschichte kann folglich auch nicht als »notwendige« Stufenfolge einer schrittweisen Bewegung der Vervollkommnung angesehen werden; es gibt nichts, was ihr ein eindeutiges Entwicklungsgesetz auferlegen könnte.

Das begreift Horkheimer bereits, als er die grundlegenden Aufsätze über »Materialismus« und »Kritische Theorie« verfaßt, obwohl zu diesem Zeitpunkt noch keine Zweifel in ihm keimen, ob in der bisherigen Geschichte in Wirklichkeit vielleicht gar kein Fortschritt stattgefunden habe.[21] Jedenfalls verzichtet er auf den siegesgewissen Glauben, geschichtlicher Wandel sei allemal mit einer Verbesserung der

menschlichen Lebensverhältnisse verbunden. Zwei schwerwiegende
Konsequenzen folgen aus dieser Einsicht. Es gibt eingestandenerma-
ßen keine Garantien dafür, daß die theoretisch-praktischen Anstrengungen, zu denen die Kritische Theorie aufruft, gelingen werden: »Die
materialistische Theorie gewährt dem politisch Handelnden noch
nicht einmal den Trost, daß er notwendig zum Ziele kommen müsse;
sie ist keine Geschichtsmetaphysik, sondern das sich verändernde Bild
der Welt, wie es im Zusammenhang mit dem praktischen Bemühen um
ihre Verbesserung sich entwickelt. Die Erkenntnis von Tendenzen,
welche in diesem Bild enthalten ist, gewährt keine eindeutige Voraussage für den geschichtlichen Verlauf.«[22] Kein Elend, kein »Opfer«
wird mehr gerechtfertigt, indem frühere Zeiten mit ihren Schrecken
und Leiden zu bedauerlicherweise unumgänglichen Voraussetzungen
der Gegenwart mit ihren grandiosen Chancen umgelogen werden.
Horkheimer hält zwar an der traditionell marxistischen Vorstellung
fest, die historische Entwicklung der Produktivkräfte bereite allererst
der Verwirklichung menschlicher Freiheit den Weg. Ihm entgeht jedoch nicht, daß vergangenes Leiden verhöhnt wird, wenn ihm nach-
träglich »Sinn« zugesprochen wird, ebenso wie gegenwärtiges mit der
gleisnerischen Verheißung einer seligen Zukunft. Die Möglichkeiten,
die sich uns bieten, sind Teil dieser Wirklichkeit[23]; sie zerfallen mit ihr,
wenn sie nicht ergriffen werden. Horkheimer unterstreicht daher den
pessimistischen Zug seines kritischen Materialismus: »Bei allem Opti-
mismus, den er im Hinblick auf die Veränderung der Verhältnisse
aufbringen mag, bei aller Einschätzung des Glücks, das aus der Arbeit
an der Veränderung und aus der Solidarität hervorgeht, trägt er also
einen pessimistischen Zug an sich. Das vergangene Unrecht ist nicht
wiedergutzumachen. Die Leiden der verflossenen Geschlechter finden
keinen Ausgleich.«[24] Sie wenigstens nicht zu vergessen, vermag allenfalls ein bewußt geschichtliches Denken.[25] Die Toten werden dadurch
nicht mehr gerettet, daß wir ihre Zeit, die nun mal vergangen ist, mit
dem trügerischen Glorienschein einer Nachzeit zieren, die sie nicht
mehr erlebt haben. Wer wollte im übrigen woher wissen, ob sie diese
auch nur annähernd so beurteilt hätten wie wir? Zu »retten« sind die
Noch-Lebenden allerdings ebensowenig. Daß sie den Tod nicht wahr-
haben will, das macht den Kern jeglicher Metaphysik aus.[26] In den
verschiedensten Masken tritt ihr Bedürfnis auf, dem Tod einen Sinn
oder Über-Sinn zuzusprechen. Wo er uns nicht als Pforte zum Jenseits
der Erlösung und Gerechtigkeit vorgestellt oder als heldenhafte Op-
fergabe für eine bessere Zukunft der Menschheit (oder gar der Nation)

schon im Diesseits geheiligt wird, da versuchen die moderneren Metaphysiker in ihrer Metaphernseligkeit, uns den Tod schmackhaft zu machen als die Grenze, zu der wir uns denkend vorarbeiten sollen, um, von ihr zurückgeworfen, recht schön »eigentlich« zu werden. Oder man empfiehlt uns etwa, uns an der Vorstellung des Todes zu berauschen, über sie »hinwegzusteigen« und so unser Leben zur höchsten Intensität der »Revolte« zu steigern. »Aber der Tod ist theoretisch auf keine Weise ›sinnvoll‹ zu machen; vielmehr erweist sich an ihm die Ohnmacht aller sinngebenden Metaphysik und jeder Theodizee.«[27] Daß wir sterbliche Wesen sind, ist eine Tatsache – nicht mehr und nicht weniger als die minimale natürliche Voraussetzung unserer Existenz.[28] Die Kritische Theorie nimmt diese Einsicht in ihrer ganzen Schwere auf sich: »Der Materialismus kennt keine zweite Wirklichkeit, weder eine, die der unsrigen zugrunde läge, noch eine, die sie überwölbte. Glück und Friede, die den Menschen auf der Erde nicht geschenkt sind, haben sie nicht nur scheinbar, sondern wahrhaft und in alle Ewigkeit verloren, denn der Tod ist nicht der Friede, sondern er führt wirklich ins Nichts. Die Liebe zu den Menschen, wie sie der Materialismus versteht, gilt nicht Wesen, die nach ihrem Tod in der Ewigkeit geborgen sind, sondern den ganz im Ernst vergänglichen Individuen.«[29]

Zu Horkheimers Kritik überzeitlicher geschlossener Weltbilder ist angemerkt worden, sie sei »ihrerseits metaphysisch«[30]. Daß auch die Aussage, wir könnten uns nicht zu absolutem Wissen erheben, es gebe keine beständige Erkenntnis eines – wie auch immer imaginierten – Ganzen (nicht einmal der sogenannten »Existenz«), eine über das Seiende im ganzen darstelle, also Metaphysik sei, ist eine Schlußfolgerung gedankenarmen Scharfsinns. Die formalistische Mechanik dieses ebenso beliebten wie schwachen argumentativen Schachzugs kaschiert nur schlecht die Sehnsucht, durch welche Kraftakte auch immer festen Boden unter die Füße zu bekommen. Durch Anwendung dieser Methodik läßt sich schlechthin jede Erkenntnis in das intakte Weltbild metaphysischen Wissens heimholen. Allerdings erscheint sie nur solange ›schlagend‹, wie man den konkreten Sinn einer Absage an metaphysische Denkfiguren von vornherein abweisen und am besten gar nicht Kenntnis nehmen will. Als ob die möglicherweise beruhigende Behauptung, es gebe eine dauerhafte und auch erkennbare Ordnung der Welt, aus der sich sichere Maßstäbe für unser Handeln ableiten ließen, im Ernst Erwägungen gleichzustellen wäre, die dafür sprechen, daß wir genau von dieser Unterstellung nicht ausgehen kön-

nen.[31] Horkheimers Überlegungen führen eben nicht zu einer neuen
ewigen Wahrheit, die Gedanken und Tun systematischen Halt garan-
tierte; sie stellen vielmehr Reflexion wie politisches Handeln schutzlos
in den Raum, der sich je geschichtlich eröffnet.[32] Es gibt kein endgültiges vollkommenes Bild der Wirklichkeit: »Schon der Ansatz eines
überzeitlichen Subjekts, welches allein es fassen könnte, ist ein Irr-
wahn.«[33] Jede metaphysische Weltdeutung, die auf stabile Muster im
zeitlichen Spiel von Werden und Vergehen aus sein muß[34], gründet in
theologischen Überzeugungen. Die Zuversicht, unwandelbare Gesetze formulieren zu können, unterstellt eine jedenfalls im Prinzip
fertige Welt. Die aber setzt einen göttlichen Schöpfer voraus, und ihre
Erkenntnis einen interesselosen göttlichen Beobachter, der sich in seinen Werken allenfalls selbst gefällt.[35] Der Kritischen Theorie Horkheimers aber geht es um die wirklichen Menschen, die als geschichtliche
Subjekte in konkreten Verhältnissen leben und denen deswegen auch
nur bestimmte Denk- und Handlungsmöglichkeiten offenstehen.
Nicht einmal die ethischen Orientierungsmarken sind vom Himmel
gefallen: »Es gibt kein ewiges Wertreich. Bedürfnisse und Wünsche,
Interessen und Leidenschaften der Menschen ändern sich im Zusammenhang mit dem geschichtlichen Prozeß.«[36]
Wir können nicht aus der Gegenwart herausspringen. Unsere geschichtliche Haut abzustreifen, bedeutete mehr als nur den Verlust
eines wahrnehmenden Organs. Auch das, was uns als »Wahrheit« gelten kann, erleuchtet keinen Weg, der aus den geschichtlichen Konstel-
lationen herausführte. Zu Recht stellt Horkheimer fest, daß auch der
Begriff der Wahrheit Veränderungen unterworfen ist: »Niemand kann
sich zu einem anderen Subjekt machen als zu dem des geschichtlichen
Augenblicks. Das Reden über Konstanz oder Wandelbarkeit der
Wahrheit ist streng genommen nur in polemischem Verstand sinnvoll.
Es richtet sich gegen die Annahme eines absoluten, übergeschicht-
lichen Subjekts oder gegen die Auswechselbarkeit der Subjekte, als ob
man sich aus dem gegenwärtigen historischen Augenblick hinaus und
ganz im Ernst in jeden beliebigen hineinversetzen könnte.«[37]

»Unabgeschlossene Dialektik« nennt Horkheimer sein Konzept jeweils
geschichtlicher Wahrheit. Diesen Begriff halte ich für problematisch,
denn er macht offensichtlich Anleihen bei eben der Tradition, die durch
ihn zurückgewiesen werden soll. Obwohl er die prinzipielle Offenheit
unseres Wissens und Wertens bezeichnen soll, klingt in ihm so etwas
nach wie die Sehnsucht nach metaphysischer Vollendung. Ich werde

später noch auf einige weitere Widersprüchlichkeiten im frühen Programm der Kritischen Theorie eingehen. Immerhin läßt sich nicht leugnen, daß Horkheimer dem Anspruch auf endgültige Wahrheit ausdrücklich entsagt. In diesem Zusammenhang steht für ihn der Gedanke einer nurmehr unabgeschlossenen Dialektik, der sich polemisch gegen Hegels System des Absoluten wendet. Dialektik ist für Horkheimer vor allem die Einsicht in die historische Bewegung der Gegensätze, die nie in einer vollkommenen Identität zur Ruhe kommt, so raffiniert jene auch ausgedacht sein mag. Während Hegel eine abgerundete Struktur entwickelt hat, durch die die hierarchische Folge der Reflexionsstufen in der subjektiven wie der objektiven Wirklichkeit zur ewigen Einheit organisiert wird, bestreitet Horkheimer, daß für alle Zeiten in gleicher Weise durchschaubar gemacht werden kann, wie sich Wirklichkeit formiert. Das Wort »Dialektik« wird für den Begründer der Frankfurter Schule zur Chiffre für den nicht zu stillenden selbstkritischen Impuls des Denkens. Als Reflexion versucht dieses, seinen eigenen, jeweils historischen Voraussetzungen auf die Spur zu kommen. Da es sich nicht ein für allemal ausweisen kann, setzt es sich selber und die Maßstäbe, die es aufrichtet, immer wieder aufs Spiel und der Kritik und Korrektur aus.[38] Nie gelangt es zur Erkenntnis der Totalität.[39] Allerdings wird der Begriff der Dialektik verwässert, wenn man ihn so seiner spekulativen Seele beraubt. Diese meinetwegen »sophistische« Wendung entspricht jedoch Horkheimers Absicht. Denn »indem jeweils auf Grund der freilich selbst nie abschließbaren Durchleuchtung des Denkens als einer wandelbaren menschlichen Funktion jeder Begriff und jede isolierte Anschauung in die Gesamtstruktur des sich fortwährend verändernden Standes der Erkenntnis einbezogen wird«, »schwindet freilich die Möglichkeit des fetischistischen Gebrauchs der geistigen Fähigkeiten; sie verlieren ihre sichernde Funktion«.[40]

Für die Kritische Theorie Horkheimers ist Dialektik nicht mehr die begriffene Erscheinungsweise des Absoluten, sondern das selber vergängliche Spiel aufeinander bezogener Widersprüche. »Indem die Dialektik aus der Verbindung mit dem überspannten Begriff des isolierten, seine Bestimmung aus sich selbst setzenden, in sich vollendeten Denkens gelöst wird, verliert die von ihr bestimmte Theorie notwendig den metaphysischen Charakter der Endgültigkeit, die Weihe einer Offenbarung, und wird zu einem in das Schicksal der Menschen verflochtenen, selbst vergänglichen Element. Die unabgeschlossene Dialektik verliert jedoch darum nicht den Stempel der Wahrheit.«[41]

Wie wir »Wahrheit« denken können, ohne sie sichernd in einem Absoluten zu verankern, das ja doch bloß unterstellt wäre, will Horkheimer herausfinden. Es geht ihm um menschliche Wahrheit, die weder die hohen Weihen der Metaphysik empfangen hat, noch in pure Beliebigkeit auflösbar ist. Daß uns solch menschliche Wahrheiten durchaus zugänglich sind, genügt der Kritischen Theorie: »Nur an einer überirdischen, unveränderlichen Existenz gemessen erscheint die menschliche Wahrheit von einer schlechten Qualität.«[42] Bezeichnenderweise richten sich die Skeptiker an demselben überspannten Maßstab absoluter Verbindlichkeit aus wie die dogmatischen Metaphysiker.[43]

Das muß man jedoch auch von der Philosophie Theodor W. Adornos sagen, des anderen führenden Kopfes der Frankfurter Schule, der gewöhnlich in einem Atemzug mit Horkheimer genannt wird.[44] Trotz den vielen wechselseitigen Versicherungen der beiden Freunde – ihr Denken ist nicht eines. Das zeigt sich nicht zuletzt an beider Umgang mit dem Problem der Wahrheit. In den dreißiger Jahren hat Horkheimer in zahlreichen Aufsätzen zu einem vielversprechenden antimetaphysischen Ansatz kritischen Philosophierens gefunden, der es meiner Meinung nach verdient, beachtet und überarbeitet zu werden. In der zum Sinnbild der kritischen Denkhaltung schlechthin geronnenen *Negativen Dialektik* hat Adorno dagegen die Kritische Theorie feinsinnig in Metaphysik zurückreflektiert: Für ihn ist Wahrheit ohne ein Absolutes nicht im entferntesten denkbar; und im Bewußtsein des unvermeidlichen Todes zerrinnt ihm zufolge jegliches Glück.[45]

Horkheimers und Adornos genau genommen entgegengesetzte Vorstellungen kleiden sich teilweise in dieselbe Metaphorik. Da das zweifellos zur Verwirrung beiträgt, möchte ich eine wichtige Differenz kurz skizzieren. Daß es nicht möglich ist, die Wirklichkeit in ein (endgültiges, vollständiges) Bild zu bannen, ist eine der gewichtigen Einsichten des frühen Horkheimer. Auch Adorno liebt die Metapher von der Bilderlosigkeit, er verwendet sie allerdings in einem völlig anderen Sinne.[46] Ein Bild der Welt – für Horkheimer wäre das die durch und durch zwanghafte Fixierung der geschichtlichen Bewegung der Widersprüche; etwas Zeitliches, Vergängliches würde um seine Eigenheiten betrogen und in ein scheinbar unveränderliches metaphysisches Schema gepreßt. Horkheimers Argumentation nur ein wenig verschärfend, könnte man warnen, Leben werde eingefroren, wenn wir es in einem stabilen, aber auch starren Weltbild zu bewahren versuchen. Der farbige Reichtum des Vergänglichen würde in den bleichen, gleichmacherischen Schein des Unendlichen getaucht, in dem dann alle Kühe mit dem gleichen Gebrechen der Endlichkeit geschlagen sind.

»Du sollst Dir kein Bildnis machen«, das alttestamentarische Gebot wird zur dominierenden Drohgebärde der *Negativen Dialektik*. Sie drückt die Überzeugung aus, das Unendlich-Wahre lasse sich nicht in endlichen, bloß geschichtlichen Gestalten anschauen. Demzufolge werde verraten, was mit dem Begriff »Wahrheit« im innersten gedacht ist, wenn wir uns – wie der frühe Horkheimer sogar nachdrücklich – mit historisch bedingter, eben menschlicher Wahrheit zufrieden geben. Wann immer nämlich etwas als »positiv« anerkannt wird, wird laut Adorno zugleich dem zum »Grauen« geballten Leiden Sinn zugesprochen.[47] Schließlich gibt es Wahrheit, als die Idee des richtigen Lebens und der universellen Versöhnung, nur noch in der Negation: als das verlorene Wissen, daß das Geschichtlich-Wirkliche nie und nimmer – in der Wahrheit ist.

Schon das Bilderverbot des *Alten Testaments* war mit der Drohung verknüpft, daß wir den Anblick des Absoluten nicht ertragen können, daß der Anblick der göttlichen Wahrheit uns vernichten wird.[48] Adornos *Negative Dialektik* macht deutlich, daß die entsprechende Furcht berechtigt ist. Sie verschreibt sich nämlich einem Absoluten, vor dem nichts Irdisches zu bestehen vermag. Das Leben ist immer zu wenig, denn es ist um den Preis des Todes erkauft.[49] Und das menschliche Glück, für das Horkheimer eintritt, kann Adornos unsäglicher Sehnsucht nach Erlösung ohnehin nicht genügen. Weil das wahre Positive keine Einschränkungen verträgt, ist es nicht von dieser Welt und paßt auch nicht in sie hinein. Seine geschichtliche Konkretion wäre für Adorno nichts anderes als seine Verzerrung und Verstümmelung. Der Gedanke an Wahrheit läßt sich dieser Theorie zufolge nur bewahren, indem wir der Geschichte, die zur unterschiedslosen Erfahrung der Abwesenheit des Heils zusammengestürzt ist, die zerbrechliche Idee der Versöhnung in heroischer Negativität entgegenhalten. Läßt sich ein schärferer Kontrast als der zwischen Adornos Hauptwerk und Horkheimers früher Grundlegung der Kritischen Theorie überhaupt denken?[50]

Auch die ausgefeilte Wahrheitstheorie von Jürgen Habermas, die vielen als die systematische Weiterentwicklung einiger nicht ganz deutlicher Ideen der Kritischen Theorie Horkheimers »und« Adornos gilt, ist deutlich von Horkheimers Entwurf zeitlich gebundener Wahrheit getrennt. Zugegeben, Habermas geht es wie Horkheimer darum, vernünftige Verständigung nicht auf den Bereich unseres theoretischen Wissens von der Welt zu beschränken. Ebenso sollen wir über die Normen des Zusammenlebens Einigung erzielen können. Habermas ist jedoch bestrebt, die Wahrheitsfindung durch überzeitlich gültige formale Verfahren abzusichern. Die vernünftige Idee der Wahrheit, so hebt er hervor, ist in der Sprache aufbewahrt, mit der wir alltäglich umgehen. Wann immer wir uns argumentierend um Verständigung mit anderen bemühen, nehmen wir sie in Anspruch. Wir führen Gründe an und hoffen, daß diese auch unseren Gesprächspartnern einleuchten. Nur auf den »eigentümlich zwanglosen Zwang des besseren Arguments« verlassen wir uns dann; ihm wollen auch wir uns freiwillig beugen. Vergleicht man diese Konsensustheorie mit der naiven Korrespondenztheorie, die Habermas berichtigen will, so wird kenntlich, daß es nur um eine kleine, wenn auch bedeutsame Verschiebung des Blickwinkels geht, jedenfalls soweit theoretische Wahrheit das Ziel ist. Auch in der Konsensustheorie steckt das Gerüst der Korrespondenztheorie. Wie aber können wir klären, ob unsere Vorstellungen von den Dingen mit den wirklichen Dingen übereinstimmen? Habermas ist sich bewußt, daß es weder eine schlechthin neutrale Instanz, noch ein Insignium in den Dingen, noch eine formale Eigenschaft der diskutierten Theorien gibt, die die Übereinstimmung von Theorie und Wirklichkeit garantieren könnten. Wir greifen auf Gründe zurück, wenn wir gemeinsam zu klären versuchen, ob die Beschreibungen und Erklärungen, die uns zur Verfügung stehen, den Sachverhalt wirklich treffen. Einzig mit Hilfe solcher Verfahren können Behauptungen als wahr legitimiert werden. Soll gar über die Wahrheit, in Habermas' Sprachregelung: die Richtigkeit, von Normen entschieden werden, so sind wir gänzlich auf die Abwägung widerstreitender Gründe angewiesen; experimentelle Evidenzen leisten hier keine Hilfestellung, denn es geht ja nicht um das, was ist, sondern um das, was vernünftigerweise sein sollte.

So weit, so gut. Auch Horkheimers Schriften legen Zeugnis davon ab, wie er sich im Hinblick auf theoretische und praktische Wahrheit um die besseren Argumente bemüht. Was der Begründer der Kritischen Theorie aber bestreitet, ist, daß wir den geschichtlichen Horizont unserer Gegenwart dabei aufbrechen und schließlich sogar hinter uns lassen können. Erst in ihm erscheinen uns bestimmte Ziele als vernünftig, einige Gründe überzeugender als andere. Noch die Idee eines vernünftigen Diskurses selber entspringt wohl einer ganz bestimmten historischen Konstellation.[51]

Habermas registriert durchaus, was die sinnvolle Teilnahme am Wahrheitsdiskurs, wie er ihn anpreist, voraussetzt: ein gemeinsames Sprachsystem[52] und die gleiche kognitive Entwicklung. Die Möglichkeit, sich auf Normen zwanglos zu einigen, setzt also eine vorgängige Normierung voraus. Genau an diesem Punkt wird das Problem der Wahrheit brisant. Hier setzt Horkheimers Nachdenken ein, während Habermas seine Überlegungen im Grunde abbricht. Wenn letzterer der Hoffnung Ausdruck gibt, die Diskutanten könnten ja gemeinsam ein je angemessenes Sprachsystem wählen und sich im übrigen der Sprachkritik befleißigen[53], dann löst das die prinzipielle Schwierigkeit keinesfalls. Das entscheidende Problem sehe ich darin, daß Habermas den Gedanken (oder die regulative Idee) der Wahrheit mit den Ansprüchen auf »Invarianz« und »Universalität« notwendig gekoppelt sieht.[54] Ihm geht es folglich darum, herauszuarbeiten, wie wir die individuell-natürlichen sowie alle historischen Bedingtheiten, was immer an ihnen uns bloß partikular anmutet, abschütteln können.[55] Formale Verfahrensregeln, Eigenschaften des »Diskurses«, in dem Wahrheit und Richtigkeit zur Debatte stehen, sollen das ermöglichen. Diesen Regeln selber ist dann aber zeitlose und örtlich unbegrenzte Gültigkeit zuzuerkennen. Entsprechend konstruiert Habermas eine »ideale Sprachsituation«, »kontrafaktisch«. Immerhin räumt der Konstrukteur freimütig ein, daß dieses Ideal in der Praxis nicht vollständig einlösbar ist; er hält es aber für »hinreichend« realisierbar.[56]
Diese und ähnliche besonnene Einschränkungen ändern am bezeichnenden Zug der Konsensustheorie der Wahrheit allerdings kaum etwas. Laut Habermas soll unbedingte Wahrheit durch rationale Prozeduren gesichert werden. Kritische Reflexion soll zu formalen Verfahren gerinnen und so überprüfbar und einklagbar werden. Auf diese Weise sollen die Teilnehmer am Wahrheits-Symposium (idealiter die ganze Menschheit) nicht nur gefordert, sondern auch befähigt werden, die diversen inneren und äußeren Zwänge aufzuklären und außer Kraft zu setzen. Was immer sich auf diesem Weg als Wahrheit herausstellen sollte, festgestellt werden kann sie nach Habermas nur dann, wenn ihre Konturen aus dem geschichtlichen Bedingungszusammenhang herausgehauen werden. Wenn Wahrheit durch bloß formale Voraussetzungen soll garantiert werden können, dann muß sie zwangsläufig etwas werden, was gegen bestimmte Inhalte gleichgültig ist. Aber nicht nur das. Das Subjekt (oder besser: die vernünftige Subjektivität – denn von wirklich verschiedenen Individuen kann nun kaum noch die Rede sein), das sich in solchem Verfahren zurechtfände und in ihm Halt

gewönne, wäre ebenso leer wie vernünftig, nichts als ein durchsichtiges Atom des Allgemeinen. Und um das Übermaß voll zu machen – dieses Subjekt könnte gar nicht anders als von sich, seiner überlegenen Vernünftigkeit überzeugt sein.[57] Eins mit den Verfahrensregeln fühlte es sich der immerwährenden Wahrheit näher, als Menschen es je sein können, die lebendige Geschichte atmen, in – wie denn anders – partikulare Leidenschaften verstrickt sind und mit Widersprüchen ringen. Und das alles, weil Wahrheit als überhistorische Universalität verstanden wird.

Eingedenk unserer Vergänglichkeit und der Geschichtlichkeit der Welt, in der wir leben, verzichtet Horkheimer auf den Wunsch nach zeitlos beständiger Wahrheit, in deren Schein die vorübergehenden Auseinandersetzungen in der Gegenwart zur Unkenntlichkeit verblassen. Horkheimer konstruiert im Gegensatz zu Habermas keine Schablone, mit deren Hilfe etwaige Gestalten der Wahrheit untrüglich ausgemacht werden könnten. Er entwirft auch keine narrensichere Methode, deren Beachtung Wahrheit für alle jederzeit zugänglich machen könnte. Nur bezogen auf bestimmte Situationen und konkret erfaßbare Probleme hat die Rede von Wahrheit für ihn überhaupt einen Sinn.

Was als wahr gelten kann, ist damit jedoch nicht zufälligen Eingebungen oder privatem Belieben anheimgestellt. Wahrheit ist für Horkheimer mit dem Begriff der Bewährung verknüpft. Er kennzeichnet sie als »ein Moment der richtigen Praxis«.[58] Es fragt sich allerdings, ob durch diese Bestimmung viel gewonnen ist. Zwar ist anerkennenswert, daß Horkheimer weder bestimmte Inhalte mit dem Heiligenschein der Metaphysik weiht, noch einen ein für allemal Geltung beanspruchenden und anwendbaren Formalismus der Wahrheitsbeschaffung ausheckt. Doch ist unübersehbar, daß damit zugleich prekär wird, ob das Prädikat »wahr« überhaupt angemessen verstanden werden kann. Es sind mehr oder weniger Leerformeln, die Horkheimer zur Erläuterung beibringt; sie sollen ausdrücklich einer positiven Bestimmung des Wahrheitsbegriffs dienen, besorgen aber vor allem die negative Abgrenzung gegen andere Vorstellungen. So ist »Bewährung« etwa nicht einfach mit Nützlichkeit oder Erfolg zu übersetzen. »So einfach ist der Begriff der Bewährung als Kriterium der Wahrheit nicht aufzufassen. Die Wahrheit ist ein Moment der richtigen Praxis, wer sie jedoch unmittelbar mit dem Erfolg identifiziert, überspringt die Geschichte und macht sich zum Apologeten der je herrschenden Wirklichkeit [. . .].«[59] Die pragmatistische Auffassung von Wahrheit bringt das Wesen traditioneller Theorie zum Ausdruck.[60] Wenn ihr augenblicklicher Nutzen zum Kriterium erhoben wird, liefert sich die Theorie dem Gegebenen aus, ohne zu berücksichtigen, in welchem Rahmen sie denn als nutzvoll erscheint und welchen Zwecken sie in der expandierenden arbeitsteiligen Gesellschaft letztlich dient.

Kritische Theorie dagegen ist auf vernunftbestimmtes Handeln aus. Sie will sich nicht an die Kette der bestehenden Verhältnisse legen lassen und als geschmiertes Rädchen in der Reproduktionsmaschinerie der Gesellschaft funktionieren. Wahrheit ist für Horkheimer kein bloß theoretischer Begriff, kein Etikett für die zutreffende Beschreibung dessen, was ist; sie ist vielmehr mit dem der Zukunft zugewandten Interesse verbunden, Vernunft zu verwirklichen. Daß die vorfindliche Wirklichkeit der Forderung nach Harmonie von Individuellem und Allgemeinem nicht entspricht, ist kein unwiderlegliches Zeichen dafür, daß diese prinzipiell nicht eingelöst werden kann: »Daß inzwischen das Elend andauert und der Schrecken sich ausbreitet, die furchtbare Gewalt, die jene allgemeine Bewährung unterdrückt, hat keine Beweiskraft für das Gegenteil.«[61] Was wahr ist, läßt sich laut Horkheimer nicht aus den geschichtlichen Kämpfen herausoperieren. Es hängt von den lebendigen Menschen ab, ihren Wünschen, ihren Zielsetzungen und nicht zuletzt von ihrem persönlichen Einsatz: »Die Erfüllung der Möglichkeiten hängt von geschichtlichen Kämpfen ab. Die Wahrheit über die Zukunft ist nicht eine Feststellung über Gegebenes, die bloß einen besonderen Index hätte. Der eigene Wille spielt eine Rolle dabei, er darf sich nicht beruhigen lassen, wenn die Prognose wahr sein soll.«[62]

Solche in der Praxis gelingende Wahrheit ist streitbar, und sie wird wohl auch umstritten sein. Dennoch verbindet sich für Horkheimer mit der Idee der Wahrheit der Gedanke, daß es jeweils nur eine geben kann.[63] Jeder geschichtlichen Situation kommt ihre Wahrheit zu und nicht beliebig viele, in deren relativistischem Durcheinander ein jeder findet, was ihm grade paßt. Was als wahr anzuerkennen ist, ist keine Sache des Glaubens. Die wahre Theorie muß sich als besonders erklärungskräftig bewähren. »Wahr sind nicht alle [Theorien, H. H.] zusammen, sondern nur die Theorie, die das historische Geschehen so tief zu fassen weiß, daß Struktur und Tendenz des gesellschaftlichen Lebens in den verschiedenen Sphären der Kultur mit höchster Annäherung aus ihr zu entwickeln sind.«[64] Daß mit all diesen groben Charakterisierungen das Entscheidende gerade noch nicht geleistet ist, ist Horkheimer selbst bewußt. So bemerkt er, »daß die Praxis als abstraktes Kriterium der Wahrheit in die konkrete Theorie der Gesellschaft umschlägt«[65]. Dieser Aufgabe hat sich das von Horkheimer geleitete Frankfurter »Institut für Sozialforschung« gestellt. Das breite Spektrum der Aufsätze, die in der *Zeitschrift für Sozialforschung* erschienen sind, dokumentiert, wie die Mitglieder des Instituts sich um die Vermittlung von wissenschaftlicher Erklärung und Vernunftanspruch bemüht haben. Auf dieser Ebene der konkret problembezogenen Auseinandersetzung ist der Streit auszutragen, wenn man den Anspruch auf Wahrheit nicht aufgeben will und doch zugleich jede metaphysische Rückversicherung als ungedeckt und anmaßend durchschaut hat.

Wahrheitsfindung also wird zum offenen Prozeß. Was als wahr gilt, muß immer wieder erneut auf die Probe gestellt werden. Es gibt keinen Zauberschlüssel, mit dessen Hilfe sich beliebige Problemstellungen ›knacken‹ ließen. Diese Einsicht schlägt sich in Horkheimers Werk auch formal nieder. Es umfaßt bekanntlich eine Vielzahl von Essays, die sich mit den verschiedensten Einzelproblemen beschäftigen. Aus ihnen spricht, aller irritierenden Widersprüchlichkeit zum Trotz, so etwas wie der Geist, aus dem die Kritische Theorie geboren ist. Was aber bezeichnenderweise ganz und gar fehlt, das ist ein systematisches Hauptwerk. Nicht aus Unvermögen, so scheint mir, sondern mit Bedacht hat Horkheimer nirgendwo »die« Prinzipien der Kritischen Theorie ein für allemal festgelegt, würde ihnen auch nur negative Kraft zugemessen.

IV. Freiheit durch Naturbeherrschung

Horkheimers Überlegungen zu einer philosophischen Kritik der Gesellschaft wollen die Idee der Wahrheit von dem anmaßenden Schein des Absoluten befreien, aus der Hermetik metaphysischen Wissens herauslösen und der historisch-gesellschaftlichen Vermittlung zuführen. Sein Konzept geschichtlicher Wahrheit bleibt indessen dem neuzeitlichen Ideal verpflichtet, daß Vernunft verwirklicht werden solle. Während die Kritische Theorie so einerseits ihr praktisches Programm in der Tradition verankert sieht, betont sie andererseits immer wieder, daß unsere Welt, ebenso wie die Maßstäbe, an denen sich unser Denken und Handeln orientieren, historisch bedingt und überholbar ist. Obwohl Horkheimer die Voraussetzung der Vernunft als ein Element der widerspruchsvollen Gegenwart kennzeichnet, droht sein Konzept an Widersprüchlichkeiten zu zerbersten, die er wohl nicht hinreichend bedacht hat. Was wäre etwa, wenn sich die Leit-Idee der Vernunft selber als fragwürdig herausstellen würde?

Schon die Rede von der »unabgeschlossenen Dialektik« signalisiert ein Problem, das Horkheimer meiner Meinung nach nicht hinreichend klar war. Zwar unterstreicht er die anti-metaphysische Stoßrichtung dieser Formel, aber sie ist doch der Abkömmling einer metaphysischen Denkweise. Wahrheit nämlich wird im Sinne der altbekannten Korrespondenztheorie offenkundig als Übereinstimmung von Begriff und Sache verstanden. Der maßgebliche Unterschied zwischen der frühen Kritischen Theorie und den idealistischen Systemen des Absoluten liegt darin, daß Horkheimer zufolge Theorie und Wirklichkeit nicht gänzlich zur Deckung zu bringen sind, daß die Spannung zwischen ihnen nie vollständig beseitigt werden kann und sie immer wieder von neuem aufbricht.[1] Immerhin ist diese »unabgeschlossene Dialektik« nicht als unendliche Annäherung gedacht, nicht als schrittweise Anpassung unserer Überlegungen an das Gegebene oder der Wirklichkeit an unsere durch Vernunft gereinigten Wünsche. Wirklichkeit ist für Horkheimer keine fixe Größe, sondern der »Lebensprozeß der Menschheit, in dem weder die Natur, noch die Gesellschaft, noch ihre Beziehung unveränderlich bleiben«.[2] Tapfer schließt Horkheimer, daß es absurd wäre, unserem Wissen etwas abzuverlangen, das es grundsätzlich nicht zu leisten vermöchte.[3]

Solch kritische Selbstbeschränkungen verdienen Anerkennung. Sie korrigieren aber das Denk-Modell, um das sie in vorsichtigem Abstand kreisen und das gelegentlich auch weniger vorsichtig vor den Leser hingestellt wird, nur um ein weniges. Zweifellos gibt der Begriff der Vernunft, wie er in die Kritische Theorie Eingang findet, eine normative Bestimmung vor; er bezeichnet vorzüglich eine praktisch-moralische Aufgabe, nämlich die Welt so einzurichten, daß sie den Grundsätzen der Vernunft entspricht. Übereinstimmung wird nach Horkheimer nämlich nicht allein durch die möglichst getreue Abbildung dessen erreicht, was vorliegt; sie ergibt sich vielmehr, den je geschichtlichen Möglichkeiten entsprechend, wenn es den Menschen gelingt, gesellschaftliche Verhältnisse zu schaffen, die allen gleichermaßen Glück gewähren. Wahrheit als Übereinstimmung wird daher »durch reale Vorgänge, durch menschliche Aktivität hergestellt«.[4] Sie läßt sich durchsetzen, indem der Nachweis erbracht wird, »daß Gedanken und objektive Realität übereinstimmen«[5]; und dieser Nachweis bildet nach Horkheimer »selbst einen historischen Vorgang, der gehemmt und unterbrochen werden kann«[6], den wir jedoch auch gezielt vorantreiben können.

Versteht man unter »Wahrheit« dasjenige, was herauskommt, wenn etwas mit etwas anderem zur Übereinstimmung gebracht wird, also eine Differenz in einem Gleichklang oder gar einer Einheit verschwindet, dann ist häufig ein Moment der Überwältigung im Spiel. In Horkheimers frühen Aufsätzen gibt es dafür zahlreiche Anzeichen. Unter »Übereinstimmung« könnte man bei freundlicher Betrachtung verstehen, daß Verschiedenes zusammentrifft und miteinander klingt. Daß Horkheimer es aber eher auf erzwungene Identität abgesehen hat, zeigt sich, wenn er stirnrunzelnd die bleibende Spannung erwähnt. Diese variiere, so heißt es mit einer Deutlichkeit, die nichts zu wünschen übrigläßt, »je nach dem Grad der Herrschaft der Menschen über sich und die außermenschliche Natur«[7]. Die je geschichtliche Wahrheit soll also durch unseren eigenen Einsatz zustande gebracht werden. Zwar versichert der Begründer der Kritischen Theorie, es gebe keinen Grund dafür, etwas zu verehren, nur weil es auf der Welt Macht gewinne.[8] Doch geht der Einsatz für die Wahrheit, den er fordert, Hand in Hand mit dem Kampf um die Macht, zu der die Vernunft erhoben werden soll. Denn »die Wahrheit wird vorwärtsgetrieben, indem die Menschen, die sie haben, unbeugsam zu ihr stehen, sie anwenden und durchsetzen, ihr gemäß handeln, sie gegen alle Widerstände aus zurückgebliebenen, beschränkten, einseitigen Standpunkten zur Macht bringen«.[9]

»Wahrheit« meint Horkheimer zufolge die Einrichtung gesellschaftlicher Verhältnisse, die den Forderungen der Vernunft genügen, soweit die geschichtlichen Bedingungen das zulassen.[10] Vernunft, die Vermittlung von Subjekt und Objekt, Individuellem und Allgemeinem, soll durch die gemeinsame Planung und Kontrolle des gesellschaftlichen Lebensprozesses erreicht werden. Horkheimer vertraut darauf, daß sich die gerechte Verteilung gesellschaftlicher Macht und individueller Freiheit durch die rationale Beherrschung der Natur sichern lasse.[11] Unsere Freiheit nämlich, so wird unverdrossen verkündet, sei an den Grad der Unterwerfung der Natur gefesselt, jener angeblich durch und durch chaotischen und feindseligen Macht. »Denn die wahre menschliche Freiheit ist weder mit der Unbedingtheit noch mit der bloßen Willkür gleichzusetzen, sondern ist identisch mit der Beherrschung der Natur in und außer uns durch vernünftigen Entschluß.«[12]

Die Natur zu diesem Ziele geordnet und handhabbar gemacht zu haben, ist freilich ein Verdienst, das man der traditionellen wissenschaftlichen Theorie schwerlich absprechen kann. Das Detailwissen, das jene bereitstellt, wird von der Kritischen Theorie auch gar nicht hochmütig verworfen, sondern dem eigenen Programm einverleibt: »Die Erkenntnis in diesem traditionellen Sinn einschließlich jeder Art von Erfahrung ist in der kritischen Theorie und Praxis enthalten.«[13] Die Einzelwissenschaften haben eine nützliche Datenbank erstellt und vervollständigen sie mehr und mehr. Sie kann und soll genutzt werden, um die vernünftige Gesellschaft der Zukunft zu verwirklichen. Horkheimer plädiert für den »Versuch, mit Hilfe aller Einzelwissenschaften ein Bild des gesellschaftlichen Lebensprozesses nachzuzeichnen, das zur tiefgreifenden Erkenntnis des kritischen Weltzustands und der Ansatzmöglichkeiten für eine vernünftigere Ordnung führen kann«.[14] Die Kritische Theorie hat es darauf abgesehen, die zum Teil disparaten Erkenntnisse, die der Verstandesarbeit zu verdanken sind, in das ganzheitliche Konzept der Vernunft einzuspannen, das auf die geschichtliche Situation abgestimmt ist. Auf diese Weise soll der arbeitsteilige Wissenschaftsbetrieb zur Selbstreflexion genötigt werden; ebenso sollen Ziele ausgewiesen und Wertsetzungen verbürgt werden. Im Gegensatz zu beliebten Denkströmungen der zwanziger und dreißiger Jahre dieses Jahrhunderts, die Horkheimer als irrational verurteilt, geht es ihm darum, »die Einseitigkeit des analytischen Denkens aufzuheben, ohne es zu verwerfen«[15]. Die minutiöse Zerlegung des Gegebenen, seine triftige Beschreibung und Erklärung sollen geschichtlicher Kritik unterzogen und in den Sinnzusammenhang eingebettet werden, den die Idee des richtigen Lebens verspricht. Während aber metaphysische Entwürfe, das passende Pendant zu einer positivistisch amputierten Wissenschaftlichkeit[16], Sinnbedürfnisse stillen, indem sie wissenschaftliches Denken zurückweisen und damit zugleich unangetastet lassen, plädiert Horkheimer für die konkrete Vermittlung von einzelwissenschaftlicher Verfahrensweise und philosophischer Kritik. Indem diese die wissenschaftliche Arbeit durchdringt, setzt sie zugleich ihre eigenen Voraussetzungen der Überprüfung aus.[17] Die eindimensionale Nützlichkeit traditioneller Theorien soll überwunden werden, indem sie in den Dienst der Vernunft treten. Diese wird als unsere Fähigkeit vorgestellt, uns auf allgemeingültige Zwecksetzungen zu einigen. Als alter Kantianer hat Horkheimer sein Leben lang darauf bestanden, daß die subversive Macht der Vernunft sich als

Vermögen der Zwecksetzung zu bewähren habe. Der Weg, den die frühe Kritische Theorie zur Verwirklichung dieses Programms empfiehlt, ist der, rationale Kontrolle in allen Bereichen auszuweiten. Nicht nur die Kräfte der uns umgebenden Natur und widerspenstige innere Regungen sollen in Zaum gehalten werden; die gesamte Organisation des gesellschaftlichen Lebensprozesses soll planmäßig bewältigt werden. Daß sie den ökonomischen Bereich ausspart, ihn vernunftloser Anarchie (nämlich den undurchschauten Mechanismen des Marktes und den Gesetzen der Selbstverwertung des Kapitals) anheimgibt, wirft Horkheimer der kapitalistischen Wirtschaftsform vor.[18] Weil der bürgerlich-liberale Staat die ökonomischen Widersprüche weitgehend sich selbst überläßt, wird die Natur nur mangelhaft in den Griff gebracht und objektiv mögliches Glück versagt. Das ist der Kern der Horkheimerschen Kapitalismus-Kritik.

Die Herrschaft über die Natur, die das Ende gesellschaftlicher Herrschaft ermöglichen soll, bleibt der frühen Kritischen Theorie zufolge so lange unzureichend, wie sie »nicht nach einem einheitlichen Plan und Vorsatz ausgeübt«[19] wird. Im wahrhaften Allgemeinen des Plans soll jeder seine Interessen wiederfinden können.[20] Auf dieser Ebene wird Horkheimers Vernunft-Ideal kenntlich als die naiv-humane Vision einer Gesellschaftsordnung, die endlich vollständig berechenbar geworden ist. Wenn dieser herrschaftsbesessene Freiheitswunsch, den die frühe Kritische Theorie pflegt, dereinst verwirklicht sein wird, dann werden nicht nur natürliche, sondern auch gesellschaftliche Phänomene präzise vorhersagbar sein, frohlockt Horkheimer Anfang der dreißiger Jahre zuversichtlich.[21]

Der Utopie gesellschaftlich kontrollierter Naturbeherrschung gesellt sich schließlich noch ein – nur leicht gebremstes – Vertrauen auf den Fortschritt, jedenfalls was unsere Chancen in Gegenwart und Zukunft betrifft. Immerhin versteht Horkheimer unter Fortschritt nicht die unbedachte Fortschreibung der augenblicklichen Zustände in eine größere, prächtigere Zukunft hinein. Die Einsicht in die Geschichtlichkeit der Wirklichkeit wie unserer Wünsche nach ihrer Veränderung schützt ihn vor derartig kruden Projektionen.[22] Vor allem ist die Kritische Theorie dagegen gefeit, die einfältige Akkumulation von Wissen und die sich selbst genügende Ausweitung der Warenproduktion für Kriterien des Fortschritts zu halten. Fortschritt – das müßte für Horkheimer praktische Bewährung sein, ein Schritt auf dem Weg zur verwirklichten Vernunft, »Lebensförderung«[23].

Die Identität von Subjekt (Verstand, Vernunft) und Objekt (Natur,

Geschichte), die durch rationale Herrschaft hergestellt werden soll, wird allerdings nie vollends und endgültig zu erreichen sein. Das humane Projekt, Vernunft zu verwirklichen, stößt an eine zwar verschiebbare, aber nicht überschreitbare Grenze. »Der intellektuellen und materiellen Aktivität der Menschen wird immer etwas äußerlich bleiben, nämlich die Natur als Inbegriff der jeweils noch unbeherrschten Faktoren, mit denen die Gesellschaft es zu tun hat.«[24] Aus dieser Äußerung spricht, daß Horkheimer Vernunft letztlich als ein menschliches Vermögen ansieht, wenngleich er dessen konkret-geschichtliche Vermittlungen zu begreifen versucht. »Vernunft« ist offenbar eine Kraft der Subjektivität, die sich auf erfolgreiche Naturbeherrschung stützt, sich selbst immer wieder reflektierend zur Ordnung ruft und universelle Zwecke zu bestimmen weiß. Gerade »soviel Sinn und Vernunft« ist dann in der Welt zu finden, wie »die Menschen in ihr verwirklichen«[25]. Die sich ihrer selbst versichernde und sich selbst bestimmende (inter)subjektive Vernünftigkeit, auf die die Kritische Theorie baut, ist jedoch in merkwürdiger Weise haltlos geworden. Sie gibt eine normative Idee des richtigen Lebens vor; doch bleibt diese vage.

Die Idee des richtigen Lebens soll jeweils geschichtlich bestimmt werden. In einem letzten Sinne aber scheint sie nicht der Ordnung des Wirklichen anzugehören. Wenn Vernunft als subjektive Ordnungsmacht propagiert und herbeigesehnt wird, dann äußert sich darin die schreckliche Erfahrung, daß diese Welt zuinnerst zerrissen ist. (Und das nicht erst auf der Ebene manifester gesellschaftlicher Organisation.) Mit keiner noch so beiläufigen Überlegung zweifelt der frühe Horkheimer daran, daß die Natur ein wildes Chaos ist, blindes, ungerichtetes Substrat der sinngebenden menschlichen Tätigkeit. Sie weist zwar Regelmäßigkeiten auf, sie läßt sich beschreiben und erklären, ja, sie lädt zur Manipulation geradezu ein; aber sie hat uns nichts zu sagen, sie bleibt stumm. Natur gerät nur als feindliche Macht in den Blick des Subjekts; sie fungiert als gegenständliches Feld für die Zwecksetzungen der Vernunft.

Dieser Herabwürdigung der Natur entspricht bezeichnenderweise eine Unsicherheit auf der Seite der Subjekte, die für die Idee der Vernunft einstehen sollen. Der tragende Pfeiler des Konzepts der Kritischen Theorie, die Vernunft selber, ist in Gefahr, in sich zusammenzustürzen. Sie ist nämlich keinerlei Begründung fähig.[26] Auch die Vernunft-Moral, die der Versöhnung verpflichtet ist, läßt sich als (zufällige!) »psychische Verfassung«[27] durchschauen. Nur historisch zu erklären, so gesteht Horkheimer, nicht aber zu rechtfertigen sei die »Sehnsucht nach Glück und Freiheit für die Menschheit«[28]. Kein Wunder, daß sich der Begründer der Kritischen Theorie durch eine gutgemeinte, doch nichtsdestoweniger haltlose Unterstellung gegen die prekären Konsequenzen dieser Einsicht abzuschirmen sucht. Denn »das Ziel einer vernünftigen Gesellschaft«, so versichert er treuherzig, sei »in jedem Menschen wirklich angelegt«.[29] Und »den Willen zu menschenwürdigem Dasein«, schreibt er andernorts, müsse »das Subjekt in sich selbst erfahren oder vielmehr produzieren«.[30] Da taucht dann allerdings die Frage auf, was wohl zu tun oder zu lassen sei, wenn jemand die Idee der Vernunft oder die Sehnsucht nach dem richtigen Leben bedauerlicherweise nicht mitbringt und auch keine Bereitschaft zeigt, sie sich einpflanzen und in sich wachsen zu lassen.

Diese inneren Probleme, die in der frühen Kritischen Theorie gären, treiben sie in den vierziger Jahren über sich hinaus zu einer – nicht nur als Selbstkritik – brisanten Kritik der neuzeitlichen Rationalität. Daß die Idee der Vernunft zerbrechlich ist, hat Horkheimer bereits 1937 in einem Brief an Pollock ausgesprochen. Ein erster Ton von Resignation ist dort unüberhörbar: »Die unangenehmste Entdeckung«, so Horkheimer, »zu welcher der Materialismus führt, ist der Umstand, daß die Vernunft nur existiert, insofern sie ein natürliches Subjekt hinter sich hat. Diesem natürlichen Subjekt ist sie anheim gegeben, je nachdem es von ihr Gebrauch machen will. Sie kann ihm auch ohne seine Schuld verloren gehen.«[31]

B. Kritik der herrschenden Vernunft

»Die Stammbegriffe der westlichen Zivilisation sind dabei, zu zerfallen. [...] Die Frage ist an der Zeit, wieweit die Begriffe noch haltbar sind. Zentral ist der Begriff der Vernunft. [...] Mit ihr waren die Begriffe der Freiheit, Gerechtigkeit und Wahrheit verknüpft.«[1] Dies vermerkt Horkheimer am Anfang des Essays *Vernunft und Selbsterhaltung*[2], der den Zeitpunkt (1941/42) markiert, an dem die Kritische Theorie in eine neue Phase der Auseinandersetzung mit den herrschenden Gegebenheiten eintritt. Und in dem vier Jahre später veröffentlichten Text *Zur Kritik der instrumentellen Vernunft* heißt es, die Krankheit, von der die Vernunft offenkundig befallen sei, sei »untrennbar vom Wesen der Vernunft in der Zivilisation, wie wir es bis jetzt gekannt haben«, sie gründe in ihrem »Ursprung, dem Verlangen des Menschen, die Natur zu beherrschen«.[3]

Die Kritische Theorie der Gesellschaft wandelt sich zur Kritik derjenigen Rationalität, die Freiheit durch Naturbeherrschung zu sichern vorgibt. Ebendieses Emanzipationsprogramm hatte allerdings Horkheimer während der dreißiger Jahre vertreten. Zwar entwickelt bereits die frühe Kritische Theorie wichtige Elemente für eine weitreichende Wissenschaftskritik, doch vertraut sie zugleich auf die Kraft der Vernunft, Zwecke zu bestimmen und den geschäftigen Verstand praktisch-moralisch anzuleiten. Es sind geschichtliche Erfahrungen, in denen sich diese Zuversicht auflöst und verflüchtigt. Horkheimers Hoffnung, vernünftige Verhältnisse könnten verwirklicht werden, da die materiellen Voraussetzungen dafür endlich gegeben seien, versiegt in der gewaltsamen Hermetik totalitärer Mechanismen. In sie hat sich die Herrschaftsvernunft verstrickt. Staatssozialismus, Faschismus und industrielle Massengesellschaft, die Horkheimer später als »verwaltete Welt« kennzeichnen wird, erscheinen – trotz allen beachtenswerten Unterschieden, vor allem, was die Raffinesse der Herrschaftstechniken betrifft – als Varianten eines Totalitarismus, der aus dem Geist der Neuzeit geboren ist.[4]

Herauszufinden, »warum die Menschheit, anstatt in einen wahrhaft menschlichen Zustand einzutreten, in eine neue Art von Barbarei versinkt«[5] – keine geringere Aufgabe stellen sich Horkheimer und Adorno in der *Dialektik der Aufklärung*, dem gedanklichen Zentrum der Kritischen Theorie der Frankfurter Schule, in dem sich umwerfende Einsichten und festgefügte Befangenheiten ineinander verschränken. Die selbstzerstörerische Dynamik, in die sich das aufklärende Denken verwickelt, wird zum Thema der Selbstkritik der Vernunft, die nun die Zwiespältigkeit des Fortschritts bloßlegt, den die Vernunft doch zu verbürgen schien. Zwar erwähnt Horkheimer schon 1930 versonnen, daß »die Möglichkeit der Barbarei niemals völlig ausgeschlossen«[6] sei; erwartet aber hat er nicht diesen Rückfall, sondern im Gegenteil, daß die Menschen, allen voran das Proletariat[7], sich endlich aufraffen, um vernünftige gesellschaftliche Verhältnisse einzurichten. Die Realität der Planwirtschaft, wie sie sich in der Sowjetunion unter Stalin entwickelt, bringt erste massive Enttäuschungen. So stellt sich Horkheimer die Harmonie von Einzelnem und Allgemeinem nicht vor.[8] Der entscheidende Anstoß zu den aufregenden und teilweise gar verstörenden Überlegungen, die um die Dialektik der Aufklärung kreisen, ist aber zweifellos in der faschistischen Machtergreifung zu sehen. Erst nach und nach scheint Horkheimer sich klargemacht zu haben, was dieses Ereignis bedeutet.

Spät, im Jahre 1939, veröffentlicht er eine erste ausdrückliche Einschätzung des Faschismus. Sie ist sogleich mit der Warnung gekoppelt, eine mögliche militärische Niederlage des Hitler-Regimes nicht zu überschwenglich zu bewerten und voreilig zu feiern.[9] Denn die Herrschaft des Faschismus ist für Horkheimer keine irrationale Entgleisung am Rande der Weltgeschichte, kein Monster, das von zufälligen Mutationen hervorgebracht wurde. Die Rassenideologie der faschistischen »Volksgemeinschaft« ist nicht die einzige Maske, die der Totalitarismus sich aufsetzen kann. Und Totalitarismus ist die Konsequenz der zwanghaften Fortführung neuzeitlich-kapitalistischen Wirtschaftens. Um dieses ökonomische System politisch und militärisch zu sichern, formiert sich der autoritäre Staat. Allerdings kann ein totalitärer Machtapparat sich nur durchsetzen und funktionieren, weil die rigorose Unterwerfung der außermenschlichen Natur auch das Subjekt nicht unversehrt läßt, in dessen Dienst sie sich vollzieht. In den autoritär-kollektivistischen Lebensformen schlägt der vernichtende Zug durch, der Gesellschaften seit je innewohnte, deren Rationalität sich als Herrschaft begründete und rechtfertigte.[10]

Horkheimers Einsicht in diesen Zusammenhang bleibt begreiflicherweise nicht ohne Rückwirkungen auf sein theoretisches Konzept.
Immerhin sind in den Aufsätzen aus den dreißiger Jahren einige Gedankengänge der späteren Vernunftkritik ansatzweise vorgebildet; sie
stehen jedoch vereinzelt da. Erst in Horkheimers Arbeiten aus den
vierziger Jahren werden sie bewußt aufeinander bezogen und zu einer
Reflexionsbewegung verschmolzen, die wenigstens teilweise auch die
ungeklärten inneren Widersprüche der Kritischen Theorie entfaltet.
Die faschistische Ordnung, so lautet die zentrale These Horkheimers,
die ihn zur Kritik der herrschaftsbesessenen Rationalität drängt, »ist
die Vernunft, in der Vernunft selber als Unvernunft sich enthüllt«[11].
Vernunft erscheint nicht länger als ungetrübte Quelle der Wahrheit.
Unter dem Druck der Realität, die immer neue und entsetzlichere
Schrecken gebiert, wird Horkheimer gewahr, daß auch und gerade die
Vernunft, die Unterordnung erheischt, auf die wir uns aber auch be-
rufen können, wenn wir Widerstand leisten, eine zwielichtige Gestalt
ist, die genauer betrachtet werden muß.
In welchen Fatalitäten sich die subjektive Vernunft verfängt und wie
die kritischen Impulse bewahrt werden können, die sich in ihr Ausdruck schaffen, ohne daß wir ihre Schattenseite verleugnen, diesen
Fragen stellen sich Horkheimers Schriften aus den vierziger Jahren.
Anscheinend trug sich der Begründer der Frankfurter Schule schon
1938 mit dem Gedanken, eine *Dialektik der Aufklärung* zu schreiben.[12] Im californischen Exil machte er sich dann gemeinsam mit
seinem Freund Adorno an die Arbeit. Immer wieder versichern die
Autoren, daß beider Anteile an diesem Werk nicht säuberlich zu schei-
den seien. Das will ich auch gar nicht erst versuchen. Vielleicht aber
lassen sich die verschiedenartigen Gedankengänge der beiden doch
besser auseinanderhalten, als es bisher üblich ist. Immerhin findet sich
in der Sekundärliteratur der Hinweis, daß Adorno vor allem für das
Kapitel »Kulturindustrie«, das seine Handschrift deutlich zeigt, und
den ersten Exkurs (»Odysseus oder Mythos und Aufklärung«) verant-
wortlich sei und Horkheimer das erste Kapitel (»Begriff der Aufklärung«) und den zweiten Exkurs (»Juliette oder Aufklärung und
Moral«) verfaßt habe.[13] Tatsächlich scheint der Einfluß Adornos auf
Horkheimer jedoch bedeutend gewesen zu sein. Man kann wohl annehmen, daß die beiden Autoren einander kritisiert und die Texte auch
wechselseitig korrigiert haben. Dennoch sollte man ihnen nicht auf
den Leim gehen und beider Denken umstandslos identifizieren.[14] Sieht
man sich nämlich, im Vergleich zur gemeinsam konzipierten und

durchgearbeiteten *Dialektik der Aufklärung*, die jeweils gesondert publizierten Texte zu derselben Thematik an, so bleiben beträchtliche Differenzen nicht verborgen. Ich werde deswegen zunächst von den beiden eigenständigen Veröffentlichungen Horkheimers ausgehen und Belege aus der *Dialektik der Aufklärung* nur ergänzend beibringen, soweit sie sich bruchlos einfügen lassen. Die Grundfigur der *Dialektik der Aufklärung*, die Aufklärung weniger als neuzeitliches Phänomen denn als Wesenszug von Geschichte überhaupt faßt, werde ich dann anschließend diskutieren.

I. Horkheimers Kritik der neuzeitlichen Rationalität

Horkheimers frühe Aufsätze zur Grundlegung einer kritischen Gesellschaftstheorie stehen in einem Problemhorizont, der sich um Denkmodelle schließt, die allererst mit der Neuzeit aufgetreten, inzwischen aber nahezu selbstverständlich geworden sind. Doch hat erst die europäische Aufklärung den Menschen zu der Instanz erhoben, die objektives Wissen von Naturgesetzlichkeiten eigenständig zu sichern vermag. Sie hat ihm damit jedoch zugleich die Frage aufgeladen, welchen – möglichst vernünftig zu bestimmenden – Zielen dieses, nach Art einer Kettenreaktion immer noch weiter explodierende Wissen dienstbar gemacht werden sollte. Mit den Schriften aus den vierziger Jahren wird diese historische Vorgabe selber zum Problem für Horkheimer, mehr noch: zum Thema der kritischen Reflexion. Unter dem Titel einer *Kritik der instrumentellen Vernunft* besinnt sich der Begründer der Kritischen Theorie auf das Grund-Paradigma der Neuzeit. Er untersucht, welche Konflikte die Selbstermächtigung des Subjekts hervorbringt, und geht den inneren Widersprüchen nach, in die sie sich verrennt.

Als Subjektivierung, Formalisierung und Instrumentalisierung charakterisiert Horkheimer die brisante Verschiebung, die in der Renaissance ihren Ausgang nimmt und das philosophisch zugängliche Welt- und Selbstverständnis der Europäer noch in der Gegenwart bestimmt, ja, andere Möglichkeiten kultureller Selbstinterpretation weltweit zu verschütten droht.[1] Um die besonderen Merkmale der neuzeitlichen Auffassung von Rationalität, die der kapitalistisch-industriellen Welt zugrunde liegt[2], herauszupräparieren, weist Horkheimer darauf hin, daß Vernunft keineswegs immer schon als die hervorragende Fähigkeit des Menschen verstanden wurde. Der Begriff der Vernunft benannte einmal einen objektiven Zusammenhang, eine zweckvolle Ordnung, die auch den Menschen ihren Platz vorzeichnete.[3] In der geschichtlichen Bewegung der Aufklärung lösen sich die Individuen aus dem sinnreichen kosmischen Spiel von Ähnlichkeiten und Entsprechungen. Im Namen der Autonomie, der mündigen Entscheidungen der vernünftigen Einzelnen werden die überlieferten Bindungen zerschnitten. Vernunft wird zum einzigartigen Vermögen des Menschen, zum nützlichen Universal-Werkzeug, das die Überprüfung traditioneller Normen ermöglicht, vor allem aber die rationale Durchdringung und Bewältigung der Natur garantiert, der inneren des Subjekts ebenso wie der äußeren. Die Befreiung von Selbsttäuschungen und die Eroberung der feindlichen Natur sollen die vernünftige Selbstbestimmung des Menschen vorbereiten. Nur auf sich selbst will die denkende Subjektivität künftig Verbindlichkeiten gründen.

Inhaltliche Vorstellungen halten dem unerbittlichen Nachfragen nicht stand. Von der Aufklärung zur Rede gestellt, verraten sie sich und geben ihre heteronome Herkunft preis. Sie sind nicht länger geeignet, eine gemeinschaftliche Weltinterpretation zu gewährleisten. Formale Verfahren treten an ihre Stelle. Prinzipiell jeder soll an ihnen teilhaben können. Aber deswegen muß die neugewonnene Freiheit methodisch gebändigt werden. Nur denjenigen Individuen wird sie schließlich zugebilligt, die sich freiwillig an feste Regeln und allgemeingültige Gesetze binden.

Die losgelassene Reflexion will alle unkontrollierten Abhängigkeiten beseitigen; nichts Zufälliges, nichts Fremdes soll sie beherrschen. Als wahr gilt ihr, was für alle Subjekte, die zur Vernunft gekommen sind, jederzeit mittels formaler Verfahren nachprüfbar ist. Entsprechend können Maßstäbe fürs richtige Handeln nun nur noch ermittelt werden, indem wir unsere Natur rational zu läutern suchen. Dabei zehrt die kritische Reflexion vom dichten, undurchsichtigen Gegebenen, ohne je bei einer Entdeckung, einer letzten Einsicht glücklich innehalten zu können. Wann immer sie eine bestimmte Idee als bindend herauszustellen versucht, stolpert sie über den Vorwurf, die rationale Nachforschung sei willkürlich abgebrochen worden. Und das rastlose Suchen muß weitergehen. Was jedoch auf diesem Weg der Selbstbegründung und Selbstbestimmung zum Verschwinden gebracht wird, ist gerade das Selbst, in dessen Interesse die ganze Bewegung angestoßen wurde. Wo auch immer das Subjekt der Aufklärung sich zu ›verobjektivieren‹ bestrebt ist, findet es nicht sich selbst, sondern etwas anderes: die Sprache etwa oder die Geschichte, die Evolution, abstrakte kausale Gesetzmäßigkeiten.

Es ist nicht verwunderlich, daß sich ein Fluchtweg aus diesem Dilemma als besonders beliebt erwiesen hat: die Kapitulation vorm Gegebenen, die positivistische Reduktion von Vernunft auf technische Rationalität. »In der Neuzeit«, so notiert Horkheimer, »hat die Vernunft eine Tendenz entfaltet, ihren eigenen objektiven Inhalt aufzulösen.«[4] Während die Aufklärung zunächst gegen Vorurteile und Aberglauben zu Felde zog, indem sie sich auf die Idee autonomer Selbstbestimmung berief, wird diese schließlich selbst als mythologischer Ballast abgetan. Zielsetzungen werden zur privaten Glaubensentscheidung erklärt, Zwecke scheinen einer vernünftigen Überprüfung nicht mehr zugänglich zu sein. Unter der Hand aber ist längst über sie entschieden. Nur zweckgerichtetes Verhalten wird als rational anerkannt, allein was der Selbsterhaltung dient, gilt als vernünftig. Denn die Wahrheit der instrumentellen Vernunft ist der Erfolg. »Die Vernunft ist gänzlich in den gesellschaftlichen Prozeß eingespannt. Ihr operativer Wert, ihre Rolle bei der Beherrschung der Menschen und der Natur, ist zum einzigen Kriterium gemacht worden.«[5]

So kennzeichnet Horkheimer die dominierende Bewegung neuzeitlichen Denkens. Seine Thesen sind häufig und heftig bestritten worden. Sie minutiös historisch zu belegen, kann hier nicht meine Aufgabe sein. Allenfalls eine breitgefächerte interdisziplinäre Untersuchung könnte das leisten. Ich hoffe allerdings, der Leser dieser Studie wird nachvollziehen können, inwiefern Horkheimers zentrale Thesen zumindest plausibel sind und zu einem tieferen Verständnis jener Probleme beitragen können, die sich in der Gegenwart stellen. Horkheimers *Kritik der instrumentellen Vernunft* ist zwar mit allerlei historischen Vermerken gespickt; vor allem aber versucht sie die prekäre Situation zu durchleuchten, in der wir heute stecken. Obwohl Horkheimers Auseinandersetzung mit der neuzeitlichen Rationalität nicht nur die brennende Radikalität Nietzsches, sondern auch die interpretatorische Strenge Heideggers und die sozialgeschichtliche Detailfreude der Arbeiten Foucaults vermissen läßt, birgt sie entscheidende Aufschlüsse über das Dilemma, in das die emanzipatorische Vernunft der Aufklärung uns geführt hat.

1. Freiheit mit Methode – das Cartesische Programm der Emanzipation

Die Krebsherde, die die neuzeitliche Utopie der Befreiung nach und nach zerfressen, trägt sie schon zum Zeitpunkt ihrer Geburt in sich. Die philosophische Aufklärung, intellektuelle Speerspitze der erfahrungswissenschaftlichen Zerlegung und Bewältigung der Wirklichkeit, hat von Anfang an den Bazillus der (Selbst-)Vernichtung in sich. Wann genau der autonomiewillige Mensch sich gegen eine sinnentleerte Welt von handhabbaren Gegenständen abzusetzen beginnt und sich zum unbedingten Herrn seines Wissens aufwirft, läßt sich nicht punktuell datieren. Historische Umbrüche ereignen sich nun einmal nicht abrupt und bilden kein geradliniges Profil. Horkheimer jedenfalls vermeidet den Fehler, die »Aufklärung« mit einer festumgrenzten Gestalt aus homogenem Material zu verwechseln, die plötzlich die Köpfe besetzte und Macht über die Wirklichkeit gewann. Daß es Überlagerungen und Ungleichzeitigkeiten gibt, ja, daß Trümmer objektiver Vernunft noch heute aufgefunden werden können[1], ist nicht zu leugnen. Daß der emanzipatorische Geist innerhalb der Kirche schon lange rumorte, entgeht Horkheimer daher nicht.[2] Doch kommt dieser Geist der Aufklärung erst allmählich zu sich, indem er ausdrücklich von der christlich-theologischen Überlieferung Abstand nimmt: »Seit der Renaissance haben die Menschen versucht, ganz auf sich gestellt eine genau so umfassende Lehre wie die Theologie zu ersinnen, anstatt ihre obersten Ziele und Werte von einer geistigen Autorität entgegenzunehmen.«[3] Sie haben damit eine Dynamik in Gang gesetzt, deren eigene Gesetze und Auswirkungen sie wohl nicht erahnt haben. »Natürlich beabsichtigte die Philosophie, als sie, wie oben angedeutet, die Religion zu ersetzen begann, nicht, die objektive Wahrheit abzuschaffen, sondern versuchte nur, ihr eine neue rationale Grundlage zu geben.«[4] Der Impuls aber, nur das als wahr und verbindlich anerkennen zu wollen, was ein jeder allein mit den Mitteln der Vernunft (erleuchtet also durch das lumen naturale) einsehen kann, stellt sich als brisanter Sprengsatz heraus. Er ist schon in jene Philosophien des Übergangs eingebaut, die, wie Descartes' Metaphysik der Erkenntnis, die Idee absoluter Wahrheit nicht skeptisch durchlöchern, sondern sie im Gegenteil rational befestigen und mit Gründen ein für allemal sichern wollen.[5] Descartes gelingt es allerdings nicht, dieses Vorhaben auszuführen, ohne Beweise für die Vollkommenheit, Existenz und Güte Gottes in Anspruch zu nehmen. Dennoch fallen an seiner Philosophie jene drei Züge ins Auge, die Horkheimer als untrügliche Kennzeichen neuzeitlicher Rationalität hervorhebt. Aus dem Blickwinkel einer Kritik der neuzeitlichen Rationalität wird deutlich, was der Konfrontation von kritischer und traditioneller Theorie noch entgangen ist: inwiefern Instrumentalisierung, Formalisierung und Subjektivierung der Vernunft in der Cartesischen Theorie ineinandergreifen.

Die Offenbarungen der Bibel werden von Descartes zwar nicht als falscher Zauber entlarvt, aber immerhin als unreine, für die große Menge annehmlich zurechtgemachte Wahrheiten zurückgewiesen.[6] Die reine Wahrheit scheint hingegen auf dem Weg der Philosophie, durch vernünftige Überlegung ermittelt werden zu können. Diesen Weg beschreiben und gehen die *Meditationes de prima philosophia.* Wenn wir absolute Gewißheit erlangen wollen, so weist uns Descartes an, müssen wir – wie er es uns vormacht – alles hinter uns lassen, was bezweifelbar ist, überkommene Weisheiten ebenso wie die frischen, jedoch unbeständigen Botschaften der Sinne, die uns genauso in die Irre führen können. Vor der unbestechlichen Kraft methodischen Zweifelns zergeht zunächst jede konkrete inhaltliche Überzeugung; keine erweist sich als absolut verläßlich. Was als Hort der Gewißheit einzig übrigbleibt, ist die leere, einzig ihrer selbst habhafte denkende Subjektivität. Denn selbst wenn ich an der Wahrheit aller Vorstellungen, die mir in den Sinn kommen, zweifele, so ist da doch noch etwas, was sich als nicht hintergehbar herausstellt: dieses Zweifelnde selbst nämlich, das sich selbst belauernde Ich.[7] Zu dieser Selbstgewißheit kann jedes denkende Wesen reflektierend gelangen. Doch ist mit dem endlich freigelegten »fundamentum inconcussum« für Descartes' großes Vorhaben noch längst nicht alles gewonnen, denn diese erfreuliche Gewißheit ist absolut nichtssagend. Jeder Inhalt muß ihr zweifelhaft bleiben; überhaupt nichts weiß sie von der Welt. Sie ist prinzipiell nicht dazu in der Lage, einen Außenbezug eigenmächtig zu sichern; selbst der zum angestammten Körper ist der denkenden Subjektivität problematisch geworden. Dieser Schwierigkeiten versucht Descartes Herr zu werden, indem er Gott antreten läßt, um die objektive Wahrheit unseres Wissens zu garantieren. Ein Atheist kann dagegen niemals absolut sicher sein, daß seine Vorstellungen, mögen sie noch so klar und bestimmt sein, ihm kein falsches Bild der Wirklichkeit vorgaukeln.[8]

Es geht mir hier, versteht sich, nicht darum, Descartes' Metaphysik in allen Einzelheiten darzustellen und ihre inneren Ungereimtheiten bloßzulegen. Ich möchte deswegen nur auf zwei Charakteristika des ersten Gottesbeweises in den *Meditationen* hinweisen, die mir für die Fragestellung dieser Arbeit bedeutsam zu sein scheinen. In den Erwiderungen auf die ersten Einwände gegen die *Meditationen* hebt Descartes selber eine Eigentümlichkeit seines zentralen Gottesbeweises hervor. Im Gegensatz zu traditionellen Beweisarten gehe dieser weder von »der sichtbaren Ordnung in der Sinnenwelt« noch von »der Aufeinanderfolge von wirkenden Ursachen«[9] aus. Weder die sinnreiche Ordnung der Welt noch die Mutmaßung, daß die Kausalketten, die in ihr feststellbar sind, notwendig einen ersten Anfang haben müssen, führt Descartes an, um das Dasein Gottes zu beweisen. Den Ausgangspunkt dazu bildet vielmehr die reflektierende Subjektivität selbst und sonst nichts, nämlich »das Dasein meiner selbst [. . .], das von keiner Kette von Ursachen abhängt und mir so bekannt ist, daß nichts bekannter sein könnte«[10]. Das eigentliche Verfahren des Cartesischen Gottesbeweises in der dritten Meditation aber besteht in der Anwendung eines Kalküls. Die Vermutung, nichts sei ohne zureichenden Grund, wird in die harte Behauptung umgemünzt, jede Vorstellung müsse eine reale Ursache haben, die dem Gehalt der Idee an faktischer Wirksamkeit nicht nachstehen dürfe. Die Idee eines höchst vollkommenen Wesens, die aus dem bunten Durcheinander der Vorstellungen, die in uns herumgeistern, herausragt, verweist folglich auf das reale Dasein eines entsprechenden Wesens.[11] In dieser Argumentation schlägt sich ein Begriff von Kausalität nieder, der für das wissenschaftlich-instrumentelle Denken der Neuzeit bestimmend ist. Ursache-Wirkung-Zusammenhänge treten in den Mittelpunkt rationaler Nachforschungen; die bewirkende Kraft wird zu einer zentralen Kategorie.

Descartes hat die denkende Subjektivität, die an allem methodisch zweifelt, um endlich zu unangreifbarer Gewißheit vorzustoßen, zur Grundlage seiner Metaphysik der Erkenntnis erklärt. Nur weil absolutes Wissen angestrebt wird, kann diese die wahre Erkenntnis der gegenständlichen Welt nicht allein aus sich heraus sicherstellen. Ist Gott als Garant der Wahrheit jedoch erst einmal eingeführt und akzeptiert, so kann man sich getrost auf bestimmte Regeln verlassen und damit jederzeit sichergehen. Diese »Methode zur Lösung beliebiger Schwierigkeiten in den Wissenschaften«[12] ist die wichtigste Entdeckung und Lehre der Cartesischen Philosophie. Sie hat sich selbst dort durchgesetzt, wo die Idee Gottes allenfalls als Kompensation eines Wissens benötigt wird, das sich instrumentell ausreichend bewährt, jedoch keine Sinnbedürfnisse zu stillen vermag. In den *Prinzipien* gibt

Descartes zwar zu erwägen, daß es »sicherlich Gott beleidigen
würde«, wenn wir die methodisch ermittelten Erkenntnisse als falsch
beargwöhnten und unterstellten, »er habe uns so unvollkommen geschaffen, daß wir selbst bei dem richtigen Gebrauch dieser Vernunft
irren«[13] können. Abwiegelnd, von Vorsicht belehrt, läßt er aber gleich
darauf den Wahrheitsanspruch offen und hebt das Kriterium hervor,
das diesen in der weiteren Entwicklung nach und nach definieren und
damit ersetzen wird: das Kriterium der instrumentellen Bewährung.
Was Descartes noch aus Furcht vor theologischen Sanktionen vorge-
bracht haben mag, wird alsbald zum schlagenden Beweis für die
objektive Wahrheit naturwissenschaftlichen Wissens. Denn es erweist
sich als nützlich, »um die Naturursachen zu bestimmen, alle Wirkungen, die man nur will, hervorzubringen«[14].
Gerade dann muß der Prozeß des Wissenserwerbs reglementiert werden, wenn vernunftbegabte Subjektivität auf keinen guten Gott mehr
glaubt zurückgreifen zu können, sondern nur noch auf sich selbst
gestellt ist. Die Methode ist die Schule, in der subjektive Vernunft
Disziplin zu lernen hat. Freiheit muß sich schließlich gesetzlich ordnen lassen, wenn intersubjektive Verbindlichkeit und nicht privatisti-
sches Durcheinander das Ziel ist. Die menschliche Freiheit ist denn
auch für Descartes der Angriffspunkt, um die Einführung einer Methode als unumgänglich zu rechtfertigen. Schon in der Übersicht über
die gesamten Meditationen spricht er von der »eigentümlichen Freiheit«[15] des menschlichen Geistes, der Fähigkeit zur selbständigen
Reflexion, die aus dem Zweifel spricht. Die Unsicherheit, die der formal eroberten Selbstgewißheit wie ein Schatten zugehört, macht zugleich deutlich, daß der Mensch ein endliches Wesen ist: er kann sich
täuschen. In der vierten Meditation versucht Descartes deswegen zu
ergründen, warum wir Irrtümern aufsitzen und wie wir sie vermeiden
können. Seine Antwort auf diese Fragen lautet: Wir können irren, weil
unsere Entscheidungsfreiheit (unser Wille) weiter reicht als unser endliches Erkenntnisvermögen; aber wir können Irrtümer beheben, indem wir unsere Freiheit an unser Wissen binden. Nur dann wird die
menschliche Freiheit Descartes zufolge richtig gebraucht, wenn sie der
kontrollierten Verstandesarbeit auf dem Fuße folgt.[16] Wenn sich der
Urteilende nur an das hält, was er zuvor glasklar erkannt hat, und sich
darauf auch beschränkt, dann wird er nicht der Vollkommenheit Gottes teilhaftig, erwirbt jedoch immerhin »eine gewisse Gewohnheit,
nicht zu irren«[17].
Descartes geht davon aus, daß die Fähigkeit der Vernunft, nämlich

Wahres vom Falschen unterscheiden zu können, allen Menschen gegeben sei.[18] Die richtige Anwendung dieses Vermögens, so betont er,
muß jedoch gelernt und geübt werden. Zu einem stetig wachsenden
System objektiven Wissens soll der methodisch gesicherte Vernunftgebrauch führen, der für Horkheimer das entscheidende Merkmal
instrumenteller Vernunft darstellt.[19] Was genau unter dieser Methode
zu verstehen ist, stellt ihr philosophischer Vorkämpfer bereits in seinem Fragment gebliebenen Frühwerk, den *Regeln zur Ausrichtung der
Erkenntniskraft* heraus. »Zur wissenschaftlichen Forschung«, heißt es
dort, »ist Methode notwendig. [. . .] Unter Methode aber verstehe ich
zuverlässige und leicht zu befolgende Regeln, so daß, wer sich pünkt-
lich an sie hält, niemals etwas Falsches für wahr unterstellt und, indem
er keine geistige Mühe nutzlos verschwendet, sondern sein Wissen
Stück für Stück ständig erweitert, die wahre Erkenntnis alles dessen
erreicht, wozu er fähig ist.«[20] Erreicht werden soll umfassende verläßliche Naturerkenntnis, die nach mathematischen Prinzipien zu ordnen
ist.[21] Lange vor jeder Berührung mit konkreten Inhalten und mithin
auch gleichgültig gegen diese[22], legt die Cartesische Methode die aufeinanderfolgenden Stationen eines Weges formal fest, den jeder soll
gehen können, dem es um die Wahrheit zu tun ist. Er muß freilich
dazu bereit sein, alle, zumal der Kindheit und gewohnheitsmäßiger
Verbindung des denkenden Subjekts mit einem Körper geschulde-
ten,[23] Vorurteile abzuschütteln und alle Vorstellungen sorgfältig zu
überprüfen. Intuition und Analysis sind laut Descartes die einzigen
Quellen, aus denen wirklich verläßliche Erkenntnis sprudelt. Als gesichert gilt ihm nur, was klar und für sich stehend, isoliert von anderem
ausgemacht werden kann.[24] Jeder Problemzusammenhang, und sei er
noch so komplex, ist auf solche einfachen, abstrakten Elemente zurückzuführen und anschließend wieder deduktiv aus ihnen zu rekonstruieren; dabei soll größtmögliche Vollständigkeit angestrebt werden.[25]
Gleich in den *Meditationen* folgt Descartes der neuentdeckten
Methode. Seine Gottesbeweise sollen die Verfahrensregeln metaphysisch abstützen. Die »Wahrheit jeder Wissenschaft« wird von Descartes noch von der »Erkenntnis des wahren Gottes« abhängig gemacht.[26]
Seine gesamte Beweiserhebung ergibt sich jedoch ihrerseits allererst
aus der Anwendung ebendieser sicherungsbedürftigen methodischen
Anweisungen.
Methodischer Vernunftgebrauch gewährleistet die intersubjektive
Verbindlichkeit menschlichen Wissens. Einsicht in die Wahrheit ist

nun nicht mehr für wenige Auserwählte reserviert. Sie ist weder von
esoterischen Offenbarungen abhängig noch in Traditionen versteckt,
die nur über privilegierte Interpreten (seien es Priester oder Schama-
nen) zugänglich sind. Dank der Cartesischen Methode des richtigen
Vernunftgebrauchs wird die »Erkenntnis der Wahrheit« jedem »beliebige[n] Mensch[en]« erreichbar.[27] Doch muß für diese demokratische
Errungenschaft der europäischen Aufklärung von Anfang an ein hoher
Preis bezahlt werden. Natur wird in ein abstraktes Schema von Gegenständigkeit gezwungen; sie wird zu dem gemacht, was lückenlos
berechenbar ist. Was nicht im Filter der Methode hängenbleibt, sich
nicht isolieren und messen läßt, fällt aus dem rationalen Rahmen und
wird mißachtet.[28] Auf der anderen Seite wird das Ich, die grundge-
bende Subjektivität, jeder lebendigen Regung beraubt; es wird zur
beharrenden, aber leeren Instanz des Allgemeinen, die jeder in sich
entdecken kann, insofern er nur alle konkreten Erfahrungen von sich
weist. Schließlich fungiert dieses Ich bloß noch als formaler Mechanismus, der festen Regeln gehorcht, um Fakten systematisch zuzurichten.
Vernunft wird, wie Descartes stolz hervorhebt, zum »Universalinstru-
ment, das bei allen Gelegenheiten zu Diensten steht«[29] Sie wird also
zur intellektuellen Funktion, wie Horkheimer notiert, zur »Fähigkeit
der Zuordnung«, »deren Wirksamkeit durch methodischen Gebrauch
und den Ausschluß nicht-intellektueller Faktoren wie bewußter oder
unbewußter Emotionen, gesteigert werden kann«.[30]

2. Experiment und Kausalität – die Erforschung der Naturgesetze

Richtiger Gebrauch der Vernunft ist kein Selbstzweck. Er soll garantieren, daß wir das Wahre vom Falschen unterscheiden, und uns zu
einer allgemeingültigen Theorie der Wirklichkeit führen. Wer daran
teilhaben will, muß sich zuvor von allen individuellen Befangenheiten
reinwaschen, die Bastion des Allgemeinen in sich selber freilegen und
aufrichten: das Cartesische Ich. Dessen »erstes Bestreben ist es«, so
Horkheimer, »die Leidenschaften zu beherrschen, das heißt Natur,
soweit sie sich in uns bemerkbar macht«.[1] Naturbeherrschung ist jedoch nicht nur die unvermeidliche Vorbedingung methodischen Wissenserwerbs; sie ist auch dessen ausdrückliches Ziel. So lockt Descartes seine Leser mit der Verheißung, auf diesem Wege lasse sich zu
Kenntnissen fortschreiten, die uns »zu Herren und Eigentümern der
Natur machen könnten«[2]. Wenn die Gesetzlichkeiten, die in der Natur und als Natur herrschen, festgestellt werden können, dann verliert

diese ihre Unwägbarkeiten und Schrecken. Es kann mit ihr gerechnet werden, und sie wird – jedenfalls in gewissen Grenzen – handhabbar. Wissen ist Macht. Auf diese Formel, die auf Francis Bacon zurückgeht, läßt sich das Glaubensbekenntnis der Aufklärung bringen.[3] Direkter als Descartes hat Bacon ausgedrückt, daß die neue Wissenschaft, die methodisch betrieben werden soll, auf Naturbeherrschung aus ist. Im Gegenzug zu den spitzfindigen Auseinandersetzungen der Alten (der antiken Philosophie wie der mittelalterlichen Scholastik) gehe es nicht mehr darum, »bloß durch Worte den Gegner, sondern durch Werke die Natur zu besiegen«[4]. Nun soll die »Wahrheit einer Philosophie« durch ihre »Früchte« verbürgt sein[5]: die Erfindungen und Anwendungsmöglichkeiten, die sie zeitigt. Vernunft und Wissenschaft werden nicht unter anderem zu Werkzeugen der Naturbeherrschung umfunktioniert, nein, sie können sich überhaupt nur noch als solche wirklich bewähren. »Technik ist das Wesen dieses Wissens«, bemerken Horkheimer und Adorno in der *Dialektik der Aufklärung* zu Recht; und sie resümieren weiter: »Was die Menschen von der Natur lernen wollen, ist, sie anzuwenden, um sie und die Menschen vollends zu beherrschen. Nichts anderes gilt.«[6]

Bereits lange vor der *Kritik der instrumentellen Vernunft* und der *Dialektik der Aufklärung* hat Horkheimer übrigens auf diese Tendenz hingewiesen, die das sich seit der Renaissance formierende Wissen bestimmt. In der 1930 veröffentlichten Studie »Anfänge der bürgerlichen Geschichtsphilosophie« heißt es: »Es ist der Sinn dieser Wissenschaft, mit Hilfe systematisch angestellter Erfahrung Regelmäßigkeiten im Naturlaufe festzustellen, um mittels ihrer Kenntnis bestimmte Wirkungen nach Wunsch herbeiführen oder verhindern zu können, mit anderen Worten: um die Natur in möglichst großem Umkreis zu beherrschen.«[7]

Daß die These Horkheimers stimmt, Vernunft werde in der Neuzeit bewußt instrumentalisiert, ließe sich mit zahlreichen Äußerungen von Autoren aus dem 17. Jahrhundert belegen. Eingewandt werden könnte dennoch, alle diese Verlautbarungen müßten als bloß taktische verstanden werden. Die Winke mit der Nützlichkeit der neuen Philosophie und Wissenschaft hätten dann erst einmal den Sinn, diese einem breiteren Publikum schmackhaft zu machen. Um die neue Denkmethode, die Wahrheit durch Beobachtung der Natur gewinnen will, webten diese Versprechen außerdem einen Schutzmantel, von dem die Blicke der verfolgungsbereiten Wächter der Überlieferung nachsichtig abgleiten. Auffällig ist überdies, daß die Nutzanwendung der neuen

Wissenschaft, die sich ja zunächst einmal etablieren muß, erst langfristig in Aussicht gestellt wird. Bacon und Descartes beharren beide darauf, daß es dem Fortgang der Forschung abträglich wäre, wenn man von Anfang an auf ihrem unmittelbaren Nutzen beharrte.[8] Gerade um spätere Anwendungsmöglichkeiten offenzuhalten, müßten die Gesetzlichkeiten der Natur gänzlich unvoreingenommen untersucht werden.

Sind das also wirklich nur taktische Schachzüge, wenn die wissenschaftliche Rationalität von ihren Vorkämpfern zu Beginn der Neuzeit als überaus nützliches Instrument der Naturbeherrschung gepriesen wird? Selbst wenn sich diese Annahme nachhaltig erhärten ließe, wäre damit die Frage noch nicht aus der Welt, warum wohl gerade diese Taktik gewählt wurde, welche Einstellungen und Erwartungen der Menschen und Institutionen sie als erfolgversprechend erscheinen ließen und offenkundig immer noch erscheinen lassen. Immerhin werden ähnliche Argumentationen auch heute immer wieder siegesgewiß ins Feld geführt, wenn, angesichts der Verheerungen in unserer Lebenswelt, über die wissenschaftlich-technische Rationalität gestritten wird. Entscheidend ist indes etwas anderes: Horkheimers Theorie über die neuzeitliche Instrumentalisierung der Vernunft läßt sich so simpel und gleichsam aus dem Stand gar nicht widerlegen, hebt sie doch nicht in erster Linie auf den äußerlichen Nutzen ab, den die neuzeitlich-naturwissenschaftliche Weltsicht uns zu erschließen verspricht, sondern auf das »Wesen« dieses Wissens, seine innere Struktur, die Art und Weise, wie es die Wahrheit der Erkenntnis zu sichern pflegt.

Instrumentell verfaßt ist schon der Rahmen, in dem Daten erhoben und Theorien überprüft werden. Erfolgreiches Machen erweist sich bei näherem Zusehen als der alleingültige Maßstab. Diese These beinhaltet nicht, daß den methodisch gewonnenen Theorien jegliche Wahrheit oder Objektivität abgehe, wie Kritiker der Kritischen Theorie ihr gerne unterstellen. In der Auseinandersetzung um das Wertproblem in den Sozialwissenschaften, die als »Positivismusstreit in der deutschen Soziologie« berüchtigt geworden ist, erhebt Hans Albert beispielsweise diesen Vorwurf gegen Jürgen Habermas, der den Naturwissenschaften – anders als den Sozialwissenschaften – ein technisch-instrumentelles Erkenntnisinteresse zuordnet.[9] Weder die Argumentation von Habermas noch die Kritik Alberts möchte ich hier diskutieren oder ausführlich darstellen. Es geht mir allein darum, auf ein mögliches Mißverständnis der Formel von der »instrumentellen Vernunft« hinzuweisen und ihm so vielleicht vorzubeugen.

Albert geht davon aus, daß die »instrumentalistische Interpretation der Realwissenschaften«[10] unzutreffend sei. Zwei Argumente fallen ihm ein, die diese Überzeugung untermauern sollen. Er gibt erstens zu erwägen, daß man »technische Erfolge, die sich im Zusammenhang mit der Forschung einstellen«, darauf zurückführen könne, »daß man den wirklichen Zusammenhängen teilweise nahegekommen ist«.[11] Wie ich schon andeutete, muß der Wahrheitsanspruch der Naturwissenschaften aber gar nicht bestritten werden, wenn man sie als Verkörperungen instrumenteller Vernunft durchschaut. Allerdings will Horkheimer mit Hilfe dieses Begriffs die Beschränktheiten neuzeitlicher Erfahrungserkenntnis sichtbar machen, die Voraussetzungen herausarbeiten, unter denen Tatsachen festgestellt werden, und die totalitäre Dynamik kennzeichnen, die das forschende Denken beherrscht.[12]

Alberts zweites Argument besteht aus einem Hinweis auf je einen Aufsatz der Wissenschaftstheoretiker Paul K. Feyerabend und Karl R. Popper. Beide Arbeiten erläutern die »Instrumentalismus«-These als verfehlte Gegenposition zu der von den Autoren selbst vertretenen »realistischen« Auffassung von Wissenschaft.[13] Sie wenden sich mithin gegen die extrem konventionalistische Ansicht, die den instrumentalen Charakter naturwissenschaftlicher Theorien (und Grundbegriffe) herausstellt und zugleich deren Anspruch auf objektive Erkenntnis der Wirklichkeit zurückweist oder zumindest als unentscheidbar zu den Akten legt. Demgegenüber insistieren Popper und sein zeitweiliger Schüler Feyerabend darauf, daß wissenschaftliche Theorien wirkliche Vorgänge zutreffend beschreiben und korrekt erklären. Sie betonen, daß Theorien sich im Fortgang der Forschung als gehaltreich bewähren können oder auch nicht, und wissenschaftliches Erkennen so immerhin in immer größere Wahrheitsnähe vordringen könne. Albert glaubt offenbar, die vielschichtigen wissenschaftskritischen Überlegungen Horkheimers und der ihm nahestehenden Theoretiker[14] mit der Berufung auf diese beiden Veröffentlichungen ein für allemal widerlegt zu haben. Doch er hat sie nicht einmal getroffen.

Aus Sympathie mit Poppers durchaus redlicher Denkhaltung möchte ich hinzufügen, daß seine wissenschaftstheoretischen Erörterungen dem Irrtum keinen Vorschub leisten, er sei mit den Gedanken Kritischer Theorie vertraut und setze sich mit diesen auseinander. Popper besteht gegen konventionalistische Übertreibungen nachdrücklich darauf, daß die Erfahrungswissenschaften reale Vorgänge erfassen. Vor allem aber konzentriert er sich darauf, kruden empiristischen Fehldeutungen der Wissenschaften entgegenzuwirken, wie sie zumal

von den Neopositivisten in der ersten Hälfte dieses Jahrhunderts vor-
getragen worden sind. Popper zufolge gibt es kein eindeutiges Kriterium, dessen Anwendung es ermöglichen würde, die Wahrheit von
Theorien – nämlich ihre Übereinstimmung mit den Fakten – positiv zu
beweisen. Theorien können nicht letztgültig durch experimentelle Belege untermauert werden, einzig ihre Zurückweisung oder Verbesserung ist möglich. Um diese immerhin zu gewährleisten, formuliert
Popper recht strenge Rationalitätskriterien, denen die Forschung zu
genügen habe.[15] Experimente sind für Popper also kein Quell unge-
trübter Wahrheiten, der sich induktiv zu Meeren richtiger Theorien
erweitern ließe, sondern das Feld, auf dem vorher scharfsinnig er-
dachte Hypothesen mit der Wirklichkeit konfrontiert und überprüft
werden müssen, also sich – vorläufig – bewähren oder aber scheitern
können. Schon aus diesem Grund, so Popper, dürften wissenschaftliche Theorien nicht als Instrumente aufgefaßt werden, denn Werkzeuge ließen sich nicht widerlegen.[16] Dieses anti-instrumentalistische
Argument ist aber nicht wirklich stichhaltig, können sich doch Werkzeuge durchaus als geeignet oder ungeeignet erweisen, als nur sehr
begrenzt oder nahezu universell verwendbar.

Wie noch jeder Wissenschaftstheorie, mag sie sich inzwischen auch
zur Wissenschaftsgeschichte gemausert haben, geht es Poppers Kriti-
schem Rationalismus darum, methodisches Verfahren und den tatsächlichen Fortgang der wissenschaftlichen Forschung rational zu
rechtfertigen. Die wichtige Forderung, Theorien müßten sich immer
wieder der Kritik durch andere Theorien und Experimente aussetzen,
bleibt, so gesehen, brav im Rahmen des geläufigen Modells naturwissenschaftlichen Wissenserwerbs. Der Weg zur Auffindung von Naturgesetzen, wie er seit den Anfängen der neuzeitlichen Aufklärung
beschritten wird, soll wenn nicht geradezu begradigt, so doch jedenfalls von Unkraut gesäubert, im übrigen aber fortgesetzt werden. Seine
Anlage, seine Ausrichtung, seine Fundamente ziehen diese Rechtferti-
gungsphilosophien nicht in Zweifel.

Daß es nicht selbstverständlich ist, wie die Erfahrungswissenschaften
den Zugang zur Wirklichkeit suchen und sichern, daß ihre blendende
Erklärungskraft aus ihrem instrumentellen Zuschnitt folgt, das kann
erst von einer Kritik der instrumentellen Vernunft in den Blick gebracht werden. Interessant ist freilich, daß selbst Popper, der erklärte
Anti-Instrumentalist, ein durch und durch technisches Bild wählt, um
den Wirklichkeitsbezug der Wissenschaften zu charakterisieren. In
dem Standardwerk der modernen Wissenschaftstheorie, der *Logik der*

Forschung, heißt es: »Die Theorie ist das Netz, das wir auswerfen, um ›die Welt‹ einzufangen, – sie zu rationalisieren, zu erklären und zu beherrschen. Wir arbeiten daran, die Maschen des Netzes immer enger zu machen.«[17]

Daß der Fischzug der Naturwissenschaften überaus reiche Beute beschert, kann heute wohl niemand im Ernst bestreiten. Aber nach welchem Muster ist das Netz geknüpft? Für welche Fanggründe ist es geeignet? Und wird das, was es einfangen mag, nicht vielleicht aus seinem natürlichen Ort gerissen? Zu fragen ist also, worauf dieses ungeheuer dynamische Wissen baut, wie die Bewährungsproben beschaffen sind, denen es sich aussetzt, wie Theorie und Wirklichkeit auf dem experimentellen Prüfstand zusammengespannt werden und welchen Modellen die erfolgreichen Erklärungsansätze gehorchen. Das Experiment, die kausale Erklärung und die Erwartung naturgesetzlicher Zusammenhänge – das sind die drei Pfeiler des wissenschaftlichen Weltbildes. Errichtet wurden sie bereits im 17. Jahrhundert.

Nicht auf Buchstabengelehrtheit, sondern auf Mathematik und Sinneserfahrung setzt die neue Wissenschaft, die sich in Europa seit der Renaissance herausbildet. Das bedeutet jedoch nicht, daß den Sinnen allein und uneingeschränkt vertraut würde, so als bildeten sie die Dinge der (Außen-)Welt korrekt ab.[18] Für Francis Bacon ist das Mißtrauen gegen zufällige individuelle Sinnesempfindungen genauso bestimmend wie für Descartes und selbst Galilei, den Begründer der modernen Mechanik. Anders als der Letztgenannte und ebenso wie der 35 Jahre später geborene Franzose war Bacon kein wirklicher Experimentator.[19] Er war aber ein glühender Verfechter der experimentellen Methode, »der große Vorläufer des Experimentalismus«[20], wie Horkheimer anmerkt. Im Gegensatz zu Descartes hat Bacon den ganzen Ballast bereits abgeworfen, den die metaphysische Begründung der Naturforschung unvermeidlich mit sich schleppt. Pragmatisch und damit schon eine Konsequenz der Positivisten des 20. Jahrhunderts vorwegnehmend, tritt er entschieden für eine Trennung von wissenschaftlicher Erkenntnis und religiöser Weltanschauung ein.[21] Anders als Descartes zeigt Bacon zwar kaum Sinn für die Mathematik, er spricht sich aber immerhin dafür aus, daß die Physik von ihr unterstützt wird.[22] Was jedoch die Empfehlung der experimentellen Methode angeht, so marschieren der »Empirist« Bacon und der »Rationalist« Descartes Seite an Seite in dieselbe Richtung.

Bacon ist wie Descartes davon überzeugt, daß eine Methode unumgänglich ist, verbindliche Verfahrensregeln also vonnöten sind, wenn

objektive, allgemeingültige Naturerkenntnis zustande gebracht werden soll. Der Wissenserwerb sei »wie durch Maschinen zu bewerkstelligen«[23]. Wer immer sie benutzen mag, die Verwendung von Maschinen garantiert gleichbleibende, regelmäßige Ergebnisse. Denn nicht
auf Geschicklichkeit oder geniale Eingebungen kommt es an, sondern
einzig darauf, genau umschriebene Kunstgriffe in der richtigen, fest-
gelegten Reihenfolge vorzunehmen. Das kann jeder. »Wie es nämlich,
wenn man die gerade Linie oder einen vollkommenen Kreis aus freier
Hand ziehen will, vorzüglich auf eine geübte, feste Hand ankommt,
wenig aber oder gar nicht, wenn man ein Lineal oder einen Zirkel zu
Hilfe nimmt: so ist es auch mit unserer Methode.«[24]
Für Bacon und Descartes wie für dessen materialistischen Gegner
Hobbes steht von vornherein fest, daß die Natur ein Ursache-
Wirkungs-Gefüge ist.[25] Wie dieses im einzelnen funktioniert, wie die
Rädchen der Mechanik der Natur ineinandergreifen, das muß wissen-
schaftlich untersucht werden. »Mit dem Faseln und Spekulieren ist
nichts geholfen; man muß wissen, wie die Natur es macht!«[26]
Soweit Bacons Kampfruf. Wie kann nun festgestellt werden, ob die
Analyse von Ursache-Wirkungs-Zusammenhängen nicht nur den Regeln der Logik nicht widerspricht, sondern das Naturgeschehen tatsächlich zutreffend erklärt? Sogar der »Rationalist« Descartes bemerkt, daß man eine bestimmte Wirkung aus verschiedenen möglichen
Ursachen ableiten kann, solange man nur überlegend vorgeht. Um zur
gewünschten Eindeutigkeit zu gelangen, sieht Descartes »keinen anderen Ausweg, als wiederum etliche Beobachtungen anzustellen und
zwar solche, die anders ausfallen, je nachdem die eine oder die andere
Erklärungsart richtig ist«.[27] Noch stärker betont Bacon die hervorragende Beweiskraft der Erfahrung.[28]
Erfahrung – damit sind freilich nicht die bunten Empfindungen gemeint, die sich dem einen oder anderen beiläufig aufdrängen. Nur
wenn Erfahrung planmäßig herausgefordert wird und gegen bloß individuelle Beimischungen geschützt werden kann, gilt sie den Begrün-
dern der neuzeitlichen Wissenschaft als passabler Zugang zur Wahrheit, wird sie zum Ort verbindlicher Erkenntnis geweiht.[29] Bis heute
definiert sich über einen höchst virulenten Ausschließungsmechanis-
mus, was als »Erfahrung« in den Erfahrungswissenschaften Berück-
sichtigung findet. Bloß eine einzige Art von Erfahrung nämlich wird
akzeptiert: das Experiment.[30] Experimentell kontrollierte Erfahrung
aber ist durch und durch instrumentell verfaßt. Bacon hat diesen Sachverhalt sehr offen und deutlich genug ausgedrückt. Im Experiment, so

bemerkt er, wird ein kausaler Erklärungsansatz durch seine tätige Anwendung überprüft. Wissen und Können »fallen in Eins zusammen«, denn »was in der Betrachtung als Ursache erscheint, das dient in der Ausübung zur Regel«.[31] Die Natur wird im Experiment gestellt; als naturgesetzlicher Zusammenhang von Wirkungsmechanismen wird sie vorgestellt und ausgereizt. Was sich nicht – wenigstens prinzipiell – in den Ritualen experimenteller Wiederholung[32] regelgerecht bewerkstelligen läßt, das entgleitet diesem systematisch erzeugten Wissen. Es wird als konkrete »Randbedingung« oder gar als unerwünschte »Nebenwirkung« abgetan, allenfalls noch als »Abweichung« grob einsortiert, nicht jedoch in seinen Besonderheiten wahrgenommen. Die Wahrheiten, die in diesem Rahmen dingfest gemacht werden können, sind allerdings alles andere als fiktiv; sie sind im Gegenteil knallhart. Wirklichkeit wird in dieser Rasterung zu einem Feld von Gesetzmäßigkeiten, die letztlich physikalistisch interpretiert werden können.[33] Nur was sich aus dem farbenfrohen, vielschichtigen Spiel der Einzelheiten isolieren, auf Gesetze zurückführen und damit in sie auflösen läßt, findet Beachtung. Und weil zahllose verschiedenartige Einzelfälle sich den festgestellten Gesetzmäßigkeiten mehr oder weniger glatt zu- und unterordnen lassen, ist dieses Wissen so ungemein erfolgreich. Die Kehrseite dieser frappierenden Universalität freilich ist ihr geschichtsblinder Totalitarismus. Das Wissen von allgemeinen Naturgesetzen zehrt davon, daß es Unterschiede eliminiert oder zumindest nivelliert.[34] Am einzelnen Ding, an einer bestimmten Konstellation nimmt dieses Wissen nur das wahr, was als Ursache-Wirkungs-Zusammenhang identifiziert und deterministisch erklärt werden kann.[35] Unsere Theorien über die Natur werden durch die experimentelle Methode in der Tat einer strengen Überprüfung ausgesetzt. Ebenso unnachgiebig aber wird durch ihre Anwendung die Natur in Zucht genommen. Exemplarische Vorgänge werden aus dem Naturgeschehen herausgeschnitten, gesondert und unter rationaler Kontrolle gehalten. Durch handfeste Maßnahmen wird die Natur dazu genötigt, auf die Hypothesen des Experimentators zu reagieren.[36] Schon vor Kant hat darauf Bacon aufmerksam gemacht. Ihm zufolge »enthüllen sich auch die Verborgenheiten der Natur besser unter den Eingriffen der Kunst, als wenn man sie in ihrem Gange ungestört läßt«.[37] In der zentralen Rolle, die das Experiment bei Erwerb und Absicherung des Wissens spielt, schlägt sich eine Überzeugung nieder, die für das neuzeitliche Denken bezeichnend ist, die Überzeugung, verstanden habe man nur das, was man selber machen könne.[38] Als zureichend erklärt

gilt allein, was korrekt berechnet und auf diese Weise zutreffend pro-
gnostiziert werden kann. Das führt dazu, daß die Idee der Wahrheit
allmählich durch den Beweis instrumenteller Bewährung ersetzt wird.
Ausdrücklich proklamiert wurde das von der pragmatischen Philosophie. Für sie ist »Voraussage nicht nur das Wesen der Berechnung,
sondern allen Denkens überhaupt«.[39] Natur wird zur »bloße[n] Objektivität«[40] präpariert. Allerdings wird sie damit gerade nicht, wie
Horkheimer gelegentlich unterstellt[41], zum völlig ungeordneten
Chaos. Sie gibt vielmehr bestimmte Regelmäßigkeiten preis, wenn sie
experimentell genötigt wird, auf die Fragen des Forschers zu antworten. Schonungslos aber wird sie jedweden Eigensinns beraubt.
Natur erscheint nun als Räderwerk ineinandergreifender Kausalme-
chanismen, das das Subjekt vor seinen Karren spannen kann. Dieses
Schema der Natur kann erst konstruiert und präzise vermessen werden, nachdem ihre teleologische Interpretation mit Erfolg zurückgewiesen worden ist. Solange Natur nämlich als in sich zweckvolle,
überall unvermutet Bedeutsamkeiten bergende Ordnung wahrgenommen wird, hat die abstrakte mathematisch-physikalische Betrachtungsweise keine Chance. Den Vorkämpfern der neuzeitlichen Ratio-
nalitätsnorm ist es daher geradezu ein Herzensbedürfnis, als betörend
zu verdammen, was die Erwartung eines sinnreichen Zusammenspiels
in den Rhythmen des Naturgeschehens nähren könnte. »Von nun an
soll die Materie endlich ohne die Illusion waltender oder innewohnen-
der Kräfte, verborgener Eigenschaften beherrscht werden. Was dem
Maß von Berechenbarkeit und Nützlichkeit sich nicht fügen will, gilt
der Aufklärung für verdächtig.«[42] Rigoros wird die Annahme von
»Zweckursachen« aus dem wissenschaftlichen Weltbild verbannt. Allein die Ketten wirkender Ursachen werden im Kalkül berücksichtigt.[43] Dieser historische Umbruch läßt sich sehr gut als Teil jenes
Prozesses verstehen, den Horkheimer als die Ablösung objektiver
durch subjektive Vernunft charakterisiert.
Interessant ist, daß die teleologische Deutung der Natur zunächst mit
theologischen Argumenten ausgeräumt wird. Descartes etwa meint, es
sei eine Anmaßung, über die Zwecke zu spekulieren, auf die Gott es
bei der Schaffung der Welt abgesehen haben mag.[44] Offenbar können
Sinn und nicht-mechanistische Stimmigkeit nur noch als etwas gedacht
werden, das von einem Subjekt erzeugt und in die Dinge hineingelegt
wird.[45] Wenngleich sich die Zwecke der unendlichen Schöpfer-Subjek-
tivität unserer beschränkten Einsicht entziehen mögen, so sind wir ihr
doch darin ähnlich, daß wir uns selber Zwecke vornehmen können.[46]

Für deren Durchsetzung wird das Feld bereitet. Solange die Wirkungsmechanismen korrekt eingesetzt werden, die das Seziermesser der neuzeitlichen Wissenschaft als ihr Wesen bloßlegt, kann die Natur dem herrschsüchtigen Subjekt keinen Widerstand entgegensetzen.[47] Bei genauerem Aufmerken zeigt sich jedoch, daß dieses neuzeitliche Modell menschenfreundlichen Verfügungswissens einem klotzigen Widerspruch aufsitzt. Konsequenterweise sieht Hobbes etwa die Wirklichkeit als durch und durch berechenbar an. Demnach müssen sich auch Zwecksetzungen auf wirkende Ursachen zurückführen lassen.[48] Wenn wir uns und unsere Entscheidungen sich lückenlos in den Bedingungszusammenhang Wirklichkeit einfügen, wie können wir dann im Ernst der Verheißung trauen, »daß wir die vorausgeschauten Wirkungen zu unserem Vorteil nutzen und auf Grund unserer Erkenntnis nach Maß unserer Kräfte und Tüchtigkeit absichtlich zur Förderung des menschlichen Lebens herbeiführen können«[49]? Eingreifendes Handeln lebt vom Spielraum des Nicht-Vorhersagbaren oder jedenfalls Noch-Nicht-Vorhergesagten. Es wird illusionär, wenn unser Wissen uns vorhält, wie die natürliche Welt und damit in eins unser Verhalten durchgängig kausal determiniert sind.

Wechselhaft bietet sich die Welt natürlicher Ereignisse und Vorgänge dem naiven Blick dar. Als Gegenstand wissenschaftlicher Forschungsprozeduren aber wird die Welt zu dem, was der Fall ist. Die Erfahrungswissenschaften verlassen sich darauf, daß dem Naturgeschehen tiefe Beständigkeit innewohnt. Theoretische Erklärungen, die experimentell überprüfbar sein können, bauen darauf, daß die beobachtbaren und berechenbaren Abläufe einem überzeitlichen Regelwerk gehorchen. Hinter der glitzernden Oberfläche der Phänomene, deren Farben- und Spiegelspiele den Betrachter verlocken und hinreißen können, erwartet die Naturwissenschaft ein ruhiges Reich unwandelbarer Gesetze. Auch wenn das dem tätigen Forscher heute wohl kaum noch bewußt ist, sein methodisches Vorgehen beruht auf einer metaphysischen Unterstellung, und zwar der, daß natürliche Prozesse grundsätzlich gleichförmig ablaufen. Horkheimer hat diesen Sachverhalt schon sehr früh bemerkt und beschrieben: »Die Gleichförmigkeit der Natur in der Vergangenheit begründet nur insofern den Satz von der Gleichförmigkeit in der Zukunft, als wir annehmen, die Zukunft werde der Vergangenheit entsprechen; damit wird aber gerade das vorausgesetzt, was in Frage steht. Auch kein wie immer geartetes Wesensgesetz, keine Einsicht etwa nach Art der mathematischen Gesetze begründet die in Rede stehende Annahme; denn die Mathematik handelt von reinen Möglichkeiten, und in der Annahme von der Gleichförmigkeit wird etwas über die wirkliche Welt ausgesagt. Daß freilich ohne diese Voraussetzung der besondere Naturbegriff, wie ihn die Neuzeit wesentlich in der mathematisch-mechanischen Naturwissenschaft ausgebildet hat, unmöglich wäre, ist gewiß.«[50] Keine Prognose kann aufgestellt werden, keine Angabe von Wahrscheinlichkeiten ist möglich ohne Vertrauen in die ausnahmslose Gesetzmäßigkeit des Naturgeschehens. Needham vermutet, daß die alten Chinesen, obwohl sie sehr erfindungsreich und technisch versiert waren, deshalb kein naturwissenschaftlich-technisches Wissen europäisch-neuzeitlicher Machart hervorgebracht haben, weil ihnen die Idee von Naturgesetzen fernlag.[51]

Die Zuversicht, in der Natur Gesetze entdecken und feststellen zu können, die Gott ihr eingeprägt hat, artikuliert sich in der Tat deutlich, als der wissenschaftliche Forschungsdrang zu Beginn der Neuzeit zum Durchbruch gelangt. Descartes rühmt sich, auf gewisse Gesetze aufmerksam geworden zu sein, »die Gott der Natur gegeben und von denen er unserer Seele Begriffe eingedrückt hat, die uns, haben wir einmal genug darüber nachgedacht, keinen Zweifel lassen, daß diese Gesetze bei allem, was auf der Welt geschieht, genau befolgt werden«.[52] Ebenso beruft sich Galilei auf Gesetze, die Gott der Natur auferlegt habe (»leggi imposteli«), um sein wissenschaftliches Vorgehen zu begründen. Die Ordnung der Natur habe ihren Ursprung genauso im göttlichen Wort wie die Heilige Schrift.[53]

Dies alles ist kein leeres Gerede. Das zeigt sich beispielsweise daran, daß die neue Wissenschaft ja wirklich Naturgesetze formuliert. Ihr Ziel ist es, die inneren Mechanismen der Natur in der universellen Sprache der Mathematik[54] zu beschreiben und in Berechnungen handhabbar zu machen. Die wahre Hinterwelt der Naturgesetze entdeckt sich uns aber erst, nachdem wir gelernt haben, von der natürlichen Erfahrung Abstand zu nehmen, ihr zu mißtrauen und sie wie eine entstellende Überlagerung einer tieferen Wahrheit wegzuätzen.

An dem zentralen Axiom der neuzeitlichen Mechanik, dem Trägheitssatz, läßt sich das vielleicht verdeutlichen. In der *Physik* des Aristoteles ist Bewegung das »Wesen« der natürlichen Ordnung der Welt. Abgestimmte Bewegungen kommen den konkreten Dingen ihrer eigenen Natur nach zu. Sobald die Dinge ihren angemessenen Ort gefunden haben, erlischt ihr Antrieb zur Bewegung. Während Aristoteles der Vielfalt der Dinge entsprechend noch vielerlei Arten von Bewegung kannte (qualitative und quantitative Veränderung, Entstehen und Vergehen, schließlich die Bewegung im Raum), nimmt die neuzeitliche Physik nur noch eine einzige an: die quantifizierbare Bewegung eines Körpers im Raum. Das Paradigma der Bewegung wird von der konkreten Erfahrung der Dinge abgelöst und abstrakt mathematisch formuliert. Als ihr Ideal fungiert die gleichförmig beschleunigte lineare Bewegung.

Eine derartige Formel legt Galilei seinen Untersuchungen als erster zugrunde. Das eigentliche Trägheitsprinzip kündigt sich bereits in Überlegungen von Descartes und Hobbes an; endgültig formuliert wurde es aber erst von Isaac Newton. In den *Principia Mathematica* heißt es: »Die Materie besitzt das Vermögen zu widerstehen; deshalb verharrt jeder Körper, soweit es an ihm ist, in einem Zustand der Ruhe oder der gleichförmigen geradlinigen Bewegung.«[55] Obwohl es auf den ersten flüchtigen Blick scheinen mag, als ob der Trägheitssatz den Naturdingen eine neue geheimnisvolle Eigenschaft, die Trägheit nämlich, zuspräche, nimmt die Betrachtungsweise, die in seiner Formulierung zum Ausdruck kommt, ihnen gerade den Eigensinn.[56] Um die tatsächlich beobachtbaren Zustände der Körper und die Vorgänge zwischen ihnen erklären zu können, wird der Begriff der Kraft unvermeidlich. Unter natürlichen Bedingungen treten ja gleichförmige Bewegungsabläufe überhaupt nicht auf. Kräfte sind es demzufolge, die beachtet werden und mit denen gerechnet werden muß. Sie wirken von außen auf ein Ding ein, zwingen ihm Ruhe oder Bewegungsänderungen auf. Die Dinge sind nun gänzlich ihres natürlichen Orts beraubt. Es ist kein Platz mehr denkbar, wo sie nach Maßgabe ihrer Eigenart hingehören, wo sie von sich aus zur Ruhe kommen könnten. Veränderungen tragen sie ebenfalls nicht länger in sich; sie werden von nun an auf äußere Einwirkungen zurückgeführt. Die eigentümlichen Dinge der Natur werden zu mechanischen Körpern, zu exakt meßbaren Größen, die durch abstrakt geometrische Koordinaten als Massenpunkte bestimmt und mittels Kraftanwendung nahezu beliebig verschoben werden können.

Die instrumentelle Verfassung der neuzeitlichen Naturwissenschaft zeigt sich also schon auf der Ebene ihrer mathematisch-physikalischen Gesetzesaussagen, in denen sich die Grundannahmen über Ordnungsprinzipien der Natur niederschlagen.

3. *Die selbstzerstörerische Dynamik der Aufklärung und die Rest-Rationalität der Mittel*

Den instrumentellen Charakter der wissenschaftlichen Rationalität hat Horkheimer bereits in seinen frühen Aufsätzen angedeutet. Die Erkenntnis, die sich auf die Ermittlung ewiger Naturgesetze kapriziert, hat er als den Ersatz denunziert, den die Tatsachengläubigen gegen die alte religiöse Metaphysik eingetauscht haben. Aber Horkheimers Gegenentwurf einer Kritischen Theorie der Gesellschaft bleibt zunächst selber in den Rastern zweckrationalen Denkens befangen. Der frühe Horkheimer betrachtet die Wissenschaften – noch völlig naiv – als ein neutrales Instrumentarium. Er vertraut darauf, daß das Wissen, das sie bereitstellen, allen möglichen Anwendungen zugeführt werden kann. Wenn es der Idee der praktischen Vernunft untergeordnet wird, dann wird es dazu beitragen, die vernünftige Gesellschaft der Zukunft zu verwirklichen, Wahrheit und Glück jedermann zugänglich zu machen. Die frühe Kritische Theorie besteht nur darauf, daß wir auch die richtigen, in einem emphatischen Sinne vernünftigen Ziele ins Auge fassen müssen. Daß diese von den Menschen mit Hilfe ihrer Vernunft bestimmt werden können, setzt Horkheimer als selbstverständlich voraus. Unbefangen geht die Kritische Theorie der dreißiger Jahre von der subjektiven Vernunft aus, die sich erst mit der Aufklärung aus der objektiven herausarbeitete.

Ich möchte schon hier darauf aufmerksam machen, daß Horkheimer sich von diesem Denkmodell, das seine frühe Philosophie beherrscht, nie wirklich hat lösen können. Auch nachdem ihm die sublime Gewaltsamkeit wissenschaftlich-technischer Verfahrensweisen aufgegangen ist, nachdem ihm deutlich geworden ist, daß die subjektive Vernunft an der Aufgabe scheitert, verbindliche Zwecke zu bestimmen, klammert er sich weiterhin an den Vorwurf, dem ganzen Betrieb fehle nur ein sinnvolles Ziel.[1] Immer wieder heftet sich seine Hoffnung an die Wunschvorstellung, die rasende Maschinerie des wissenschaftlich-technischen Fortschritts sei durch vernünftige Zwecksetzung unter Kontrolle zu bringen und abzubremsen. Auf diese und andere Inkonsequenzen der Horkheimerschen Rationalitätskritik werde ich zurückkommen.[2]

Immerhin, in den Schriften aus den vierziger Jahren versucht Horkheimer der inneren Problematik einer Vernunft nachzugehen, die auf Verfügung und Zwecksetzung zugeschnitten ist. Zu klären ist jetzt, wie sich Ziele und Zwecke überhaupt noch ermitteln lassen, nachdem das vernünftige Subjekt entdeckt hat, daß die Natur von ihm kontrolliert werden kann und einzig es selbst der Vernunft mächtig ist. Müssen nicht auch mögliche Zielvorstellungen den Mechanismus methodisch instrumentalisierter Vernunft passieren? Und drohen sie in ihm nicht aufgerieben zu werden?

Aus der Perspektive einer Kritik der instrumentellen Vernunft hoffe ich in den beiden vorangegangenen Kapiteln gezeigt zu haben, wie die Grundfigur der neuzeitlichen Aufklärung aussieht: Im Namen der Autonomie wird die Selbstdisziplinierung der Individuen zur rationalen Subjektivität erzwungen; Natur wird zum Kausalgefüge festgestellt und Wahrheit tendenziell immer mehr als instrumentelle Bewährung aufgefaßt. Wer in der Natur noch ein Raunen vernehmen zu können glaubt, der dürfte das Opfer irgendwelcher Sinnestäuschungen geworden sein. Wer unmittelbaren Regungen nachgibt, sich für Augenblicke an etwas anderes verliert, der gefährdet das rationale Ich, das immer auf der Hut sein muß, um unser Wissen regelgerecht zu organisieren und so unser Leben zu sichern. Als machtbesessene »Universalität der Kalkulation«[3] entpuppt sich die Verbindlichkeit, die die selbstbewußte Subjektivität aus sich heraus zu setzen vermag.

Die Aufklärung hat die Autorität der Überlieferung gestürzt und die Natur rechnend entzaubert. Sie hat zugleich eine große Idee aus der Taufe gehoben: Der Mensch ist frei und vernünftiger Selbstbestimmung mächtig.[4] Wie aber ist Selbstbestimmung auszuführen? Wie gewinnt sie konkrete Maßstäbe? Selbstbestimmung ist Selbstverwirklichung, könnte man antworten. Doch verhüllt diese Auskunft das Problem nur mit einer weiteren Metapher. Wie denn sieht dieses Selbst aus, das so darauf erpicht ist, sich zu verwirklichen? Es muß sich wohl zunächst einmal über sich selbst im klaren sein, wenn es sich verwirklichen will. Wo immer jedoch ein Selbst seiner habhaft zu werden versucht, objektivierend wenigstens seine Spuren sichern will, da entdeckt es etwas anderes. Immer wieder stößt es auf allgemeine Gesetzmäßigkeiten, die es durchqueren und damit seinem Ideal der Autonomie Hohn sprechen. Sich selbst, in Abgrenzung gegen alles Fremde, zu finden, diese Suchbewegung ist prinzipiell unabschließbar. In ihrem Verlauf aber wird nach und nach den trüben Quellen, die das Selbst mit Bedürfnissen und konkreten Anschauungen speisen, das Wasser abgegraben, bis sie fast trockengelegt sind. Die konkreten Inhalte, die sie mit sich führen, werden als bloß geschichtliche und darum willkürliche Zuschreibungen entlarvt oder im Gegenteil als naturwüchsige, demzufolge aufzubrechende und zu kontrollierende Mechanismen entwertet. In diesem Prozeß der Rationalisierung konstituiert sich erst das abstrakte Selbst, und nur in der endlosen Verfolgung ebensolchen kritischen Verfahrens kann es sich weiterhin beweisen.[5]

Um die Macht der allgemeinen Subjektivität in sich herauszubilden, müssen die aufklärungsbereiten Individuen ihre Eigenheiten abstreifen und sich formalen Prozeduren der Wahrheitsermittlung unterwerfen. Dieser Schritt zur Formalisierung setzt jedoch eine Dynamik in Gang, die auch diejenigen Inhalte nicht unversehrt läßt, die den Vorkämpfern der Aufklärung heilig waren: die Vernunft, die Freiheit, den Menschen. Die losgelassene Subjektivität will ja alle Abhängigkeiten beseitigen. Nichts Äußerliches, nichts Zufälliges soll sie bestimmen. Aus diesem Grunde muß sie auch ihren eigenen Voraussetzungen und Lieblingsbegriffen immer wieder skeptisch nachfragen.[6] Jede bestimmte inhaltliche Einsicht, bei der die Überlegung für einen Augenblick überzeugt oder auch nur glücklich innehält, zieht sogleich den Vorwurf auf sich, die Gedankenbewegung sei willkürlich abgebrochen worden. Was auf dem endlosen Weg der Selbsterforschung und Selbstbegründung allmählich verschwindet, sind das lebendige Selbst und die ihm vertrauten objektiven Ideen, in deren Namen der Weg beschritten wurde. Faktisch nämlich funktioniert die zunächst so verheißungsvolle Kategorie des Selbst als vernichtende Instanz. Sie gerinnt zur unerbittlichen Macht, die alles Fremde als Ursache von Heteronomie von sich abzuhalten bestrebt ist. Selbst-Verwirklichung liefe sich zuletzt tot in der Austilgung alles dessen, was dem Individuum Farbe gibt und Leben spendet.[7]

Die Formalisierung der Vernunft, die aus ihrer Subjektivierung folgt und in ihrer Instrumentalisierung gipfelt, absorbiert schrittweise die objektivitätsstiftende Kraft, die dem aufklärenden Denken zunächst noch eignete. »Die Philosophen der Aufklärung griffen die Religion im Namen der Vernunft an; letzten Endes war das, was sie zur Strecke brachten, nicht die Kirche, sondern die Metaphysik und der objektive Begriff der Vernunft selbst, die Quelle der Macht ihrer eigenen Anstrengungen.«[8] Horkheimer hat angedeutet, wie sich die subjektive Vernunft selbst zersetzt. Aufklärung zielt auf Emanzipation. Sie bricht die beängstigende Übermacht der Natur, verspottet die mythischen Weltdeutungen und kämpft mit Erfolg gegen die anmaßende Vormundschaft von Thron und Altar über die Individuen. Nicht länger werden die gesellschaftlichen Herrschaftsformen als gottgegeben hingenommen; sie werden auf ihre rational einsehbaren Zwecke hin abgetastet und an ihrem tatsächlichen Nutzen gemessen. Verbindlich-keiten, die offensichtlich bloß aus Gewohnheit anerkannt worden sind, können auf unausgewiesene Wertsetzungen zurückgeführt und nach und nach aufgelöst werden. Nichts hat mehr in sich Bestand; alles kann durch ein »Wozu« gerechtfertigt, ebensogut aber mit der Frage »cui bono?« verworfen werden. Vor subjektiver Vernunft findet ein-zig Gnade, was mit Gründen abgesichert werden kann. Und Gründe beibringen, das bedeutet, etwas auf etwas anderes zurückführen.

Daß jeder Maßstab nun im Hinblick auf einen tiefer liegenden Grund oder einen übergeordneten Zweck begründet werden muß, hat nun allerdings zur Folge, daß sich gerade übergeordnete Zwecke und lei-tende Grundsätze prinzipiell nicht mehr fundieren lassen: »Es gibt kein vernünftiges Ziel an sich, und es wird sinnlos, den Vorrang eines Ziels gegenüber anderen unter dem Aspekt der Vernunft zu diskutie-ren. Vom subjektiven Ansatz her ist eine solche Diskussion nur möglich, wenn beide Ziele einem dritten und höheren dienen, das heißt, wenn sie Mittel, keine Zwecke sind.«[9]

Die subjektive Vernunft der Neuzeit erweist sich als maßlos.[10] »Da sie inhaltliche Ziele als Macht der Natur über den Geist, als Beeinträch-tigung ihrer Selbstgesetzgebung entlarvt, steht sie, formal wie sie ist, jedem natürlichen Interesse zur Verfügung.«[11] Vernunft kann schließ-lich nur noch durch die strikte Anwendung rationaler Verfahren unter Beweis gestellt werden. In deren Mühlen freilich werden alle substan-tiellen Ideen – Stück für Stück – zu funktionellen Größen zermahlen.[12] Vernunft wird gänzlich zum »Organ der Kalkulation, des Plans, gegen Ziele neutral, ihr Element ist die Koordination«.[13] Alle konkreten In-halte also werden durch die Formalisierung der Vernunft entwertet. Was einmal mit der Idee des richtigen Lebens umschrieben wurde, wird unbestimmbar und bald darauf als Illusion verworfen. »Jedes inhaltliche Ziel, auf das die Menschen sich berufen mögen, als sei es eine Einsicht der Vernunft, ist nach dem strengen Sinn der Aufklärung Wahn, Lüge, ›Rationalisierung‹, mögen die einzelnen Philosophen sich auch die größte Mühe geben, von dieser Konsequenz hinweg aufs menschenfreundliche Gefühl zu lenken.«[14] Das ist nicht erst die späte Einsicht Horkheimers und Adornos, aus vorübergehender ohnmäch-tiger Verzweiflung etwa angesichts der perfekt organisierten Greuel des Faschismus geboren. Daß moralische Urteile aus der Perspektive subjektiver Vernunft letztlich nicht begründbar sind, haben die radi-kalsten Aufklärer lange vorher entdeckt. Sade und Nietzsche ist deswegen ein Kapitel der *Dialektik der Aufklärung* gewidmet. Rigo-

ros überlassen sich diese beiden Autoren dem kritischen Schwung der
Aufklärung; sie schockieren mit einer abgründigen Kritik der praktischen Vernunft. In ihren Schriften wird demonstriert, wie auch die
Überzeugungskraft sittlicher Gebote verfällt, wenn die unausgewiesene Autorität der religiösen Überlieferung gestürzt ist. Was bleibt, ist
der Schutt ungerechter Vorurteile und zwanghafter Anmaßungen. Sades und Nietzsches provokante Thesen verdeutlichen, daß sich durch
»Gewaltstreiche aus dem Bewußtsein der Unableitbarkeit eben der
Moral«[15] am eigenen Zopf aus diesem Dilemma zu ziehen versucht,
wer sich mit Kant auf die angebliche Tatsache eines universellen moralischen Gefühls glaubt berufen zu können. Wo dieses Gefühl ganz
einfach nicht vorhanden ist, dort vermögen auch wohlmeinende Ap-
pelle nichts auszurichten.[16] Auf Evidenzen, gleich welcher Art, kann
man sich nur verlassen, solange sie von den anderen fraglos geteilt
werden. Angestammte Überzeugungen dunklen Ursprungs sind von
zweifelhafter Beständigkeit, sie pflegen ohnehin von Ausnahmerege-
lungen durchlöchert zu sein; jedenfalls stiften sie keine unbedingt
achtenswerten Verbindlichkeiten.

Vor der richtenden Instanz der Aufklärung, der mündigen Vernunft,
sind alle (quasi-) natürlichen Regungen gleichberechtigt. »Da die Vernunft keine inhaltlichen Ziele setzt, sind die Affekte alle gleich weit
von ihr entfernt. Sie sind bloß natürlich.«[17] Während die eingeschworenen Libertins im Werk de Sades ihren sexuellen Obsessionen folgen,
kompensieren sie »das Werturteil gegen sie, das unbegründet war, weil
alle Werturteile unbegründet sind, durch seinen Gegensatz«[18]. Sade
verkehrt die moralischen Ge- und Verbote seiner Zeit in ihr Gegenteil.
Ausdrücklich will er mit seiner Un-Tugendlehre zum »Fortschreiten
der Aufklärung«[19] beitragen. An der Gestalt von Juliettes Schwester
Justine führt Sade vor, wie die Tugend am eigenen Leibe erfahren
muß, daß das Band zwischen ihr und dem Glück zerrissen ist.[20] Vor
der Ultima ratio der Ethik, im Jenseits endlich werde gerechte Vergeltung geübt und die leidende Tugend belohnt, erzittert das aufgeklärte
Individuum nicht mehr.[21] Solchen Ammen- und Priestermärchen weiß
es vielleicht gar mit einem höhnisch-übermütigen Lachen zu begegnen. Konsequent propagiert de Sade, man möge den eigenen Regungen
rücksichtslos folgen, was immer auch sie einem eingeben mögen. Die
geltenden Gesetze sind doch bloß von Menschen gemacht und es nicht
wert, beherzigt zu werden. Sie verlocken vielmehr dazu, sie umzusto-
ßen. An anderen Orten wie zu anderen Zeiten kann auch ihr genaues
Gegenteil im selben Namen der Sittlichkeit geboten erscheinen. Das

wahre Spiel der Kräfte schlägt sich allenfalls in den ewigen Gesetzen der Natur nieder; und auf diesem Feld gilt de Sade zufolge allenfalls ein Recht: das Recht des Stärkeren.[22]

Häufig ist die These zu hören, Sades schriftliche Exzesse wiesen auf eine ›Revolte der Natur‹, eine neue, unbürgerliche, abgrundtief sinnliche Freiheit voraus. Merkwürdig ist aber doch, daß die gefeierte Überschreitung der Verbote die zwanghafte Ordnung bürgerlicher Selbstbehauptung getreulich spiegelt. Allzu angestrengt spannt Sade menschliche Körper zu geometrischen Figuren zusammen und läßt sie – maschinenartig – die harte Arbeit des Lustgewinns verrichten. Die ausgefuchste Zügellosigkeit dieser Libertins ist kalkuliert und kalkulierend. Durch und durch bleiben die Lehrherren des Exzesses im Bann des neuzeitlich-bürgerlichen Weltverhältnisses. Verfügung über sich und andere ist dessen Prinzip. Spontane Hingabe, Liebe gar sind den Protagonisten Sades daher verpönt.[23] Sie drücken aus, was durchaus nicht sein darf: Vergötzung. Verliert sich doch, wer immer sich ihnen überlassen mag, mit Haut und Haaren an einen anderen. Die aufgeklärten Lüstlinge jedoch müssen sich ihre Unabhängigkeit beweisen, indem auch sie sich einer Art kategorischen Imperativs unterwerfen. In Umkehrung des Kantischen ließe sich ihr allgemeines Gesetz etwa so formulieren: Handle stets so, daß Du den anderen nur als Mittel benutzst, niemals aber als Zweck ansiehst. Das Glück des Selbstvergessens, die lustvolle Gelassenheit, freimütig und ungeschützt bei einem anderen zu verweilen, sich hinreißen zu lassen in einen gemeinsamen Rhythmus von Bewegung und Ruhe – dies alles ist den Sadeschen Libertins von Grund auf fremd. Sie müssen die Ausschweifung wie eine Profession betreiben. Systematisch suchen sie nach immer neuen Anreizen, immer ausgeklügelteren Genüssen. Stets müssen sie bereit sein, das Laster zum Verbrechen zu steigern. Hierin, im Kitzel, der von den überkommen Verboten ausgeht, überlebt immerhin ein Rest von »Aberglauben«.[24] Ausgerechnet die Mißachtung der heiligsten Gebote seiner Zeit verschafft dem eingeschworenen Libertin den höchsten, weil den heftigsten Genuß. Auf diese Weise bleibt die pflichtmäßige Ausschweifung, wenngleich bloß negativ, doch auf ein anderes bezogen, von einem anderen abhängig, nämlich von der gutbürgerlichen Ordnung der Sittlichkeit. Diese allerdings ist selber nur eine abstrakte, ja gewaltsam verzerrte Gestalt des/der anderen.

Auch Nietzsche kommt der andere nur als Widerstand und Hindernis in den Blick. Sich auf einen anderen/etwas anderes einlassen, wie er/es ist, das ist allenfalls die sublimste Art der Bemächtigung. Mit der Formel vom »Willen zur Macht« hat Nietzsche diese gallige Einsicht zum Ausdruck gebracht. In allen Gestalten des Lebens, den schwächeren wie den stärkeren, den mickrigen wie den prächtigen, entlarvt er den Willen zur Macht, den Drang, anderes zu überwältigen und sich durchzusetzen, und sei es in der Maske von Demut und Verzicht, den sozialen Normen von Gleichheit und Brüderlichkeit, dem religiösen Versprechen der Versöhnung. Rabiat hat Nietzsche die Fragen der Aufklärung radikalisiert und die Selbsterkenntnis des neuzeitlichen Menschen auf die äußerste Spitze getrieben. Daß auch Nietzsches Kritik der Moral, zumal der christlich-asketischen, darauf abziele, unterdrückte Natur und verstümmelte Sinnlichkeit orgiastisch zu befreien, ist heute eine beliebte Auffassung. Doch dieses Denken ist unerbittlicher und zugleich offener angelegt, als diejenigen glauben, die seine Widersprüche wegzuerklären bemüht sind, anstatt sie endlich als solche ernst zu nehmen. Nietzsches Idee, die moralische Gesetzgebung genealogisch zu unterminieren, ist von größerer Konsequenz als jene de Sades. Während der Marquis in seinen literarischen Kerkerphantasien eine wahre Gegenwelt des Exzesses entwirft, überläßt sich der deutsche Philosoph rückhaltlos der subversiven Kraft der Reflexion. Nietzsches riskante Gedankenexperimente enthüllen die inneren Widersprüche, in die sich jede moralische Haltung verstrickt, ohne ein Rezept dafür anzugeben, wie sie zu beseitigen oder wenigstens aufzuheben sind. (Erst das gesunde Mißverständnis der Interpreten hat Nietzsches Gedanken des »Übermenschen« zu einer derartigen Utopie zurichten wollen.)

In allen Wertsetzungen, sogar in der Liebe zur Wahrheit, sehen Nietzsches Analysen den Willen zur Macht am Werk. Dieser jedoch läßt sich nicht selber zum handlichen Bewertungskriterium umfunktionieren.[25] Es trifft nicht zu, daß Nietzsches Philosophie das Recht des Stärkeren sanktioniere. In Wirklichkeit hat es dem Recht des Schwächeren nichts voraus. Das zeigt sich, wenn man das genealogische Modell vom »Sklavenaufstand in der Moral« genau liest, das die *Genealogie der Moral* entwirft. Gesiegt, sich durchgesetzt also, haben nämlich die Schwachen, deren verlogene Moral der Nächstenliebe Nietzsche aufs Korn nimmt. Weil sie raffinierter und böser sind als die offen gewalttätigen, ein wenig tumben »blonden Bestien«, ist es ihnen gelungen, den anderen ihre eigenen Überlebens-Bedingungen als moralisches, scheinbar universales Gesetz aufzuzwingen und ihre eigene Lust an der Grausamkeit als vergeltende Gerechtigkeit zu tarnen.

Auch Sade hat festgestellt, es sei »eine fürchterliche Ungerechtigkeit zu fordern, daß Menschen von verschiedenartiger Wesensart sich gleichen Gesetzen beugen: Was für den einen paßt, paßt für den anderen noch lange nicht«.[26] Die gleichmacherische Gewaltsamkeit, mit der die Idee des Allgemeinen imperialistisch um sich greift, hat Nietzsche in der stilisierten Polarität von Starken (Raubvögeln) und Schwachen (Lämmern) zur Darstellung gebracht. Absurd, von den einen zu verlangen, genauso wie die anderen zu leben.[27] Mit Gründen polemisiert Nietzsche gegen die moralischen Wunschvorstellungen, mögen sie auch noch so menschenfreundlich und vernünftig klingen. Sie versuchen doch nur immer wieder, die wirklichen, natürlich/geschichtlich höchst verschiedenartigen Menschen über einen grob vereinfachenden, normierenden Leisten zu schlagen.[28] Wenn man sich vergegenwärtigt, wie Ideale produziert zu werden pflegen, dann wird kenntlich, daß es kein universales Prinzip gibt, hinter dem sich nicht doch wieder die Herrschaft eines bloß partikularen verbirgt. Vom Sog dieses Widerspruchs kommen die Bemühungen nicht frei, eine gegen alle konkreten Lebensweisen gleich gerechte, allgemeingültige Moral zu stiften.

Dieser bestürzenden Erkenntnis wollen sich auch Horkheimer und Adorno stellen. Nietzsche und Sade werden als Kronzeugen für die selbstzerstörerische Dialektik der Aufklärung aufgerufen: »Sie haben nicht vorgegeben, daß die formalistische Vernunft in einem engeren Zusammenhang mit der Moral als mit der Unmoral stünde.«[29] Sades und Nietzsches Werke führen vor, was augenscheinlich unweigerlich geschieht, wenn Vernunft als richtende ins Subjekt zurückgenommen wird. Verbindlichkeiten werden sodann als Wert-Setzungen kenntlich, als – bestenfalls – nützliche Erfindungen. Wenn tatsächlich wir selbst es sind, die allein Sinn in die Dinge hineinlegen, dann ist er unserem Belieben anheimgestellt. Moralisches Handeln wird zur Geschmacksfrage oder versinkt in heillosen Zwiespältigkeiten, weil es nur um den Preis offener oder versteckter Gewalt erzwungen werden kann. Nichts bleibt zurück, an das die Individuen sich guten Gewissens halten könnten.[30] Es ist nicht bequem, sich dieser ungeheuerlichen Einsicht und ihren unvermeidlichen Konsequenzen zu stellen. Horkheimer und Adorno konstatieren das: »Die Unmöglichkeit, aus der Vernunft ein grundsätzliches Argument gegen den Mord vorzubringen, nicht vertuscht, sondern in alle Welt geschrieen zu haben, hat den Haß entzündet, mit dem gerade die Progressiven Sade und Nietzsche heute noch verfolgen.«[31] Dennoch, auch die Autoren der *Dialektik der Auf-*

klärung tun sich schwer mit dem beißenden Realismus ihrer radikalen Gewährsleute. Horkheimer und Adorno nämlich kämpfen beide, wenn auch mit unterschiedlichen theoretischen Mitteln, darum, an der Idee der Versöhnung, des harmonischen Ausgleichs von Allgemeinem und Einzelnem festhalten zu können. Als Einspruch gegen die schlechte Gegenwart wollen sie wenigstens die aufrichtige Sehnsucht nach einer Welt bewahren, in der Vernunft nicht mehr der Herrschaft verdingt wäre.[32] Aus diesem Grunde werden etwa Nietzsches Reflexionen mildernd zurechtgebogen.[33] Sie sind nur insoweit gefragt, als sie die vernichtende Dynamik des aufklärenden Denkens bloßlegen.

Die schonungslose Kritik der Moral, die Nietzsche und de Sade vortragen, belegt Horkheimers historische Diagnose. Was sich ›praktisch‹ aus der neuzeitlichen Formalisierung der Vernunft ergibt, hat er in einer Passage der *Kritik der instrumentellen Vernunft* treffend zusammengefaßt: »Gerechtigkeit, Gleichheit, Glück, Toleranz, alle die Begriffe, die, wie erwähnt, in den vorhergehenden Jahrhunderten der Vernunft innewohnen oder von ihr sanktioniert sein sollten, haben ihre geistigen Wurzeln verloren. Sie sind noch Ziele und Zwecke, aber es gibt keine rationale Instanz, die befugt wäre, ihnen einen Wert zuzusprechen und sie mit einer objektiven Realität zusammenzubringen. Approbiert durch verehrungswürdige historische Dokumente, mögen sie sich noch eines gewissen Prestiges erfreuen, und einige sind im Grundgesetz der größten Länder enthalten. Nichtsdestoweniger ermangeln sie der Bestätigung durch die Vernunft in ihrem modernen Sinne. Wer kann sagen, daß irgendeines dieser Ideale enger auf die Wahrheit bezogen ist als sein Gegenteil? Nach der Philosophie des durchschnittlichen modernen Intellektuellen gibt es nur eine Autorität, nämlich die Wissenschaft, begriffen als Klassifikation von Tatsachen und Berechnung von Wahrscheinlichkeiten. Die Feststellung, daß Gerechtigkeit und Freiheit an sich besser sind als Ungerechtigkeit und Unterdrückung, ist wissenschaftlich nicht verifizierbar und nutzlos. An sich klingt sie mittlerweile gerade so sinnlos wie die Feststellung, Rot sei schöner als Blau oder ein Ei besser als Milch.«[34]

Die subjektive, formale Vernunft der Neuzeit ist auf systematisierte wissenschaftliche Erfahrung aus. Auf diesem Felde ungeheuer ergiebig, legt sie ein gigantisches Arsenal von Wissen an, das durch und durch auf Nutzbarmachung gepolt ist. Ziele und Zwecke jedoch, denen es dienstbar gemacht werden könnte oder gar sollte, lassen sich vor dieser methodisch gereinigten Rationalität überhaupt nicht mehr ausweisen. Sie vertrocknen allesamt zu irrationalen Restbeständen. Sie sind der Kaffeesatz, der uns von den traditionellen Verbindlichkeiten geblieben ist, gelegentlich in einem schalen zweiten Aufguß wiederverwendet. Wer vorgibt, die Wahrheit aus ihm lesen zu können, ist ein Scharlatan. Wer meint, darauf bestehen zu können, seine Vorstellungen vom Leben, der richtigen Gesellschaft seien vernünftig, der vermeint das eben bloß. Er beruft sich auf eine Aura, deren Schein längst erloschen ist. Oder er hat bereits vergessen, wofür der Begriff der Vernunft einmal einstehen konnte, und sich bewußtlos dem Getriebe der Instrumentalisierung anheimgegeben. Horkheimer unterstellt ja nicht, daß das Wort ›Vernunft‹ »aus einem zeitbewußten Vokabular gestrichen«[35] sei. Entschieden vertritt er allerdings die These, Vernunft sei »radikaler als je auf ihre instrumentale Bedeutung zurückgeführt«[36]. Diese Diagnose läßt den Autor in keiner Weise triumphieren, bleibt doch seine eigene Kritische Theorie von den Symptomen der Epidemie nicht verschont. Was aber könnte es helfen, in Fieberphantasien mit Trugbildern zu kokettieren und mit Wahnideen zu liebäugeln? Nur durch absolute Isolierung von der widersprüchlichen Wirklichkeit ließe sich eine heile Idee der Vernunft gegen den Bazillus der Instrumentalisierung immunisieren. Wohl ein zu hoher Preis für ihr ohnmächtiges Überleben.

Auch als nurmehr instrumentelle bleibt Vernunft in einem bestimmten Sinne universal. Sie verkörpert die Fähigkeit zur Kalkulation. »Vernunft in diesem Sinn ist in der modernen Kriegsführung so unentbehrlich wie sie [es, ergänzt, H. H.] bei der Leitung von Geschäften schon immer war. Ihre Bestimmungen, in eine zusammengefaßt, sind die optimale Anpassung der Mittel an den Zweck, das Denken als arbeitssparende Funktion. Sie ist ein Instrument, hat den Vorteil im Auge, Kälte und Nüchternheit als Tugenden. Der Glaube an sie beruht auf zwingenderen Motiven als auf Thesen der Metaphysik. Wenn zuweilen auch der Diktator der Vernunft gut zuredet, so meint er, daß er die meisten Tanks besitzt. Er war vernünftig genug, sie zu bauen; die anderen sollen vernünftig genug sein nachzugeben.«[37] Soweit instrumentelle Vernunft sich nicht gar als monströse Macht dekuvriert, dient sie der Optimierung rationeller Verfahrensweisen. Ihre Inanspruchnahme ist unumgänglich, wenn berechnet werden soll, wie – diskussionslos – vorgegebene Ziele am sichersten, schnellsten und unter Aufwendung möglichst geringer Kräfte zu erreichen sind. Rationalität erweist sich in solch technischen Fertigkeiten. Deren Sinn oder Unsinn kritisch zu erörtern, dazu reichen ihre Mittel im Zeitalter ihrer Verwissenschaftlichung nicht mehr hin.

Keiner hat diesen Sachverhalt so unverdrossen beschrieben wie der Heidelberger Soziologe Max Weber. Obwohl Weber die positivistische Forderung nach Wertfreiheit der Wissenschaften zu untermauern versucht, arbeitet er Horkheimers Kritik der instrumentellen Vernunft zu. Der Begründer der Frankfurter Schule hat das nicht verschwiegen, Weber jedoch als Repräsentanten einer Denkhaltung ins Visier genommen, die zu bekämpfen ist.[38] Im Gegensatz zur eher resigniert-kulturpessimistischen Haltung Webers geht es Horkheimer schließlich darum, den Begriff umfassender, auch moralisch-praktischer, Vernünftigkeit gegen die kümmerliche Rest-Rationalität der Mittel zu behaupten. Letztere immerhin hat Weber bereits trefflich gekennzeichnet. Klar arbeitet der große Soziologe den instrumentellen Charakter wissenschaftlichen Wissens heraus. Nur abgeleitete Größen sind ihm zufolge rationaler Beurteilung zugänglich. Durch die einfache Umkehrung von Kausalsätzen, aus denen das System der Wissenschaften gefügt ist, lassen sich die einzig vernünftigen Handlungsregeln ermitteln. Wenn wohldefinierte Ziele (also beabsichtigte Wirkungen) vorgegeben sind – und nur dann –, lassen sich die angemessenen Mittel (Ursachen, Wirkungsmechanismen) angeben und überprüfen.[39] Vor dem Hintergrund eines ebenfalls gegebenen und anerkannten Werte-Ensembles können überdies ethische Kosten-Nutzen-Rechnungen aufgemacht werden.[40] Deren Prämissen allerdings, nämlich Grundaxiome, letzte Handlungsziele, können wissenschaftlich nicht be- oder verurteilt werden. Verschiedene Einstellungen, Wert-Haltungen können zwar mehr oder weniger eindeutig gegeneinander abgegrenzt werden, überprüfbar ist außerdem, ob grundsätzliche Handlungsorientierungen in sich konsistent sind und welche faktischen Auswirkungen sie zeitigen. Ob die Folgen einer Handlung aber überhaupt bei deren Bewertung berücksichtigt werden sollten, ist mit den Mitteln der Wissenschaft – und nichts anderes heißt für Weber ›rational‹ – nicht entscheidbar. Wem es beispielsweise allein um die konsequente Wahrung einer ethischen Gesinnung geht, der wird sich ausschließlich um die innere Übereinstimmung mit seinen moralischen Prinzipien bemühen und nichts auf die Preis-Wert-Kalküle geben, die die sogenannten Verantwortungsethiker aufmachen. Was aus der Perspektive der letzteren als »irrational« zu verwerfen sein mag[41], ist dennoch rational nicht widerlegbar, denn auch die wertrationale Haltung des Gesinnungsethikers kann in sich stimmig sein.[42] Webers analytische Unterscheidung von »wertrationalen« und »zweckrationalen« Handlungsorientierungen, die übrigens treulich der Unterscheidung von Gesinnungs- und Verantwortungsethik zu entsprechen scheint[43], stellt für manche Autoren offenbar die Versuchung dar, eine Scheinlösung des Dilemmas moderner Zweckrationalität in diesen Gegensatz hineinzuspinnen.[44] Doch kündigt sich hier alles andere als die Wiederkehr praktischer Vernunft an. In Webers Sprachgebrauch besagt das Prädikat »wertrational« offenkundig nicht das geringste über die Rationalität von Werten; es bezeichnet lediglich den Tatbestand, daß ein Handelnder sich um nichts sonst schert als darum, konsequent seine Überzeugungen hochzuhalten. Während zweckrationales Rechnen wenigstens noch um die Rationalität der Mittel besorgt ist, genügt eine wertrationale Einstellung in der heroischen Orientierung an unausgewiesenen Prinzipien sich selbst. Nicht nur die diversen inhaltlichen Werte, sondern auch die strikt formalen Beurteilungsgesichtspunkte können nur analytisch auseinandergehalten werden. Es gibt kein universales Verfahren, das im Konfliktfall geeignet wäre, über ihre Richtigkeit zu entscheiden.[45] Formale Prinzipien sind auch nur Konventionen, über deren Geltungsansprüche empirische Wissenschaft kein (moralisches!) Urteil fällen kann und darf.[46]

Webers Überlegungen zum Streit der Werturteile zeigen, wohin die Instrumentalisierung und Verwissenschaftlichung der Vernunft führt: die praktische Vernunft wird kassiert. Am Ende des neuzeitlichen Prozesses der Aufklärung drängt sich die Einsicht auf, daß es kein wirklich universelles rationales Prinzip gibt, das praktische Argumentationsgänge oder gar bestimmte Stellungnahmen begründen könnte. In die Bewertung anderer, ihres Wollens, ihrer Lebensmaximen, ihres Verhaltens, fließen immer eigene Einstellungen und Wünsche ein.[47] Anklänge an Nietzsches Moralkritik sind in solchen Reflexionen Webers kaum zu überhören. Für beide Denker scheint der Historismus des späten 19. Jahrhunderts eine zentrale Erfahrung formuliert zu haben. Die radikalen Folgerungen aber, die Nietzsche aus dem Zusammenbruch des Vernunft-Ideals einer wahren Welt zu ziehen versuchte, scheut der Konservative und disziplinierte Rationalist Weber begreiflicherweise. Einigermaßen halbherzig beschränkt er sich darauf, wenigstens zur wissenschaftlichen Redlichkeit anzuhalten. Weil er die »verschiedenen Wertordnungen der Welt in unlöslichem Kampf untereinander stehen«[48] sieht, allein der Macht des Schicksals ausgeliefert[49], besteht Weber auf der »Unmöglichkeit ›wissenschaftlicher‹ Vertretung von praktischen Stellungnahmen – außer im Falle der Erörterung der Mittel für einen als fest gegeben vorausgesetzten

Zweck«.[50] Gleichwohl glaubt Weber eine Möglichkeit zu sehen, eine
rationale Haltung zu behaupten, seiner Meinung nach die einzige: die
Welt gewissenhafter wissenschaftlicher Arbeit und die Welt irrationaler Bewertungen sollen fein säuberlich auseinandergehalten werden.[51]
Was zunächst wie eine skeptische Selbstbegrenzung wissenschaftlicher
Rationalität aussehen mag, geeignet, vernichtenden Totalisierungen
entgegenzuwirken, erklärt am Ende das wissenschaftliche Wissen zum
einzigen überhaupt und für unantastbar. Besiegelt wird die instrumentelle Zurichtung der Vernunft: Der Begriff der Wahrheit ist gänzlich
zum objektiven Gesetzeszusammenhang kausaler Wirkungsmechanismen erstarrt.

Daß auch die Entscheidung, Vernunft mit wissenschaftlicher Rationalität zu identifizieren und allein deren Methodik uneingeschränkt zu
vertrauen, der begründeten Rechtfertigung durch ebendiese Vernunft
entbehrt, wie beispielsweise sogar Popper einräumt[52], wird von Weber
nicht weiter beachtet, das Faktum zweier Welten vielmehr einfach
behauptet. Horkheimer beschimpft ihn denn auch als »Erzpositivi-
sten«.[53] Kritische Theorie als Kritik der neuzeitlichen Rationalität
dagegen versucht bewußt zu machen, daß das Drama des Werturteils-
Streits sich in Kulissen abspielt, die erst von der Neuzeit entworfen,
also nicht schicksalhaft ein für allemal gegeben sind. Nicht daß konkrete Wertschätzungen dem geschichtlichen Wandel unterliegen, wie
übrigens auch, von Weber durchaus bemerkt[54], theoretische Erkenntnisse, ist der springende Punkt. Die Tatsache nämlich, daß mögliche
Verbindlichkeiten überhaupt als gegensätzliche, grundsätzlich gleich
gültige Wert-Setzungen erscheinen, läßt sich selber historisch veror-
ten.

Die Rede von den Werten hat Symptom-Charakter. Sie drängt sich
auf, nachdem die europäische Aufklärung die Vernunft dem Subjekt
zur Verfügung gestellt und damit zum Werkzeug der Er- und Begründung funktionalisiert hat, ein intellektuelles Messer, das methodisch
zu wetzen und zu nutzen ist. In die Orientierungslosigkeit im Dik-
kicht rivalisierender Werte hat das Subjekt Mensch sich durch seine
emanzipatorische Selbstermächtigung selber versetzt. In diesem apokalyptischen Durcheinander, wo nichts mehr das Recht hat, einen
angestammten Platz zu beanspruchen, kann schließlich alles zum Wert
oder Unwert werden. »Denn im Begriff des Wertes ist, wie sein Ursprung aus der Wirtschaftstheorie es anzeigt, die Relativität enthalten.
Die Werte sind Sein für Anderes, nicht Sein an sich, wie ihre philosophischen Vertreter es behaupten.«[55] Werte werden, wie Martin Hei-

degger anmerkt, im 19. Jahrhundert »zum positivistischen Ersatz für das Metaphysische«[56]. Letzte unangreifbare Werte herbeizusehnen oder gar zu verkünden, das sind paradoxe Gesten, mit denen ein ausdrücklich Relatives zum Absoluten gekrönt wird. Heidegger arbeitet das sehr deutlich heraus, wenn er betont, es gelte »endlich einzusehen, daß eben durch die Kennzeichnung von etwas als ›Wert‹ das so Gewertete seiner Würde beraubt wird. Das besagt: durch die Einschätzung von etwas als Wert wird das Gewertete nur als Gegenstand für die Schätzung des Menschen zugelassen. [...] Alles Werten ist, auch wo es positiv wertet, eine Subjektivierung. Es läßt das Seiende nicht: sein, sondern das Wertende läßt das Seiende lediglich als das Objekt seines Tuns – gelten.«[57] Gerade dort, wo im Brustton der Überzeugung angeblich ewige Werte beschworen werden, wird die Dominanz des Subjekts verteidigt, dem alles andere zum bloßen Material geworden ist. Auf der fieberhaften Suche nach einem (begrenzenden) Halt, den es im anderen nicht spüren will und in sich selber aller Vernunft zum Trotz nicht finden kann, irrt das Subjekt der Aufklärung aufgebracht über die leergefegte Bühne seiner Selbst-Inszenierung.

An dieses Dilemma subjektiver Vernunft tasten sich Webers Untersuchungen ganz nahe heran. Seine materialen soziologischen Analysen kennzeichnen den neuzeitlichen Entwicklungsprozeß als fortschreitende Rationalisierung, als wissenschaftliche Entzauberung der Welt. Daß dieser Fortschritt der Aufklärung aus gewissen Blickwinkeln bedrohlich scheinen kann, hat Weber sogar expressis verbis eingeräumt.[58] Sogenannte letzte sinnstiftende Werte müssen nämlich von denjenigen, die für sie einstehen wollen oder sollen, als etwas »›objektiv‹ Wertvolles empfunden«[59] werden. Gerade das aber, was Einzelnen oder ganzen Kollektiven selbstverständlich vorkommen mag, muß von der wissenschaftlichen Forschung aufgelöst und in Frage gestellt werden.[60] Zwar ist der rein formalen Idee der Geltung so nicht beizukommen; was immer jedoch sie konkret ausfüllen könnte, bestimmte Inhalte wie bestimmte Verfahrensregeln, kann als unbegründet, als willkürliche Festsetzung zurückgewiesen werden.

Weder überlieferte Normen also, noch revolutionäre Ideale können vor der neuzeitlichen Rationalität der Mittel als vernünftig bestehen. Von der Idee der praktischen Vernunft hat die skeptische Bewegung der Aufklärung nichts Verläßliches übriggelassen. Gängigen Lebensformen wohnt freilich eine eigentümliche Trägheit inne, zumal dann, wenn sie nicht mit Grund kritisiert werden können, wenn ihnen kein verbindlicher Maßstab richtigen Lebens vorgehalten werden kann. Die losgelassene instrumentelle Vernunft gehorcht ihren Eigengesetzlichkeiten. Die Kenntnis nutzbarer Mechanismen der Natur wächst und wächst. Weil sie methodisch sichergestellt wird, zeigt sie sich erweiterungs- und verbesserungsfähig. Nirgends scheint diesem programmierten Fortschreiten eine natürliche Grenze gezogen zu sein. Weder die Mikroprozesse des Lebens noch die Weite der kosmischen Bewegungen entgehen dem Zugriff experimentell kontrollierter Forschung. Deren »Anwendungen« jedoch sind den Individuen, die ihr Leben mit Vernunft glauben selbst bestimmen zu können, längst entglitten, wenn denn diese Hoffnung der Aufklärung überhaupt je realistisch gewesen sein sollte. Niemand – und jeder Einzelne schon gar nicht – ist heute auch nur annähernd in der Lage, dieses fort und fort metastasierende Wissen zu überschauen. Unsere Lebenswelt freilich haben die Wissenschaften längst von Grund auf so umgebaut, daß sie selber unentbehrlich geworden sind, nicht zuletzt im Kampf gegen ihre zum Teil verheerenden Folgeerscheinungen in der technisch-industriell beherrschten Natur. Der wissenschaftlich-technische Fortschritt scheint dabei einer Dynamik zu gehorchen, die sich allenfalls der kapitalistischen Selbstverwertung des Werts assimilieren läßt. Im gigantischen Betrieb dieser Zweckmäßigkeit ohne Zweck setzt sich der verdinglichende Schein der Sachzwänge fest. Dem selbstgefertigten Moloch opfern die emanzipierten Individuen im Interesse ihrer Selbsterhaltung. Nicht Freiheit zum anderen, sondern das Prinzip der Selbstbehauptung ist die Essenz der subjektiven Vernunft der Neuzeit. »Befaßt sie sich überhaupt mit Zwecken, dann hält sie es für ausgemacht, daß auch sie vernünftig im subjektiven Sinne sind, das heißt, daß sie dem Interesse des Subjekts im Hinblick auf seine Selbsterhaltung dienen – sei es die des einzelnen Individuums oder die der Gemeinschaft, von deren Fortbestand der des Individuums abhängt.«[61]

4. Prinzip Selbsterhaltung – das rationale Opfer des Selbst

4a Der Zweckzusammenhang der Selbsterhaltung

Anhand von Leitfossilien kann man verschiedene geologische Schichten unterscheiden. Vielleicht geben Begriffe sowie die Einstellungen und Ideen, die sich um sie gruppieren, dem Kulturhistoriker gelegentlich vergleichbare Aufschlüsse. Daß das Prinzip der Selbsterhaltung für das Verständnis von Neuzeit und Moderne derartig charakteristisch sein könnte, ist der philosophischen Forschung nicht entgangen.

Hans Blumenberg etwa hat herausgestellt, daß Selbsterhaltung für die Neuzeit »nicht nur ein rationales Prinzip unter anderen«, sondern »das Prinzip der neuzeitlichen Rationalität selbst«[1] ist. Mit den Grundstrukturen zweckrationalen Handelns jedoch scheint die Pointierung des Selbsterhaltungsstrebens auch auf den zweiten Blick nichts zu tun zu haben, wird dieses Prinzip doch zunächst gegen die These der Fremderhaltung ins Feld geführt, jene theologische Unterstellung, unser Dasein verdanke sich von Augenblick zu Augenblick der Allmacht und gütigen Sorge eines Schöpfergottes. Solche Erklärungsansätze werden als überflüssig abgewiesen, wenn man, wie Baruch de Spinoza, annimmt, es sei »die wirkliche Wesenheit des Dinges selbst«, danach zu streben, »in seinem Dasein zu beharren«.[2] Mit dieser Zuschreibung wird Selbsterhaltung zur grundlegenden theoretischen und praktischen Kategorie, zum fraglosen Ausgangspunkt für alle weiteren Bestimmungen, für reflektierende Erörterungen ebenso wie tätige Umformungen.

Was sich selbst behaupten, ja bestimmen und verwirklichen will, das muß nicht nur sich selber wissen, sondern zuvörderst seine eigene Beständigkeit sichern. Nur die minimalste Bedingung vernünftiger Emanzipation, so hat es den Anschein, wird festgeschrieben, wenn die frühneuzeitliche Philosophie das Streben nach Selbsterhaltung zum Grundsatz aller Grundsätze ausruft. Läßt man sich einzig von dieser anti-theologischen Perspektive leiten, so ist schwerlich einzusehen, warum die Vorherrschaft des Selbsterhaltungsprinzips symptomatisch sein könnte für die »Krankheit der Vernunft«. Genau das aber ist Horkheimers Überzeugung. Er diagnostiziert, daß die »uralte bürgerliche Definition der Vernunft durch Selbsterhaltung« schon »ihre Beschränkung«[3] war. Kritik der neuzeitlichen Rationalität muß dem Zusammenhang von Naturbeherrschung und zweckgerichtetem Verhalten nachgehen, als dessen Kern sich die Norm der Selbsterhaltung herausstellt. Daß diese schließlich rücksichtslos hypostasiert und zu zielloser Selbststeigerung entbunden wird, macht Horkheimer zufolge den fragwürdigen Charakterzug neuzeitlich-kapitalistischer Rationalität aus. Den »Zweckzusammenhang jener Selbsterhaltung«[4] nehmen Horkheimer und Adorno in der *Dialektik der Aufklärung* ausdrücklich aufs Korn. Vielleicht läßt sich zeigen, inwiefern Zweckrationalität und Selbsterhaltungsstreben aufeinander verweisen, wenn man den Überlegungen der beiden Autoren nachzugehen versucht.

Wie noch Aristoteles kann man fast alle Vorgänge als teleologische ansehen. Prinzipiell bedarf es dazu keiner zwanghaft vereinheitlichenden Perspektive, wie sie später von der denkenden Subjektivität der Neuzeit beansprucht wurde. Die kosmische Ordnung, die die Griechen in Staunen versetzte, stellt sich von selbst her; sie wird nicht erst durch die angestrengte Arbeit menschlicher (oder auch göttlicher) Sinnstiftung ins Werk gesetzt. Sie ergibt sich im eigentümlich harmonischen Zusammenwirken der Dinge, die jeweils ihrem eigenen Ziel zustreben, ein inneres Telos[5] zur Wirklichkeit bringen. Auf ganz anderen theoretischen Voraussetzungen beruht das geläufige Modell zweckrationalen Handelns.[6] Zwecke sind ihm zufolge in einem – wenn nicht widerspenstigen, so zumindest gleichgültigen – Medium durchzusetzen. Nur ein willensstarkes Subjekt, das Absichten beharrlich ins Auge faßt und Hindernisse planvoll überwindet, kann Kohärenz und endlich Erfolg zweckgerichteten Handelns sichern. Diese rationale Instanz muß dazu in der Lage sein, Mittel und Zwecke zu koordinieren, indem sie eine feste zeitliche Ordnung beachtet und aufrechterhält. Wer in der Zukunft etwas erreichen will, muß sich in jedem Augenblick der Gegenwart an den zuvor gesetzten Zweck erinnern. Ohne ein verständiges Selbst, das sich in der Zeit zu erhalten weiß und die jeweilige Gegenwart der erstrebten Zukunft rigoros unterordnet, zerfiele der kontrollierbare und optimierbare Vorgang der Handlung in völlig disparate und widersprüchliche Elemente. Andererseits: Nur indem es eigenmächtig Zwecke verfolgt, vermag das vernünftige Subjekt sich in der Welt und gegen feindliche Mächte durchzusetzen. Zweckrationales Verhalten und der Wille zur Selbsterhaltung bedingen einander. Sie verweisen auf ein und dieselbe elementare Distanzleistung: Das Subjekt ›Mensch‹ kämpft sich aus der Natur heraus, die als bedrohlich erfahren wird, und setzt sich ihr kriegerisch entgegen.

Offenkundig muß die Spezies Mensch ihr Überleben durch überlegte Naturbeherrschung sichern. Daß wir, sogar unter dem Aspekt unserer biologischen Ausstattung, die je geschichtliche Selbstinterpretationen geradezu erfordert, nicht bruchlos in scheinbar natürlichen Zusammenhängen aufgehen, sondern im Gegenteil ein Leben ausdrücklich zu führen haben, ist keine späte Erfindung der Anthropologie des 20. Jahrhunderts. Dieser Einsicht ist längst Rechnung getragen, wenn menschliche Gemeinschaften ihr Leben selbst planend in die Hand zu nehmen versuchen, indem sie organisiert Landbau und Viehhaltung betreiben, weitsichtig Vorräte anlegen, um den Unbilden der Natur zu trotzen. Es scheint eindeutig zu sein, wogegen die Arbeit der Selbsterhaltung schützen soll; sie soll wohl das Risiko verringern, von feindlichen Naturgewalten physisch vernichtet zu werden. Gefährdet jedoch wird das Subjekt der Selbsterhaltung nicht nur von außen. Die vielleicht noch größere, gewiß sublimere und weniger leicht zu fixierende Gefahr scheint von ihm selber auszugehen. Bedrohlich für die emsige Daseinsfristung ist nicht allein der biologische Tod, der uns frühzeitig ereilen kann und zuletzt unausweichlich ist; als bedrohlich erscheint jeglicher Verlust von Selbständigkeit, den wir doch lustvoll erdulden, wenn wir uns an eine Tätigkeit, an einen anderen verlieren. Sobald das rationale Ich den Verlockungen unerwünschter Wünsche nachgibt, kann es geschehen, daß es augenblicklich sich selbst und die ernste Aufgabe seiner Selbsterhaltung vergißt. Im begeisternden Feuer des gelebten Augenblicks löst sich die feste Zeitordnung auf, ohne die nicht beherrscht und zielgerichtet gehandelt werden kann. Eiserne Disziplin ist daher gefordert, wo rationale Selbsterhaltung erstrebt wird. »Der Mensch«, so Horkheimer, »teilt im Prozeß seiner Emanzipation das Schicksal seiner übrigen Welt. Naturbeherrschung schließt Menschenbeherrschung ein. Jedes Subjekt hat nicht nur an der Unterjochung der äußeren Natur, der menschlichen wie der nichtmenschlichen, teilzunehmen, sondern muß, um das zu leisten, die Natur in sich selbst unterjochen. Herrschaft wird um der Herrschaft willen ›verinnerlicht‹.«[7]

Im ersten Kapitel der *Dialektik der Aufklärung* veranschaulichen Horkheimer und Adorno diesen »Zwangscharakter der Selbsterhaltung«[8] an einem literarischen Modell. Eindringlich interpretieren sie die abenteuerliche Homerische Geschichte, die davon berichtet, wie es dem Helden Odysseus und seinen Gefährten gelingt, die berüchtigten Sirenen zu umschiffen. Am Leitfaden dieser Erzählung läßt sich erläutern, daß der Zweck der Selbsterhaltung zu entsagungsvoller Selbstbeherrschung nötigt und wie sich Ungleichheit, Mechanismen der Herrschaft von Menschen über Menschen, von Anbeginn in der gesellschaftlichen Organisation der Selbsterhaltung einnistet.[9]

Endlich heimzukehren nach Ithaka, ist das Ziel, das der listige Odysseus und seine Mannen verfolgen. Sieht man das Epos daraufhin durch, so wird deutlich, daß zweierlei Gefahren dieses Vorhaben immer wieder zu vereiteln drohen: die, vernichtet zu werden, und die, zu vergessen. Nicht nur archaische Menschenfresser wie die Lästrygonen, der Zyklop Polyphem und Skylla, das Meerungeheuer, setzen den Irrfahrenden gewaltig zu. Scheitern könnte ihre Reise auch an sanft verführerischen Gestalten mythischer Zeitlosigkeit, denen sie begegnen, wie etwa den Lotophagen. Wer vom Lotos kostet, von dem sie sich nähren, der verfällt der erfüllten Zeit der Unmittelbarkeit. Er will nur noch bleiben und Lotos pflücken, die ferne Heimat reizt ihn nicht mehr.[10] Nicht ganz so eindeutig ist dagegen, was geschehen würde, wenn auf dem Schiff des Odysseus nicht sorgfältig die Vorkehrungen getroffen würden, die Kirke anempfohlen hat, damit der Held den Verlockungen der Sirenen entrinnen kann. Die beiden Sirenen, so heißt es, bezauberten alle Sterblichen, die in ihre Nähe verschlagen werden, so daß sie niemals nach Hause zurückkehren. Ob der Gesang den Hörenden bindet und ihn alle Absichten vergessen läßt oder ob er heimtückisch nur den Tod verhüllt, den die Sängerinnen dem Betörten bringen werden, das bleibt ungewiß, obwohl Kirke erwähnt, die Sirenen seien von menschlichen Leichen umgeben.[11] Das Lied selber verspricht – trügerisch wohl – die Rückkehr. Ebenso aber plaudert es aus, was das Unternehmen der Heimkehrwilligen unterlaufen könnte. Die Sirenen nämlich wissen nicht nur von den Heldentaten von Troja, sondern vielmehr »alles, was irgend geschieht auf der lebenschenkenden Erde«[12]. Es scheint nichts zu geben, was sie nicht wissen. Gegenwart, Vergangenheit und Zukunft liegen ihnen offenbar gleichermaßen, wie eine übersichtliche Landschaft, vor Augen. In ihrem Gesang ertönt nicht die »Lockung des Unwiederbringlichen«[13], wie Horkheimer und Adorno mutmaßen. Keine rückwärtsgewandte Sehnsucht, nicht eigentlich die schwelgerische Erinnerung vollbrachter Heldentaten, droht das Bild des Reiseziels zu verdrängen und die erhoffte Zukunft zunichte zu machen. Im Gesang der Sirenen erklingt vielmehr die Verheißung zeitlosen Wissens vom Schicksal, das alle gespannte Erwartung aufzulösen vermöchte. In mythischer Gleichzeitigkeit, solch wunderbar erfüllter ewiger Gegenwärtigkeit, zergeht die gestufte Zeitordnung zweckgerichteten Handelns. Wenn alles, was je geschieht, gegenwärtig und wahrnehmbar ist, dann wird es absurd, sich abzurackern, um zu beeinflussen, was nur dem Unwissenden als jene Zukunft bevorsteht, über die das letzte Wort noch nicht gesprochen sein soll.

Wenn man Horkheimers/Adornos interpretatorischer Grundidee folgt und die »Irrfahrt von Troja nach Ithaka« als den »Weg des leibhaft gegenüber der Naturgewalt unendlich schwachen und im Selbstbewußtsein erst sich bildenden Selbst durch die Mythen«[14] ansieht, dann wird deutlich, daß historische Zeit, »die innere Organisationsform von Individualität«[15] dem Zauber mythischer Zeitlosigkeit, nämlich »dem Raum, dem unwiderruflichen Schema aller mythischen Zeit«[16] mühsam abgerungen werden muß. Die mythischen Gestalten, denen Odysseus und seine Gefährten begegnen, halten bestimmte Räume besetzt. Ihnen gebührt der Tribut der Vorbeifahrenden. Doch handelt es sich nicht durchweg um einfache »Lokalgottheiten«[17], deren Reich auf einen Küstenstrich, eine Insel, einen Felsen beschränkt ist. Die Sirenen beispielsweise beherrschen nicht lediglich ein paar Klippen, sondern auch ganz andersartige Räumlichkeiten, einen Innenraum der Sinnlichkeit: das Gehör. Sie, die sich rühmen, den ganzen Raum der Zeit zu überblicken, umschmeicheln dasjenige unserer Sinnesorgane, das allem Klang schutzlos offensteht. Hörig nennen wir den, der einem anderen selbstlos verfallen ist. Als Selbst aber vermag sich nur zu behaupten, wer den fesselnden Räumen zu entrinnen weiß, Distanz auch zu den Sinnesräumen gewinnt, jenen faszinierenden Orten unwillkürlicher Begegnungen. Indem die Irrfahrenden der *Odyssee* die seltsamen mythischen Räume nach und nach erfahren und hinter sich lassen, werden diese zu aufeinanderfolgenden Stationen einer schließlich erfolgreich beendeten Reise, eingebunden in die Hierarchie erlebter, geschichtlicher Zeit.

Der Preis allerdings, den das rationale Selbst dafür zu zahlen hat, daß es sich behauptet und sein Ziel erreicht, ist hoch. Nur wenn es seine eigene Natur unter Kontrolle bringt, kann es auch gegen äußere Gewalten bestehen. Sobald wir unser Handeln auf einen bestimmten Zweck ausrichten, müssen wir spontane Regungen zurückstellen, auf den Genuß der Gegenwart verzichten und jeden Moment angespannt darauf achtgeben, das gesteckte Ziel nicht aus den Augen zu verlieren. Im Zweckverband gesellschaftlicher Selbsterhaltung sind Arbeit und Askese jedoch nicht einmal gleich gerecht auf alle verteilt. Auch die Mechanismen sozialer Herrschaft versuchen Horkheimer und Adorno am Modell der *Odyssee* sichtbar zu machen. Die Aufgabenzuweisung auf dem Schiff des Odysseus wird den Autoren der *Dialektik der Aufklärung* zum Sinnbild der Arbeitsteilung in der Klassengesellschaft, zum Modell einer stillgestellten Dialektik von Herr und Knecht.

Den Ruderern, die vom Dichter der *Odyssee* nicht als die Knechte, sondern als die Gefährten des Odysseus angesprochen werden, ist von vornherein die Möglichkeit genommen, dem Gesang der Sirenen zu lauschen und die Versuchung überhaupt wahrzunehmen, der Odysseus, wenn nicht ihr Herr, so doch der Primus inter pares, widerstehen will. Sicherheitshalber – und das scheint ihnen ganz selbstverständlich zu sein – werden ihre Ohren mit Wachs verklebt, so daß sie das Lied nicht hören, sich nicht einmal untereinander mit Worten verständigen können. Ganz und gar gehören sie der stummen Tätigkeit, das Schiff voranzubringen. Der zappelnde Odysseus muß ihnen wie ein Narr vorkommen, der sich im Wahn windet und vor sich selbst geschützt werden muß. Weil dieser sich sicherheitshalber[18] an den Mast des Schiffes hat fesseln lassen, kann er dem lockenden Lied der Sirenen zwar Gehör schenken, folgen jedoch kann er ihm nicht. Selbstbeherrschung ist ihm nicht von außen auferlegt; er hat sich selbst zu ihr gezwungen, indem er sich vorsorglich zum Gefangenen des Schiffes und der verstopften Ohren seiner Ruderer gemacht hat. Während diese, nur aufs Entkommen bedacht, bruchlos in ihrer Arbeit aufgehen, erleidet Odysseus den Konflikt, den das atemlose Streben nach Selbsterhaltung verleugnet: im Augenblick der Vorbeifahrt vernimmt er das Glücksversprechen, das von der Gefahr nicht ablösbar ist, sich selbst zu vergessen.[19] Freilich hat er sich hinreichend dagegen gewappnet, der erweckten Sehnsucht nachzugeben.

Die Arbeit der Selbsterhaltung ist auf Naturbeherrschung angewiesen und ohne Selbstkontrolle nicht zu bewerkstelligen. Das zu verdeutlichen gelingt, so meine ich, der Interpretation, der Horkheimer und Adorno einige ausgewählte Elemente der Homerischen *Odyssee* unterziehen. Interessant ist, durch welche hervorstechenden Züge sich dieses Modell von Hegels Herr-Knecht-Dialektik absetzt.[20] Auch Hegel kennzeichnet Arbeit als »gehemmte Begierde«; sie setzt den Verzicht auf unmittelbare Bedürfnisbefriedigung voraus. Herr und Knecht sind als Gestalten des Bewußtseins auf je eine spezifische Gefahr bezogen, die sie zu bewältigen trachten: Während der Knecht sich unterwerfen läßt und zu arbeiten beginnt, weil er nichts mehr fürchtet als den Tod, wird der Herr zum Herrn, weil er nicht den Tod, sondern vor allem anderen den Verlust der Selbständigkeit scheut. Die Bereitschaft zur Arbeit entspringt der Todesangst, der Lebens-Raum der Arbeit ist die Zeit des aufgeschobenen Todes. Im Gegensatz zur skeptischen Sichtweise Horkheimers und Adornos entdeckt Hegel, der Versöhnung philosophisch als absolutes Wissen konstruiert, in diesem kategorialen Modell gesellschaftlicher Auseinandersetzung eine innere Dynamik, die nicht nur die beiden Gegenspieler zu wechselseitiger Anerkennung nötigt, sondern auch auf vernünftige Weiterentwicklung des gesellschaftlichen Bewußtseins drängt. Mag der Herr im Genuß zunächst immerhin verdummen und in schleichende Abhängigkeit vom Knecht geraten; letzterem spricht Hegel jedenfalls die –

revolutionäre – Fähigkeit zu, sich am Gegenstand zu bilden und sich durch dessen Bearbeitung aus der Todesfurcht heraus und zu höherer Selbständigkeit emporzukämpfen. Aus der Perspektive der *Dialektik der Aufklärung* hingegen ist derartiger Fortschritt nicht mehr zu erwarten: »Der Knecht bleibt unterjocht an Leib und Seele, der Herr regrediert.«[21] Die Arbeit des Knechts birgt keine Chance zur Befreiung, weil sie sich »bei gewaltsam verschlossenen Sinnen«[22] und notgedrungen sprachlos vollzieht. Der Herr andererseits läßt sich zwar wenigstens im Kunstgenuß zu Gesten der Begeisterung hinreißen; listig aber hat er noch sich selbst übertölpelt und sich jeder Möglichkeit beraubt, den Kurs des Schiffes zu ändern oder sich von ihm abzusetzen, weil er sich von jeder Praxis abgesperrt hat.

Unrettbar sind Herr und Knecht im Betrieb der Selbsterhaltung zusammengespannt. Die Beherrschung der Natur drinnen und draußen ist ihrer Zweckgemeinschaft längst »zum absoluten Lebenszweck«[23] geworden. In der Sicht der *Dialektik der Aufklärung* gibt es keine realistische Hoffnung auf wirklich befreiende Veränderung dieser Zwangssituation. Horkheimer/Adorno betonen nämlich nicht nur, daß der Versuch des Menschen, sich der Übermacht der Naturgewalten zu entringen, unvermeidlich als entsagungsreiche Arbeit der Selbsterhaltung vonstatten geht. Für die beiden Vordenker der Kritischen Theorie gibt es nichts, was dieses Streben nach Vorherrschaft, das sich in der sinnentleerten Welt totaler Arbeit niederschlägt, in vernünftige Schranken weisen könnte. Adorno und Horkheimer begnügen sich nicht mit der Entdeckung, daß Selbsterhaltung eine von Grund auf zwiespältige Sache ist; sie unterstellen überdies, daß solche Ambivalenz dem Wesen von Geschichte überhaupt innewohne. Geschichte wird als unterschiedslose »Geschichte der Entsagung«[24] gebrandmarkt. Von Anbeginn scheint der Mensch als Subjekt seiner Selbsterhaltung verurteilt, aus einer ›wahreren‹ Welt verstoßen zu sein. Aus der teuflischen Alternative, entweder der »blinden« Natur in schlechter Unmittelbarkeit verhaftet zu bleiben oder sich ihr im Gegenteil gerade im Akte der Naturbeherrschung anzupassen, scheint es kein Entrinnen zu geben.[25] Vor allem für Adorno ist es offensichtlich keine bestimmte gesellschaftliche Lebensform, in die wir eingekerkert sind und aus der wir gegebenenfalls auch ausbrechen könnten. Die menschliche Lebensform der Geschichte schlechthin erscheint als Gefängnis.

Erklärtermaßen will die *Dialektik der Aufklärung* dem Totalitären wehren. Doch lebt sie selber von einem ungeheuer totalitären Gestus. Unbekümmert um Details, historische Umschichtungen und augenfällige Brüche, schließt sie das Verenden der Aufklärung im menschenverachtenden Faschismus mit dem Anfang von Geschichte kurz. Mythos und Aufklärung, Antike und Moderne, jedes und alles und noch sein Gegenteil fallen zum schlechten Einerlei zusammen: dem Verblendungszusammenhang, dem Verhängnis der conditio humana. Aus dem Blickwinkel solcher durch und durch geschichtslosen Geschichtstheorie kann uns ein Hauch von Befreiung nur noch aus einer Welt jenseits der geschichtlichen Widersprüche und Auseinandersetzungen anwehen – wenn wir zum Bewußtsein unserer unausweichlichen Gefangenschaft kommen.

Ich werde auf diese Grundfigur der *Dialektik der Aufklärung* im nächsten Kapitel nochmals ausführlicher zu sprechen kommen. Unübersehbar ist aber wohl schon jetzt, daß die Geschichtsauffassung, die hinter diesem Werk steht, Welten entfernt ist vom Konzept des frühen Horkheimer, das ich unter dem Stichwort »geschichtliche Wahrheit« zusammengefaßt habe. Auch wenn man – mit Horkheimer – die inneren Widersprüche kritisch durchdenkt, die die Selbstermächtigung der subjektiven Vernunft aufwirft, gelangt man nicht unweigerlich zu einer solch pauschalen und hermetischen Zivilisationskritik. Weil Geschichte in der *Dialektik der Aufklärung* dennoch durch und durch als Geschichte der Heillosigkeit erscheint, ist zu vermuten, daß hier eine andere Denktradition wirksam geworden ist, als diejenige, der sich die frühe Kritische Theorie Horkheimers verdankt. Der Grundansatz dieses Buches geht offenbar auf die Einflußnahme Adornos zurück. Jedenfalls spielt er in Horkheimers *Kritik der instrumentellen Vernunft,* die ja mit dem Gegensatz von objektiver und subjektiver Vernunft hantiert, kaum eine Rolle. Adornos *Negative Dialektik* dagegen versinkt in denselben Aporien, die den Text der *Dialektik der Aufklärung* prägen.

Aus der Perspektive einer Kritik der neuzeitlichen Instrumentalisierung der Vernunft wird wahrnehmbar, wie scharf sich der kapitalistische Betrieb der Selbsterhaltung von der Welt des Homerischen Epos unterscheidet. Über diese Differenzen geht die *Dialektik der Aufklärung* mit ihren gewaltigen interpretatorischen Rundschlägen achtlos hinweg. Adorno, der Verfasser des ersten Exkurses, behauptet, die *Odyssee* gebe die »Urgeschichte« der Subjektivität.[26] Der Homerische Held, so heißt es, erweise sich als »Urbild eben des bürgerlichen Individuums«[27]. Was immer unter »Urbild« zu verstehen sein mag, jedenfalls ist der griechische Heros kein Muster derjenigen Individualität, die von der europäischen Aufklärung beschworen wird.[28] Die Momente des Verzichts, die Odysseus auf der Irrfahrt erlebt, werden von ihm noch nicht zu einer umgrenzten individuellen Innenwelt kultiviert. Da ist kaum etwas zu spüren von der bis zum Zerreißen gespannten Ambivalenz bürgerlicher Individualität. Diese behauptet sich ja nicht nur in der rationalen Durchdringung und Bewältigung der Natur; sie pflegt ihren so gewonnenen Abstand zur Außenwelt als Innerlichkeit, die sowohl ein Reich des Rückzugs als auch eine Quelle des Widerstands eröffnet. Von Odysseus erzählt das Homerische Epos eine höchst bedeutsame Geschichte; die kleine einzigartige Geschichte aber, auf der ein Individuum im eigentlichen Sinne zu bestehen wagt, kann blitzschnell in eine Fall-Geschichte umkippen, das allzu alltägliche Abenteuer einer Abweichung von der Norm.[29] Das Individuum als eigenwilliger Herr seiner selbst ist nur die eine Seite der Medaille, deren Rückseite das gescheiterte Individuum zeigt: den von der Gesellschaft aussortierten (aus- und eingesperrten) undisziplinierten Sonderling.

Wenn denn wirklich die Irrfahrt des Odysseus den »Weg des leibhaft gegenüber der Natur unendlich schwachen und im Selbstbewußtsein erst sich bildenden Selbst durch die Mythen«[30] beschreiben sollte, dann ist wenigstens anzumerken, daß sich dieses Selbst tiefgreifend von demjenigen unterscheidet, das zu Beginn der Neuzeit zum absoluten Subjekt gekrönt wird und sich fortan im rastlosen Streben nach Selbsterhaltung als souveräne Macht zu behaupten sucht. Daß einige Elemente des früh-antiken Epos geeignet sind, den Zusammenhang von Selbsterhaltung und Selbstbeherrschung zu veranschaulichen, räume ich bereitwillig ein. Doch kann man wohl nicht im Ernst davon sprechen, schon hier würden die Naturgewalten im Sinne der späteren mitteleuropäischen Aufklärung mittels instrumenteller Vernunft entzaubert. Obwohl Odysseus als listig bekannt ist, verdankt er sein Überleben und schließlich seine glückliche Heimkehr weder »der eigenen vernünftigen Entscheidung«[31] noch seinem »Wissen«[32], wie in der *Dialektik der Aufklärung* unterstellt, sondern vor allem seinem Vertrauen in den Ratschluß der Götter und Halbgötter und deren Wohlwollen. Nur den Zyklopen Polyphem überwindet Odysseus kraft eigener Schläue. Doch gerade dieser Triumph bringt den Mannen aus Ithaka den Fluch der zehnjährigen Irrfahrt ein. Wäre Odysseus kein griechischer Held, sondern ein selbständig forschendes Individuum im Sinne der Neuzeit, er würde sich wohl kaum auf das

Kräutlein des Hermes und die Tips der Zauberin Kirke verlassen. Die Sirenen, Skylla und Charybdis und was der schrecklichen oder betörenden Gestalten mehr sein Vorhaben behindern könnten, er würde ihre Kräfte analysieren, vieles an ihnen als Hirngespinste des Aberglaubens entlarven und mit den Naturgesetzen rechnen, die in diesen Sagengestalten verzerrt Ausdruck gefunden haben mögen.[33]

Einen entscheidenden Punkt sollte man vor allem nicht allzu großzügig übersehen: Die Fahrt des Odysseus ist eine Rückkehr, wenn auch mit Hindernissen. Das Epos berichtet nicht von einem wissensdurstigen Abenteurer, dem die Fahrt alles und jeder Ruhehafen nur der nächste Ort für einen weiteren Aufbruch ist; der ziellos immer neue Gegenden, immer neue Widerstände aufsucht, um sich an ihnen zu beweisen. Odysseus kommt an. Die Irrfahrt findet das Ende, das ihr schicksalhaft bestimmt ist; sie führt den Helden auf verschlungenen Wegen dorthin, wo er hingehört.

4b   Der neuzeitlich-kapitalistische Betrieb der Selbsterhaltung

Es hat den Anschein, als spielte sich das Geschehen, das die *Odyssee* vergegenwärtigt, noch in einer Welt ab, in der jedes Ding einen ihm gemäßen Platz hat. Die Schriften der antiken Philosophen erwecken den Eindruck, daß die Arbeit der Selbsterhaltung für das antike Lebensgefühl noch eingebettet war in eine übergreifende, umfassende Ordnung.[1] Dort wurde wohl noch im Sinne objektiver Vernunft wenn nicht gehandelt, so doch zumindest gedacht. Laut Horkheimer war es das »höchste Bestreben dieser Art von Denken«, »die objektive Ordnung des ›Vernünftigen‹, wie die Philosophie sie begriff, mit dem menschlichen Dasein einschließlich des Selbstinteresses und der Selbsterhaltung zu versöhnen«[2]. Das zeigt sich daran, wie das Streben nach Selbsterhaltung in die Ordnung der Dinge eingebunden wurde. Deutlich wird diese, den Grundparadigmen der Neuzeit zuwiderlaufende Denkweise an einigen Theoremen, die Aristoteles geradezu selbstverständlich waren. Ihm zufolge geht jegliches Streben auf ein Gut, in dem es sich erfüllt. Es verliefe sich »ins Unbegrenzte« und wäre damit »leer und sinnlos«[3], wenn es nicht auf (substantielle) Ziele bezogen wäre. Entsprechend betont der politische Theoretiker Aristoteles, daß auch die Polis, die griechische Organisationsform staatlicher Gemeinschaft, zwar »um des bloßen Lebens willen entstanden«[4], also wohl aus der Not der Selbsterhaltung geboren sei, ihren Sinn aber in etwas anderem, einem Höheren finde. Bestehen nämlich soll sie »um des vollkommenen Lebens willen«[5].

Solange die Welt als überschaubare kosmische Ordnung gedacht wurde, hatte auch die Aufgabe der Selbsterhaltung in ihr einen begrenzten und begrenzbaren Ort. Im neuzeitlichen Denken dagegen wird sie zur letzten allgemeinen Bestimmung des Menschseins erhoben.[6] Denn objektive Zielbestimmungen sind, wie ich im vorausgehenden Kapitel dargelegt habe, der subjektiven Vernunft nicht mehr zugänglich. Die peinliche Leerstelle, die sie hinterlassen, wird durch die Hypostasierung des Selbsterhaltungsprinzips aufgefüllt. »Auf der einen Seite«, so Horkheimer, »wurde die Natur allen inneren Werts oder Sinnes entkleidet. Auf der anderen wurde der Mensch aller Ziele außer dem der Selbsterhaltung beraubt. Er versucht, alles in seiner Reichweite in ein Mittel zu diesem Zweck zu verwandeln.«[7] Was immer als ›gut‹ gelten mag, es hält dem kritischen Nachfragen subjektiver Vernunft nicht stand. Jegliches Ziel, in dem sich unser Handeln sinnreich vollenden könnte, wird als bloß relativ verworfen, weil es auf willkürliche Wertsetzungen der Subjekte zurückgeführt werden kann. Hobbes, derjenige Denker des 17. Jahrhunderts, der die moderne Anthropologie der Selbsterhaltung mit der größten Entschiedenheit und Kälte entwirft, mokiert sich denn auch über den Begriff des ›Guten‹, wie er Aristoteles geläufig war.[8]

Daß die antike Rangordnung im neuzeitlichen Denken umgekehrt wird, beweist auch folgende Überlegung Spinozas. Für ihn liegt auf der Hand, »daß wir nichts erstreben, wollen, begehren noch wünschen, weil wir es für gut halten, sondern vielmehr, daß wir deshalb etwas für gut halten, weil wir es erstreben, wollen, begehren und wünschen«.[9] Zersprungen sind die geschlossenen Kreise zielerfüllten Handelns. Das Ideal fortschreitender Aktivität ist aus ihnen herausgeschleudert, ›befreit‹ worden und rast in stetiger Beschleunigung ins Nichts. Weil eine – wie auch immer konkret bestimmte – Idee des richtigen Lebens den strengen Kriterien subjektiver Vernunft nicht genügen kann, wird das Überleben zur zentralen praktischen Kategorie. Nicht ein verfehltes Leben, sondern der Tod erscheint dem politischen Theoretiker Hobbes als das größte Übel; ganz im Bann dieser Bedrohung bleibt der Egoismus des Selbst, dem seine Erhaltung zum »ersten Gut« wird.[10] Dem losgelassenen Selbst aber kann es nicht einmal genug sein, wenn es ihm gelingt, sich in einigermaßen stabilen Grenzen zu reproduzieren. Immer aufs neue muß es sich seine Macht beweisen, indem es Herausforderungen annimmt und sich gegen immer andere Widerstände und Gegner erfolgreich durchsetzt. Selbsterhaltung drängt auf endlose Selbsterweiterung und Selbststeigerung, wenn sie zum Selbstzweck wird. Macht und immer mehr Macht heißt ihre letzte Wahrheit.[11] Im Streben innezuhalten, das wäre für den neuzeitlichen Geist nicht Glück, sondern das gefürchtete Ende: Selbstaufgabe. Welchen inneren Gesetzen die neuzeitliche Lebenslogik der Selbstbehauptung gehorcht, hat wiederum Hobbes mit einer Klarheit ausgesprochen, die nichts zu wünschen übrig läßt. Er verdient daher, nochmals zitiert zu werden: »Das höchste Gut oder, wie man es nennt, die Glückseligkeit und das letzte Ziel kann man in diesem Leben nicht finden. Denn gesetzt, das letzte Ziel ist erreicht, so wird nichts mehr ersehnt, nichts erstrebt. [!] Daraus folgt, daß es von diesem Zeitpunkte an für den Menschen kein Gut mehr gibt, ja daß der Mensch überhaupt nicht mehr empfindet. [!] Denn jede Empfindung ist mit einem Begehren oder Widerstreben verbunden, und nicht empfinden heißt: nicht leben. Das größte der Güter aber ist ein ungehindertes Fortschreiten zu immer weiteren Zielen.«[12] In solch endlosem Streben erobert die emanzipierte Subjektivität sich ihre Welt.

Vernunft, zum subjektiven Vermögen geworden, fungiert als Vehikel der Selbsterhaltung. Weil einzig deren Ziellosigkeit übrig bleibt, verkümmert Vernunft zur dienenden Rationalität der Mittel. Zwecke werden allenfalls als rational anerkannt, sofern sie sich in das Schema der Selbstbehauptung einfügen. Während alles Tun rigoros auf Zweckmäßigkeit geeicht ist, verflüchtigen sich die Zwecke. »Als Endresultat des Prozesses haben wir auf der einen Seite das Selbst, das abstrakte Ich, jeder Substanz entleert bis auf seinen Versuch, alles im Himmel und auf Erden in ein Mittel seiner Erhaltung zu verwandeln; und auf der anderen Seite haben wir eine leere, zu bloßem Material degradierte Natur, bloßen Stoff, der zu beherrschen ist, ohne jeden anderen Zweck als eben den seiner Beherrschung.«[13] Im rastlosen Streben, sich zu erhalten, begibt das atemlose Selbst sich jeder Chance, zu sich selbst zu kommen, indem es einem anderen begegnet, sich auf anderes einläßt. Schon immer verlangte die Arbeit der Daseinsfristung, daß das Glück des Augenblicks dem Interesse an einer besseren, vor allem sicheren Zukunft geopfert wird.[14] Dieser Konflikt, in dem sich das Individuum konstituiert und von dem es gleichwohl zerrissen werden kann, verschärft sich ins Unermeßliche, wenn sich das Streben nach Selbsterhaltung – wie in der Neuzeit – zum Betrieb verselbständigt, dem keine prinzipielle und allgemein einleuchtende Grenze mehr gezogen ist. Stückweise droht das emanzipationsbesessene Selbst vom zwecklosen Zweckzusammenhang seiner Erhaltung verschlungen zu werden. Denn: »Der totalitäre Versuch, die Natur zu unterwerfen, reduziert das Ich, das menschliche Subjekt, auf ein bloßes Instrument der Unterdrückung. Alle anderen Funktionen des Selbst sind diskreditiert.«[15] Um sich gegen die Außenwelt durchsetzen zu können, muß das Subjekt auch seine Innenwelt der rationalen Kontrolle unterwerfen. Es muß sich Gewalt antun und eine nüchtern berechnende Instanz in sich aufrichten, der gefährliche Wünsche und selbstvergessene Sehnsüchte zum Opfer fallen. Das Ich, als »das Prinzip des Selbst, das bestrebt ist, im Kampf gegen die Natur im allgemeinen zu siegen, gegen andere Menschen im besonderen und über seine eigenen Triebe«[16], wird zur geheimen Zensurstelle wie zum offenen Kommandostand.

Das rationale Herrschafts-Ich, auf das Horkheimer anspielt, wird wohl nicht plötzlich vom Himmel gefallen sein. Es ist anzunehmen, daß es sich in komplizierten individual- und sozialgeschichtlichen Prozessen allmählich herausgebildet hat. Horkheimer versucht, diesen Vorgang als Verinnerlichung zu charakterisieren, und nimmt damit brisante Einsichten der Freudschen Psychoanalyse auf. Der Begriff ›Verinnerlichung‹ zeigt zunächst einmal an, daß dort, wo äußere Gewaltanwendung unser Verhalten nicht zu bestimmen scheint, sie gleichwohl – als von innen kommendes Gebot maskiert – wirksam sein kann. Was ihm vordem durch äußere Übermacht auferlegt worden sein mag, tut das souveräne Individuum aus kluger Voraussicht und im beschönigenden Schein vollkommener Freiwilligkeit schließlich sich selber an: »Das Herrschaftsprinzip, das ursprünglich auf brutaler Gewalt beruhte, nahm im Laufe der Zeit einen geistigen Charakter an. Die innere Stimme trat im Erteilen von Befehlen an die Stelle des Herrn.«[17]

Allerdings scheint es mir höchst problematisch, Aussagen über ›Ursprünge‹ zu wagen und in den verwischten Spuren zu lesen, die sie möglicherweise hinterlassen haben. Es ist nur zu wahrscheinlich, daß man dabei gegenwärtige Fragestellungen in eine unbestimmte Vergangenheit hineinphantasiert. Wenn versichert wird, absolute Anfänge könnten entdeckt und namhaft gemacht werden, dann wird regelmäßig unterstellt, es gebe so etwas wie eine unverfälschte Natur, die von der Geschichte nur mehr oder weniger überformt und entstellt worden sei. Ist es aber nicht vielmehr so, daß wir das, was als Natur in uns zu rumoren scheint, das, was wir als schreckliche Natur zu zähmen versuchen oder im Gegenteil als wahre Wildnis feiern, immer nur in der Geschichte auffinden können, als selber Geschichtliches und nur aus

begrenzten geschichtlichen Perspektiven? Ahnungsvolle und bedeu-
tungsschwere Hinweise auf imaginäre Ursprünge bleiben meines Erachtens immer Kunstgriffe. Immerhin können sie gelegentlich eine
aktuelle Problemlage neu und vielleicht sogar schärfer beleuchten. Genau das, so scheint mir, wird erreicht, wenn Verhaltensmuster auf
Prozesse der Verinnerlichung zurückgeführt werden.

Das Phänomen, das Horkheimer meint, läßt sich an einer unauffälli-
gen, ganz alltäglichen Gepflogenheit erläutern. Wenn wir etwas zu tun
beabsichtigen, dann können wir uns überlegen, auf welche Schwierigkeiten wir dabei vermutlich stoßen werden, welche unliebsamen Folgen wir beispielsweise handelnd heraufbeschwören könnten. Um
eventuellen Widerständen auszuweichen, die unüberwindlich scheinen, um schmerzliches Scheitern zu vermeiden, das uns früher bei
ähnlichen Versuchen vielleicht nicht erspart geblieben ist, geben wir
nun unter Umständen – wenn wir hinreichend vernünftig sind – unser
Vorhaben auf. Wir nehmen dann den erwarteten äußeren Zwang mit
unserer eigenen Entscheidung vorweg. In vielen Fällen, zumal wenn
wir uns an moralische Ge- oder Verbote gebunden fühlen, können wir
jedoch nicht einmal angeben, was wir befürchten. Irgend etwas in uns
sagt uns: Nein, das geht nicht, laß das! – und dieses Nein ist von
unbestimmten Angstgefühlen umzäunt. Psychogenetische Erklärungsansätze weisen darauf hin, daß solche kaum überschreitbaren
inneren Schranken ebenfalls auf eine vormals von anderen ausgespro-
chene Verhaltensmaßregel zurückgehen. Sie versuchen schrittweise
(mit Hilfe der in der Analyse zutage geförderten Erinnerungen) zu
rekonstruieren, wie Machtsprüche von außen in die heranwachsende
Person hineinwandern, sie innerlich formen und zu einer stabilen Instanz gerinnen: zum machtvollen Über-Ich (Ich-Ideal). Ja, die psycho-
analytische Entwicklungstheorie macht sogar plausibel, daß die
rational abwägende Instanz, die zur kritischen Reflexion befähigt: das
auf Gründe bedachte und um Konsequenzen besorgte Ich, sich allererst in der unvermeidlichen Auseinandersetzung mit den Forderungen
der Außenwelt und den Versagungen bildet, durch die sie unsere
Wünsche formt. Ohne daß ich mich hier auf eine ausführliche Darle-
gung und Würdigung der psychoanalytischen Theorie der psychischen
Instanzen, des »psychischen Apparats«, einlasse[18], ist hoffentlich deutlich geworden, worauf es mir ankommt: Das vernünftige Verhalten,
nicht nur dasjenige, das wir gewohnheitsmäßig als »normal« sanktio-
nieren, entspringt sublimen Gewaltverhältnissen.

Welche Rolle das rationale Zwangsgeschehen der Verinnerlichung im abendländischen Prozeß der Zivilisation spielt, hat der Soziologe Norbert Elias in einer trefflichen Studie gründlich untersucht.[19] Er beschreibt, wie der »Zwang zum Selbstzwang«[20] die brutale Unterwerfung des einen durch den anderen mittels direkter physischer Gewalt nach und nach ersetzt hat. Im Spätmittelalter bilden sich Zentralgewalten, die den Einzelnen weitgehend vor plötzlichen Überfällen schützen, ihm zuvor nicht gekannte Sicherheit garantieren, aber auch von ihm verlangen, daß er seine eigenen Affekte und Launen im Zaum hält. Der »Kriegsschauplatz« wird »nach innen verlegt«.[21] »Ein Teil der Spannungen und Leidenschaften, die ehemals unmittelbar im Kampf zwischen Mensch und Mensch zum Austrag kamen, muß der Mensch nun in sich bewältigen.«[22] Selten muß wirklich handgreiflicher Zwang angewendet werden; seine permanente Androhung genügt, er wirkt allein schon deshalb, weil er als unentrinnbar vorausgesehen werden kann. Elias zeigt, wie die Bildung staatlicher Gewaltmonopole mit der ökonomischen Ausdifferenzierung von Gemeinschaften Hand in Hand geht. Je weiter die Arbeitsteilung fortschreitet, desto dichter und empfindlicher wird das Geflecht wechselseitiger Abhängigkeiten innerhalb einer Gesellschaft (und nach und nach auch zwischen diesen). Es kann nur aufrechterhalten werden, wenn jeder Einzelne diesen Abhängigkeiten Rechnung trägt, sich diszipliniert und beständig, kurz: in vorhersehbarer Weise verhält. Stabilität und Sicherheit fordern ihren Tribut – die reibungslose Anpassung an gesellschaftliche Regeln und Normen.

Doch geht diese Rechnung, die das aufgeklärte Individuum im Hinblick auf seine Selbsterhaltung anstellt, wirklich auf? Horkheimer jedenfalls bezweifelt das. Den ambivalenten Charakter solch bürgerlicher Emanzipation hat der Begründer der Kritischen Theorie bereits in einer interessanten Studie aus dem Jahr 1936 durchleuchtet. Dort heißt es: »Der geschichtliche Prozeß, in dem das Individuum zum abstrakten Bewußtsein seiner selbst gelangte, hat mit der Sklaverei zwar eine Form, aber nicht den Tatbestand der Klassengesellschaft aufgehoben und somit den Menschen nicht bloß emanzipiert, sondern zugleich innerlich versklavt. In der Neuzeit wird das Herrschaftsverhältnis ökonomisch durch die scheinbare Unabhängigkeit der wirtschaftenden Subjekte, philosophisch durch den idealistischen Begriff einer absoluten Freiheit des Menschen verdeckt und durch Bändigen und Ertöten der Lustansprüche verinnerlicht.«[23] Daß die faktische »Macht der Selbstbestimmung« in der bürgerlichen Gesellschaft der Neuzeit »ungleich verteilt«[24] ist, daran nimmt Horkheimer in diesem

Aufsatz aus den dreißiger Jahren noch vor allem anderen Anstoß. Auch in *Vernunft und Selbsterhaltung* betont er, daß zumal für die unteren, die arbeitenden Klassen, »den Angehörigen der Masse« der »intellektuelle Weg vom eigenen Nutzen zum Interesse an der Erhaltung der Gesellschaft in ihrer gegebenen Form [. . .] stets unabsehbar weit«[25] war. Möglich, daß die Besitzenden mit dem Kalkül der Selbsterhaltung tatsächlich immer das bessere Geschäft machten. Doch sieht auch Horkheimer, was Elias betont, daß zunächst »kleinere Spitzenschichten«[26] sich die Gewalt der Selbstdisziplinierung[27] antun, bevor diese auch den anderen Schichten der Bevölkerung abverlangt wird. Aus der Perspektive einer Kritik der instrumentellen Vernunft treten die – immer noch vorhandenen und nicht zu rechtfertigenden – Klassenunterschiede zurück. Die entscheidende Widersprüchlichkeit wird nicht im Gegensatz von Kapital und Arbeit gesucht, sondern im rücksichtslosen Willen zur Emanzipation ausgemacht, und sie wird vor allem nicht länger damit entschuldigt, Freiheit als Naturbeherrschung sei bisher eben leider nur unzureichend verwirklicht. So wie die Arbeit der Selbsterhaltung in der Moderne nach und nach organisiert wird, läßt sich gesellschaftliche Herrschaft immer weniger als die Gewalt charakterisieren, mit der wenige Einzelne alle anderen niederhalten. Mehr und mehr nimmt sie die undurchsichtigen Züge demokratischer Anonymität an, funktioniert sie als System, in dem jeder Einzelne tendenziell gegen den anderen austauschbar ist. Die Individuen, die nichts als ihren Vorteil im Auge haben, werden zu freiwilligen Sklaven des Betriebs und der übermächtigen Kollektivität, die ihn in Bewegung hält: »Die Arbeitsteilung, zu der sich die Herrschaft gesellschaftlich entfaltet, dient dem beherrschten Ganzen der Selbsterhaltung. Damit aber wird notwendig das Ganze als Ganzes, die Betätigung der ihm immanenten Vernunft, zur Vollstreckung des Partikularen. Die Herrschaft tritt dem Einzelnen als das Allgemeine gegenüber, als die Vernunft in der Wirklichkeit. Die Macht aller Mitglieder der Gesellschaft, denen als solchen kein anderer Ausweg offen ist, summiert sich durch die ihnen auferlegte Arbeitsteilung immer von neuem zur Realisierung eben des Ganzen, dessen Rationalität dadurch wiederum vervielfacht wird.«[28]

Horkheimers Kritik der neuzeitlichen Rationalität begnügt sich nicht damit, zu demonstrieren, wie die instrumentelle Vernunft der Selbsterhaltung gedacht wird; sie deutet überdies an, daß die »vollständige Transformation der Welt in eine Welt, die mehr eine von Mitteln ist als von Zwecken, [. . .] selbst die Folge der historischen Entwicklung der

Produktionsmethoden«[29] sei. Auch wenn es in empfindlichen Ohren so klingen mag, diese These unterstellt nicht, daß sich geschichtliche Prozesse einer kruden Basis-Überbau-Theorie folgend angemessen erklären lassen. Horkheimers Schriften hüten sich, eindeutige kausale Abhängigkeiten zu behaupten; sie sammeln vielmehr Hinweise auf bemerkenswerte geschichtliche Zusammenhänge, versuchen die historisch-ökonomische Konstellation wenigstens grob zu kennzeichnen, in der die neuzeitliche Rationalität sich entfalten konnte. Obwohl Horkheimer nur einige wenige – ihm besonders wichtig erscheinende – Mosaiksteinchen zusammengetragen hat, habe ich nicht vor, seine Arbeit in dieser Hinsicht detailbesessen zu ergänzen. Ich möchte lediglich auf einige Schlüsselstellen hinzuweisen, deren Vernetzung einer genaueren Untersuchung gewiß wert wäre.

Nicht im »Motiv der Selbsterhaltung an sich«[30], der Unumgänglichkeit von Arbeit, dem Gebrauch von Werkzeugen oder den Erfindungen der Technik sieht Horkheimer den kritischen Kulminationspunkt instrumenteller Vernunft. Nicht die »Produktion per se« ist das Problem, sondern »die Formen, in denen sie stattfindet – die Wechselbeziehungen der Menschen im spezifischen Rahmen des Industrialismus«.[31] Was ist damit gesagt? Was macht den Kern des neuzeitlichen Industrialismus aus? Was visiert Horkheimer an, wenn er die »Vergottung der industriellen Tätigkeit«[32] geißelt? Seine Kritik der instrumentellen Vernunft wendet sich gegen eine bestimmte – nämlich die kapitalistische – Wirtschaftsform, in deren Rahmen es vor allem anderen um die ständige Steigerung der Produktivität geht, das Leben der Produzierenden aber eher beiläufig reproduziert wird. Die bürgerliche Gesellschaft ist nicht allein die Welt konkurrierender Individuen und ungerechter Klassenaufspaltung, sondern insbesondere ein Verdinglichungszusammenhang totalisierter Arbeit. Arbeit, das ist, mit einem Wort gesagt, das Gesetz dieser Wirklichkeit. Doch ist damit nicht die Arbeit gemeint, mittels derer die Menschen ihren notwendigen Stoffwechsel mit der Natur regeln, die Arbeit, die konkrete Gebrauchswerte schafft und dem Genuß ihres Produktes unvermeidlich vorausgehen muß. Nur insofern sie wertbildend ist, wird der Arbeit im kapitalistischen Betrieb wirklich Bedeutung zugemessen. Die lebendige Arbeit wird von einer rasenden Verwertungsmaschinerie verschlungen, die ihren eigenen Fortbestand, wie übrigens auch das Leben derjenigen, die sie in Gang halten, nur durch ständige rücksichtslose Expansion zu sichern vermag.[33]

»Was die mittelalterliche Wirtschaft von der kapitalistischen Wirt-

schaft unterscheidet, ist, daß erstere im wesentlichen statisch ist und
die überschüssigen Reichtümer auf unproduktive Weise verzehrt,
während die zweite sie in einem dynamischen Wachstum des Produk-
tionsapparats akkumuliert.«[34] So charakterisiert Georges Bataille den
frühneuzeitlichen Umbruch. Bataille hat die Polarität von Selbsterhaltungsstreben und Verausgabung in das Zentrum seiner ökonomischen
Theorie gestellt, die die gesamte Menschheitsgeschichte begreifbar machen will. Er geht von einem anthropologischen Modell aus, das zeigt,
wie die Welt der Arbeit, des streng kalkulierenden Umgangs mit der
Zeit, erst dann einen Sinn bekommt, wenn sie auf die zeitlose Welt der
Verausgabung, der festlichen Überschreitung der Verbote, bezogen
wird.[35] Selbsterhaltung ist bloß die begrenzte Voraussetzung eines erfüllten, überschwenglichen Lebens. »Die Menschen sichern ihren
Lebensunterhalt oder vermeiden Schmerz, nicht weil diese Tätigkeiten
für sich ein zureichendes Resultat erbringen, sondern um zu der insub-
ordinierten Tätigkeit der freien Verausgabung zu gelangen.«[36] Wenn es
stimmt, daß erst die kapitalistische Mängelökonomie, die sich zu Beginn der Neuzeit entwickelt hat und in der Moderne triumphiert, diese
polare Ordnung durchbricht, ja umkehrt, wie kann es dazu gekommen
sein?
Übereinstimmend mit Bataille stellt Horkheimer die Rolle heraus, die
der Protestantismus in diesem Geschehen gespielt hat. Diese neue religiöse Selbstinterpretation des Menschen hat nicht nur seine Indivi-
dualisierung vorangetrieben, indem sie ihn um die rituellen Heilsga-
rantien der Mittlerin Kirche gebracht und ihn einsam vor seinen Gott
gestellt hat.[37] Der Protestantismus hat gegen den »Ablaß« gewettert,
den Einzelnen allein der Gnade des Allmächtigen empfohlen und zugleich mit ungewohnter Unerbittlichkeit auf sich selbst und seine
Leistung zurückverwiesen. Der Protestantismus, so bemerkt Horkheimer, ist »die industrielle Revolution an Leib und Seele«[38]. Den
entsprechenden Analysen Max Webers folgend vermerkt Horkheimer
den Gleichklang, die Wahlverwandtschaft von protestantischer Ethik
und Logik des Kapitalismus: »Anstelle der Werke um der Seligkeit
willen trat das Werk um des Werkes, der Profit um des Profits, die
Herrschaft um der Herrschaft willen; die ganze Welt wurde zum Material.«[39]
Max Weber hat den Zusammenhang von kapitalistischem Geist und
protestantischer Ethik in seinen religionssoziologischen Studien ausführlich untersucht. Ihm zufolge hat die Lutherische Berufs-Idee
wesentlich zur Aufwertung der Welt der Arbeit beigetragen. Mit ihr

wurde die Pflichterfüllung im Rahmen alltäglicher Arbeit zum höchsten Inhalt, »den die sittliche Selbstbestätigung überhaupt annehmen«[40] konnte. Die Heiligung der Arbeit war von der Aufforderung zu »innerweltlicher Askese«[41] begleitet, wie sie zumal von den puritanischen Strömungen im Protestantismus nachhaltig ausgesprochen wurde. Nicht der Erwerb und das Horten von Reichtümern wurden verfemt, sondern einzig deren Genuß.[42] Während ›Arbeit‹ als hervorragendes »asketische[s] Mittel«[43] angepriesen wird, gilt der genußreiche Verzehr ihrer Früchte als verwerflich. Er wird als »Ausruhen« und »Ablenkung von dem Streben nach ›heiligem‹ Leben«[44] verteufelt. Arbeit wird zum »Selbstzweck des Lebens überhaupt«[45] verklärt, denn »nur Handeln dient nach dem unzweideutig geoffenbarten Willen Gottes zur Mehrung seines Ruhms. Zeitvergeudung ist also die erste und prinzipiell schwerste aller Sünden«.[46] Mit solchen Lehren hat der Protestantismus die Herausbildung der kapitalistischen Produktionsweise zumindest begünstigt. Weber faßt seine Untersuchungsergebnisse entsprechend zusammen: »Die innerweltliche protestantische Askese [...] wirkte also mit voller Wucht gegen den unbefangenen Genuß des Besitzes, sie schnürte die Konsumtion, speziell die Luxuskonsumtion, ein. Dagegen entlastete sie im psychologischen Effekt den Gütererwerb von den Hemmungen der traditionalistischen Ethik, sie sprengte die Fesseln des Gewinnstrebens, indem sie es nicht nur legalisierte, sondern [...] direkt als gottgewollt ansah.«[47]

Karl Marx ist die Verbindung »des englischen Puritanismus oder auch des holländischen Puritanismus mit dem Geldmachen«[48] nicht verborgen geblieben. Wie Askese zur Akkumulation beiträgt, hat der große Kritiker der kapitalistischen Wirtschaftsform am Schatzbildner verdeutlicht. Dieser sammelt Geld, das allgemeine Äquivalent, für das er gegebenenfalls beliebige Reichtümer eintauschen könnte, um seine ökonomische Existenz auf unübersehbare Zukunft hin zu sichern. »Der Schatzbildner opfert daher dem Goldfetisch seine Fleischeslust. Er macht Ernst mit dem Evangelium der Entsagung. Andererseits kann er der Zirkulation nur in Geld entziehen, was er ihr in Ware gibt. Je mehr er produziert, desto mehr kann er verkaufen. Arbeitsamkeit, Sparsamkeit und Geiz bilden daher seine Kardinaltugenden, viel verkaufen, wenig kaufen, die Summe seiner politischen Ökonomie.«[49] Freilich ist es mit der Anhäufung von Geld-Schätzen nicht getan. Erst wenn solche primäre Wertschöpfung zum profitträchtigen Einsatz von Kapital führt sowie lebendige Arbeitskraft an sich bindet und in sich aufsaugt, kommt es zur kapitalistischen Selbstverwertung des

Werts. Erst wenn sie funktioniert, ist die Inthronisation des Mittels als Zweck wirklich gelungen. Denn im entwickelten Kapitalismus geht es nicht in erster Linie um die Produktion nützlicher Güter, sondern um die erweiterte Reproduktion des Kapitals, die eines immer geringeren Zuschusses lebendiger Arbeitskraft bedarf. Ironisch könnte man anmerken, das protestantische Arbeitsethos müsse nun auch von dem akkumulierten Tauschmittel beherzigt werden – wenn Geld nämlich nicht arbeitet, verliert es in diesem System an Wert. Die »ursprüngliche Akkumulation«[50], auf der die kapitalistische Produktionsweise aufbaut, lebt freilich nicht allein vom asketischen Fleiß geldgieriger Schatzbildner. Erst nachdem sich feudale Strukturen, wie die Leibeigenschaft und die Zünfte, aufgelöst haben, kann das angehäufte Kapital, vor allem große Mengen von Kaufmannskapital, Arbeit an sich binden und revolutionäre Formen der Arbeitsteilung durchsetzen.

Der Arbeitskraft, die der Kapitalist auf dem freien Markt wie eine Ware einkaufen kann, kommt eine bemerkenswerte Eigenschaft zu. Im *Kapital* hat Marx detailliert auseinandergesetzt, daß der Industriearbeiter mehr Wert produziert, als zu seiner Erhaltung und mithin für seine Entlohnung erforderlich ist. Auf diesen Überschuß und darauf, ihn wieder gewinnbringend einzusetzen, zu reinvestieren, kommt es kapitalistischem Wirtschaften an. »Der Kapitalist«, so führt Marx aus, »produziert die Ware nicht ihrer selbst wegen. Das Produkt, um das es sich in der Tat für den Kapitalisten handelt, ist nicht das handgreifliche Produkt selbst, sondern der Wertüberschuß des Produkts über den Wert des in ihm konsumierten Kapitals.«[51] In diesem Sinn verwerten lassen sich die hergestellten Waren freilich nur dann, wenn sie auch an den Mann gebracht werden können. Sie müssen also auf tatsächlich vorhandene Bedürfnisse einer kaufkräftigen Käuferschaft treffen. Doch dient dieser Gebrauchswert der Waren der kapitalistischen Verwertungsökonomie bloß als nützliches Vehikel ihrer permanenten Selbsterweiterung.[52]

Weder die Erfordernisse der materiellen Selbsterhaltung der unmittelbaren Produzenten noch die egoistische Genußsucht der Kapitaleigner setzen dieser Expansion ein begrenzendes Ziel. Die Verwertungsmaschinerie läuft und läuft und läuft, immer hektischer. Ständige Ausweitung der Produktion ist zu einer elementaren Voraussetzung ihres Funktionierens geworden. Schon längst dient das forcierte Wachstum keinem schrittweisen Fortschritt mehr. Das frühbürgerliche Pathos, alle menschlichen Kräfte müßten entwickelt, ein immer besseres Leben ermöglicht werden, das auch in Marxens Schriften deutliche

Spuren hinterlassen hat, ist längst einem nüchtern-technokratischen Management gewichen, das auf die funktionellen Erfordernisse des ökonomischen Systems pocht. Ob unter privater Ägide oder unter Funktionärsherrschaft, solange alles Wirtschaften vorrangig wachstumsorientiert ist, bleibt das Wertgesetz in Kraft.

Im Rahmen einer erdumspannenden Produktionsweise, die nicht vornehmlich an den konkreten Bedürfnissen der Menschen orientiert[53], sondern aggressiv auf Expansion angelegt ist, bedeutet jeder Stillstand – das Ausbleiben von Zuwachsraten – Rückschritt. Jede Sättigung, jede Befriedigung eines Bedürfnisses, macht sich umgehend als Mangel bemerkbar, als Mangel an Produktionsaufträgen nämlich. Bedürfnisse, ohnehin geschichtlich geformt[54], müssen also künstlich angestachelt oder neu erfunden werden.

Die Mängel, die sich im wuchernden System der Bedürfnisse niederschlagen, sind allerdings nicht die einzigen, die durch die kapitalistische Wachstumsökonomie überhaupt erst erzeugt werden. Während einiges dafür spricht, daß schon heute genug Gebrauchsdinge und Lebensmittel produziert werden könnten, um allen Erdbewohnern eine hinreichende Existenz zu sichern, werden von der ökonomischen Bedarfsplanung in einem fort weitere Mängel und Lücken, ungestillte Bedürfnisse errechnet. Das zeigt sich gegenwärtig insbesondere im Energiebereich. Vorrangig wird das Problem erwogen, wieviel mehr Energie die hochindustrialisierte Bundesrepublik etwa im Jahre 2000 benötigen wird. Mit größter Selbstverständlichkeit setzen die üblichen Hochrechnungen voraus, nur Wirtschaftswachstum, die Steigerung der industriellen Produktion, könne die Arbeitsplätze, unsere Arbeitsplätze, der Zukunft garantieren. Diese Behauptung hören und lesen wir so häufig[55], daß viele ihr bereitwillig Glauben schenken, ohne noch danach zu fragen, ob sie überhaupt schlüssig ist, und wenn ja, aufgrund welcher Vorentscheidungen. Worauf ihre Logik beruht, das hat Marxens Kapital-Analyse herausgestellt. In ökonomischen Systemen, die den einzelnen Kapitalunternehmen das Gesetz der Profitmaximierung auferlegen, haben diejenigen Firmen die beste Chance, sich gegen die Konkurrenten durchzusetzen und zu überleben, die ihre Ware möglichst billig herstellen können. Die Produktionskosten aber werden entscheidend durch die Lohnkosten bestimmt. Sie lassen sich senken, entweder wenn es gelingt, das allgemeine Lohnniveau zu drücken (der Vorteil der Billiglohnländer und eines totalitären staatlichen Regimes), oder indem weniger Arbeiter eingesetzt werden, um dieselbe Gütermenge auf den Markt zu bringen. Deswegen hat die

Steigerung der Produktivität der Arbeit bemerkenswerte Folgen. Sie wird nicht dazu genutzt, den Arbeitstag zu verkürzen, die – zur Reproduktion der vergesellschafteten Individuen – notwendige Arbeit gleichmäßig auf alle zu verteilen und so einen Freiheitsraum der Muße, auch tätiger Muße, zu schaffen. Sie legt eine ganz andere Art der »Befreiung« nahe. Arbeitsplätze können nun nämlich wegrationalisiert und Arbeitskräfte »freigesetzt«, sprich: entlassen werden. Nur wenn es gelingt, den Produktionsapparat gleichzeitig stetig zu erweitern, immer neue Regionen von Bedürfnissen zu erobern oder allererst zu schaffen, können die überflüssig gewordenen Arbeiter wieder Anstellung und ein Auskommen finden. Inzwischen kämpft selbst die Arbeiterbewegung, vielmehr das, was von ihr übrig geblieben ist: die Gewerkschaften, um das Recht auf Arbeit unter diesem Vorzeichen. Was einmal der Selbsterhaltung dienen, vor allem also die materielle Basis für ein erfülltes Leben bereitstellen sollte: die Produktion von Lebensmitteln im weitesten Sinn, hat sich längst verselbständigt. Unkontrolliert und weitgehend auch unserem Bewußtsein entzogen, gibt sie gleichwohl unserem täglichen Leben nicht allein das Brot, sondern richtet es auch zwanghaft nach den Erfordernissen dieses gigantischen Betriebs aus.

Im Prozeß der abendländischen Zivilisation, die durch die frühneuzeitlichen wie die modernen Kolonisatoren in alle Welt ausgebreitet wurde, spielt die kapitalistische Produktionsweise eine entscheidende Rolle. Sie verändert den Charakter der Arbeit fundamental[56] und damit auch die gesellschaftliche Beziehung zur Natur. »Die Natur wird«, wie Marx darlegt, »erst rein Gegenstand für den Menschen, rein Sache der Nützlichkeit; hört auf als Macht für sich anerkannt zu werden; und die theoretische Erkenntnis ihrer selbständigen Gesetze erscheint selbst nur als List, um sie den menschlichen Bedürfnissen, sei es als Gegenstand des Konsums, sei es als Mittel der Produktion zu unterwerfen.«[57] Während die wahnwitzige industrielle Betriebsamkeit nach und nach alle Schranken hinwegfegt, die einem organischen Wachstum gesetzt sind, »untergräbt« sie, das hat Marx schon geahnt, »zugleich die Springquellen alles Reichtums [...]: die Erde und den Arbeiter«[58].
Daß die herrschende Weise des Wirtschaftens die Natur, in und von der wir leben, verheert, ist spätestens offenkundig geworden, seit allerorten die Idee des »Umweltschutzes« hervorgrünt. Was ein jeder von uns sich in der totalisierten Welt der Arbeit alltäglich selber antut,

fällt angesichts des allgemeinen Wohlstands wohl weniger ins Auge. Horkheimer aber will bewußtmachen, wie der subtile Zwang zur Anpassung die lebendigen Kräfte des Selbst nach und nach verschlingt. Ihm zufolge saugt »die Zweckrationalität im Industriezeitalter«, in Gestalt der »praktischen Erfordernisse, in deren Bann ein jeder in jedem Augenblick steht«, »das ganze Leben der Wesen auf, die sie ergriffen hat«.[59] Anpassung an den kolossalen, unüberschaubaren gesellschaftlichen Apparat der Selbsterhaltung ist unumgänglich, wenn das Individuum sicher sein und nicht Gefahr laufen will, hinausgeschleudert und vernichtet zu werden.[60] Das gilt nicht allein für diejenigen Gruppen der Bevölkerung, denen immer noch und immer wieder Arbeitslosigkeit und äußerste materielle Not drohen.[61] Laut Horkheimer ist der Prozeß der Anpassung im Gefolge der Industrialisierung »vorsätzlich und deshalb total geworden«[62]. Um die zunehmend komplexen Systeme, in denen sich die fortschreitende Naturbeherrschung niederschlägt, angemessen warten zu können, müssen wir uns ihnen angleichen und selber funktionieren wie ein Teil von ihnen. Durch nichts dürfen wir uns ablenken lassen, kein falscher Handgriff oder Knopfdruck darf uns unterlaufen. »Je mehr Apparate wir zur Naturbeherrschung erfinden, desto mehr müssen wir ihnen dienen, wenn wir überleben sollen.«[63]

Daß die »möglichst vollständige Anpassung des Subjekts an die verdinglichte Autorität der Ökonomie [. . .] die Gestalt der Vernunft in der bürgerlichen Wirklichkeit«[64] sei, hatte Horkheimer bereits in seiner Studie »Autorität und Familie« vermerkt. Doch setzte der Begründer der Kritischen Theorie in den dreißiger Jahren noch Hoffnung auf die höhere Vernunft gesellschaftlicher Planung.[65] Erst in den vierziger Jahren wird ihm bewußt, daß die Idee lückenloser gesellschaftlicher Planung eine Ausgeburt instrumenteller Vernunft ist, nicht geeignet, Einzelnes und Allgemeines wirklich zwanglos zu vermitteln. »Mit jedem Stück erfüllter Planung sollte ursprünglich ein Stück Repression überflüssig werden. Statt dessen hat sich in der Kontrolle der Pläne immer mehr Repression auskristallisiert.«[66] Dieser Kommentar Horkheimers ist auf den staatswirtschaftlichen Sozialismus gemünzt, in dem die zentralisierte Wirtschaftsplanung von oben nach unten durchgesetzt wird und jeder demokratischen Willensbildung entzogen ist. Doch ändert sich nicht allzuviel an der verhängnisvollen Dialektik der Planung, wenn diese in einen demokratischen Rahmen eingelassen ist. Immer dann, wenn allgemeinverbindliche Verfahren festgelegt werden, werden neue Zwänge aufgerichtet und damit auch der Bürokratisierung vorgearbeitet, sei es unter sozialistischen, sei es unter kapitalistischen Voraussetzungen. Umfassende Wirtschaftspläne müssen Wünsche und Bedürfnisse »erheben«, nach übergeordneten Gesichtspunkten aussortieren und schließlich festschreiben. Jeder Planung, werde sie auch zunächst von den unmittelbar Betroffenen initiiert, wohnt bindende Gewalt inne. Das Individuelle wird geradezu automatisch zur Ziffer, verschwindet in der statistischen Erfassung einer Bevölkerung. Nur rigider und augenfälliger als die kapitalistischen Gesetze marktgerechter Planung demonstrieren die Zentralverwaltungswirtschaften in den Ländern des sogenannten »realen Sozialismus«, daß aus der fortschreitenden gesellschaftlichen Naturbeherrschung keine Erweiterung des Freiheitsspielraums der Individuen folgt. Im Gegenteil, die ökonomisch-technischen Systeme der Naturbeherrschung erzwingen immer neue und schließlich totale[67] Anpassung: »Wie alles Leben heute immer mehr dazu tendiert, der Rationalisierung und Planung unterworfen zu werden, so muß das Leben eines jeden Individuums, einschließlich seiner verborgensten Impulse, die früher seine Privatsphäre bildeten, jetzt die Erfordernisse der Rationalisierung und Planung beachten: die Selbsterhaltung des Individuums setzt seine Anpassung an die Erfordernisse der Erhaltung des Systems voraus. Es hat keinen Raum mehr, sich dem System zu entziehen.«[68]

Wie selbst noch mögliche Impulse des Widerstands umgeleitet und der Flutwelle erzwungener Konformität einverleibt werden können, hat Horkheimer unter dem Titel »Revolte der Natur« darzulegen versucht. Er macht darauf aufmerksam, daß die totale Anpassung an die Funktionszwänge des modernen Industrialismus ein Moment des Ressentiments, unterdrückter Wut einschließt.[69] Auch dort, wo die Individuen nicht mehr den kraftvollen Eigensinn aufbringen, sich den allgemeinen Imperativen der Gesellschaft zu widersetzen und auf eigenen Erfahrungen und ver-rückten Wünschen zu bestehen, finden sich Indizien dafür, daß die Einordnung des Einzelnen ins Allgemeine nicht geglückt ist. Während als »pathologisch« ausgesondert wird, was und wer sich weigert, reibungslos zu funktionieren, wird den hoffnungslos Normalen damit zugleich die Möglichkeit gegeben, ihren Aggressionen freien Lauf zu lassen. Ob sich diese latente Bereitschaft zur Gewaltanwendung nun in blutigen Pogromen austobt oder in eher läppischen moralisierenden Übergriffen verdeckt äußert, in jedem Falle wird beargwöhnt, was sich der angeblich wahren Ordnung nicht einfügt, mag diese nun als System der Vernunft oder als Reich der Natur Gefolgschaft erheischen. Wer die Versagungen, die ihm selber zusetzen, auch allen anderen aufzwingen kann, kommt zu der »Genugtuung, sich als Verfechter der Zivilisation zu fühlen« und gleichzeitig seine »verdrängten Wünsche zu entfesseln«.[70] Es genügt, anders zu sein, um Gefahr zu laufen, zum Sündenbock und als Opfer ausersehen zu werden. »Und wie die Opfer untereinander auswechselbar sind, je nach der Konstellation: Vagabunden, Juden, Protestanten, Katholiken, kann jedes von ihnen an Stelle der Mörder treten, in derselben blinden Lust des Totschlags, sobald es als die Norm sich mächtig fühlt.«[71]

Solche Ausschreitungen sind vor allem dann massenhaft zu beobachten, wenn der Druck ins Unerträgliche gesteigert wird, den die Selbsterhaltung des Systems den einzelnen auferlegt. An wem die Unzufriedenen allerdings ihr Mütchen kühlen, ergibt sich konkret erst in der jeweiligen historischen Situation. Im Faschismus, den ungeheuerlichen Greueln sorgfältig geplanter Menschenvernichtung, hat Horkheimer solch »satanische Synthese von Vernunft und Natur«[72] gesehen. Seit den Anfängen der Neuzeit ist die Vernunft immer mehr in den Dienst des Subjekts genommen, als Werkzeug emanzipatorischer Naturbeherrschung geschliffen und schließlich zum Apparat sinnloser Selbstbehauptung verdinglicht worden. »Am Ende«, so klagt Horkheimer resignierend, »behalten die Menschen als rationale Form der Selbsterhaltung die freiwillige Fügsamkeit übrig, die so indifferent gegen den politischen wie gegen den religiösen Inhalt ist.«[73] Der Begriff der Vernunft scheint die Zauberkraft verloren zu haben, einen weiten Raum zu eröffnen, in dem etwas anderes erklingen könnte als das erbärmliche Getöse, das die eigensüchtige Menschheit um sich selbst verbreitet. Sicherlich ist zu fragen, ob Horkheimers zuletzt durch und durch pessimistische Beurteilung der Gegenwart und der Zukunft ganz und gar zutrifft. Zu prüfen ist auch, welche Krankheitsbilder den diagnostischen Blick auf die total »verwaltete Welt«, den der alternde Horkheimer kultiviert, möglicherweise insgeheim leiten.[74] Doch möchte ich hier wenigstens ein Zwischenergebnis festhalten: Wenn man sich den – unangenehmen – Einsichten einer Kritik der instrumentellen Vernunft zu stellen und die Reflexionsbewegung nachzuvollziehen versucht, die verdeutlicht, wie Vernunft sich mit der Aufklärung subjektiviert und in welcher Gestalt sie die moderne Lebenswelt durchherrscht, dann drängt sich das Eingeständnis auf, daß auch Horkheimers frühes Konzept der Kritischen Theorie der Dialektik der Aufklärung verfällt und – Aufrichtigkeit vorausgesetzt – nicht mehr zu halten ist.

Vernunft, die Freiheit durch Naturbeherrschung erzwingen will, so deutet Horkheimer in der *Kritik der instrumentellen Vernunft* an, geht selber in quasi-naturwüchsigen Zwängen unter: »Mit anderen Worten, indem Vernunft der Funktion dient, die Natur zu beherrschen, wird sie zu einem Teil der Natur herabgesetzt; sie ist kein unabhängiges Vermögen, sondern etwas Organisches wie Fühler oder Klauen, entwickelt durch Anpassung an Naturbedingungen, und überlebt deshalb, weil sie sich als angemessenes Mittel erweist, diese zu meistern, besonders im Nahrungserwerb und im Abwenden der Gefahr.«[75] Vernunft wird so zur Waffe im Machtkampf ums Dasein. Aber, so könnte man gegen Horkheimers bedenklichen Unterton einwenden, ist sie das nicht tatsächlich? Zeigen naturwissenschaftliche Untersuchungen nicht diesseits aller philosophischen Traumtänzereien, daß der Geist keineswegs vom Himmel gefallen ist, sondern – ein hochentwickelter Apparat lebensdienlicher Anpassung an die natürlichen Gegebenheiten – sich in Gestalt des menschlichen Gehirns durch die evolutive Arbeit von Mutationen und Selektionen nach und nach herausgebildet hat? Sicherlich, nach dem gegenwärtigen Stand unseres Wissens spricht alles für die Richtigkeit dieser Hypothese. Doch kann man wissenschaftliche Erklärungsansätze durchaus als beachtlich, ja triftig anerkennen, ohne sie gedankenlos mit der endlich gelungenen Lösung des Rätsels zu verwechseln, wie heute richtig zu leben sei.[76] »Immer wenn der Mensch vorsätzlich Natur zu seinem Prinzip macht«, warnt Horkheimer dagegen mit Recht, »regrediert er auf primitive Triebe.«[77]

Ich möchte nicht verschweigen, daß schillert, was in Horkheimers Schriften als ›Natur‹ bezeichnet wird. Gelegentlich entsteht der Eindruck, der Kritiker der instrumentellen Vernunft verfalle in ebenden Fehler, den er dieser ankreidet, nämlich Natur entweder als »pure Vitalität« zu preisen oder als »brutale Gewalt« geringzuschätzen.[78] Was uns als Natur erscheint, ist wohl nie einfach das andere der Geschichte. Ob wir sie nun als einen geordneten Zusammenhang von Gesetzen nutzbar machen oder ob wir sie als die Bestie beschimpfen, die aus uns herausbricht, wenn die Vernunft schläft, oder ob wir den ›guten Wilden‹, der angeblich in jedem steckt und nur von zivilisatorischer Dekadenz verdorben sein soll, was wir als Natur ansehen, ist immer auch eine menschliche Entdeckung/Erfindung. Sowenig das gesellschaftliche Leben, das wir Menschen uns einrichten, die Natur wirklich verläßt, so wenig verlassen unsere Vorstellungen von der Natur den geschichtlich-gesellschaftlichen Horizont, in dem sie entstehen. Unser Verhalten, zu uns, den anderen und dem, was wir als Natur bezeichnen, allerdings ist nicht unabhängig von dem Selbstverständnis, zu dem wir uns bekennen. »Für jede theoretische Bestimmung unseres Wesens«, so hat Helmuth Plessner diesen Gedankengang zusammengefaßt, »haben wir zu zahlen, sie ist ein Vorgriff auf die Praxis, von ihr hängt ab, was aus uns wird.«[79]

II. Vernunft-Geschichte im Bannkreis der Wiederholung

1. Die Grundfigur der Dialektik der Aufklärung: *der Mythos vom Immergleichen*

Horkheimers Kritik der instrumentellen Vernunft zweckloser Selbsterhaltung zeigt, daß das Verschwinden kritischer Subjektivität im systemischen Funktionalismus der Moderne in der Konsequenz ihrer rücksichtslosen Selbstermächtigung zu Beginn der Neuzeit liegt. Schritt für Schritt hat sich der Mensch, das von unbändigem Freiheitswillen gepackte Subjekt der europäischen Aufklärung, in immer feiner gesponnenen Selbstzwängen verstrickt und sich dem gesellschaftlichen Apparat der Selbsterhaltung anheimgegeben. In solcher Dialektik der Aufklärung aber hat Horkheimer nicht einen Schicksalsspruch sehen wollen, der seit Urzeiten über die Menschheit verhängt ist. Er hat vielmehr auf die geschichtliche Konstellation aufmerksam gemacht, aus der sich das nihilistische Dilemma der Gegenwart ergibt. Gegen die Kontrastfarbe einer Idee objektiver Vernunft, deren Ton der Begründer der Kritischen Theorie wohl ein wenig zu rosig gemischt hat, zeichnen sich die eigenartigen Konturen einer spezifisch neuzeitlichen Rationalität ab, die nach und nach der Entfaltung ihrer inneren Widersprüche verfällt. Die zerstörerische Dynamik, die auch die Kritische Theorie der Gesellschaft nicht unversehrt läßt, ergibt sich für Horkheimer vor allem aus dem Konflikt einer theoretischen Vernunft, die mit wissenschaftlicher Akribie die Wirklichkeit in zweckoffene Wirkungsmechanismen zerlegt, und einer aufs Ganze gehenden praktischen Vernunft, die jeden Halt verloren hat und dem universellen Zwang zur Anpassung ohnmächtig nachgeben muß.

Dieses Denkmuster taucht in Horkheimers Philosophieren immer wieder auf. Dagegen finden sich in der gemeinsam mit Adorno verfaßten *Dialektik der Aufklärung* nur einige verstreute Einsprengsel ähnlicher Überlegungen.[1] Bestimmend für dieses Gemeinschaftswerk ist eine andersgelagerte Thematik. Die »rastlose Selbstzerstörung der Aufklärung«[2] wird nämlich als Wesenszug der Zivilisationsgeschichte der Menschheit überhaupt dargestellt. Daß Vernunft immer schon und unausweichlich mit Herrschaft einhergehe, wird als die heillose Verschlungenheit von Mythos und Aufklärung schematisiert. Die hoffnungslos paradoxe Grundthese läßt sich daher in zwei einander spiegelnde Globalaussagen auseinanderziehen: »schon der Mythos ist Aufklärung, und: Aufklärung schlägt in Mythologie zurück«[3].

So aufregend diese These auch heute noch klingen mag, wie ist sie zu verstehen und worauf stützt sie sich? Zunächst jedenfalls müßte sie den unbefangenen Leser verblüffen. Hat denn die europäische Aufklärung sich nicht entschlossen gegen den Mythos gestellt? Wollte sie nicht die Menschen aus der Abhängigkeit von undurchschauten Traditionen befreien? Hat sie die Mythengespinste nicht energisch zerrissen, sie hinweggefegt und endlich einen einheitlichen Raum geschaffen, in dem die vernünftigen Subjekte nun selber Geschichte machen sollten, anstatt den seltsamen Geschichten der Überlieferung andächtig zu lauschen? In der Tat haben die Vordenker der Aufklärung die Mythen allenfalls als fratzenhafte Verzerrungen der reinen Wahrheit gelten lassen. Wo die Mythen nicht geradezu auf die Machtinteressen heuchlerischer Priester und die abgründige Unwissenheit unaufgeklärter Menschen zurückgeführt wurden, nahm man sie als einen Bestand größtenteils verkehrter Antworten auf manchmal immerhin halbwegs richtige Fragen. Die mythischen Erzählungen wurden als Erklärungsansätze betrachtet, deren Fehlerhaftigkeit ihrerseits der Erklärung bedurfte. Das, was die Denker der Aufklärung als Entstehungsgründe der Mythen annehmen, soll diese als Irrtümer kenntlich machen.[4] Die »Berichte« von Göttern, Halbgöttern, Ungeheuern und Dämonen, so schien es, waren aus der Angst vor feindlichen Naturgewalten geboren und auf der Basis unzureichender, ja wahnhafter Vermutungen über die Wirklichkeit notdürftig zusammengefügt worden. Ein für allemal aber sollte nun Schluß sein mit solchem faulen Zauber. Methodisch erzeugtes Wissen sollte das mythische Gaukelspiel überflüssig, ja zunichte machen. Alle die sonderbaren Halbweltgestalten, die durch die mythischen Geschichten geistern, gibt es in Wirklichkeit ja gar nicht.[5] Was an ihnen realistischer Wahrnehmung entspringt, wird sich bei genauer Prüfung aus der wahren Welt der Naturgesetze ableiten lassen.

Daß dieser radikale Prozeß der Entmythologisierung, den die rationalistische Aufklärung in Gang gesetzt hat, schließlich auch seine eigenen

Grundlagen untergräbt, daß er auch vor den neuen Mythen der subjektiven Vernunft nicht achtungsvoll innehält, das analysiert Horkheimers *Kritik der instrumentellen Vernunft* als Selbstzerstörung der
Aufklärung. Auch die *Dialektik der Aufklärung* räumt ähnlichen
Überlegungen einen Platz ein; sie entwirft jedoch eine deutlich allge-
meinere, nämlich menschheitsgeschichtliche Perspektive, wagt sich zu
ferneren Ursprüngen zurück als denen des neuzeitlichen Weltbilds.
Die Selbstvernichtung der Vernunft, behaupten die Autoren der *Dialektik der Aufklärung*, setze nicht erst mit der wissenschaftlichen
Entzauberung der Welt ein, sie habe, längst vorher, schon mit ihrer
mythischen Bezauberung begonnen. »Die Mythologie selber hat den
endlosen Prozeß der Aufklärung ins Spiel gesetzt, in dem mit unaus-
weichlicher Notwendigkeit immer wieder jede bestimmte theoretische
Ansicht der vernichtenden Kritik verfällt, nur ein Glaube zu sein, bis
selbst noch die Begriffe des Geistes, der Wahrheit, ja der Aufklärung
zum animistischen Zauber geworfen sind.«[6] Adorno/Horkheimer halten den Mythos nicht für das andere der Herrschaftsvernunft, das von
ihr unerbittlich zerstört wird; vielmehr habe er bereits den Bann aufgerichtet, den die Geschichte als Geschichte fortschreitender Naturbeherrschung immer weiter befestige, während sie ihm zu entrinnen
versuche. »Das mythische Grauen der Aufklärung«, so lautet eine der
zahllosen paradoxen Formeln, aus denen die *Dialektik der Aufklärung*
gefügt ist, gelte »dem Mythos«.[7] Gerade als richtende Kraft, die die
mythische Welterfahrung restlos bewältigen wolle, verfalle der wissenschaftliche Geist dem mythischen Bann, gehorche dem »Prinzip
der schicksalhaften Notwendigkeit«[8].
In vorwurfsvollem Ton merken Horkheimer und Adorno an, die europäische Aufklärung habe – und gerade hierin gebe sie ihre totalitären
Züge zu erkennen – die »vielen mythischen Gestalten [. . .] alle auf
einen Nenner«[9] gebracht. Stereotyp habe sie in ihnen allein das wiederfinden zu können vermeint, was sie ins Zentrum ihrer eigenen
Wirklichkeitsauffassung gestellt hat: das vernunftbegabte Subjekt mit
seinen verbesserungswürdigen Fähigkeiten, aber auch mit seinen
phantastischen Projektionen. Auf diese Weise habe sich die Aufklärung des zwielichtigen mythischen Bestandes in diesem zugleich
wiedererkannt und sich der anbrechenden Dämmerung ihrer selbst
versichert.[10] Diesen Gestus ausgrenzender Vereinnahmung, den sie bei
den Denkern der Aufklärung wahrnehmen, überbieten Adorno/Hork-
heimer jedoch nochmals, indem sie in den Mythen vor allem den immergleichen Un-Geist der Naturbeherrschung am Werk sehen.

Der bedrohlichen Natur Herr zu werden, ihr alle Geheimnisse methodisch zu entreißen und so ihre verborgenen Kräfte verfügbar zu
machen, ist das erklärte Ziel der neuzeitlichen Wissenschaft. Der Impuls zur Herrschaft aber, der sie bestimmt, ist der *Dialektik der
Aufklärung* zufolge so alt wie die Menschheit selbst. Schon das
mythische Denken lege von der Anstrengung der »Primitiven« Zeugnis ab, sich aus der übermächtigen Natur herauszuarbeiten, verschiedene Räume in ihr abzustecken und so Platz zu schaffen für das
geordnete Leben menschlicher Gemeinschaften. Naturgewalten seien
benannt und damit in magischen Ritualen der Beschwörung ansprech-
bar gemacht worden: »Der Mythos wollte berichten, nennen, den
Ursprung sagen: damit aber darstellen, festhalten, erklären. Mit der
Aufzeichnung und Sammlung der Mythen hat sich das verstärkt. Sie
wurden früh aus dem Bericht zur Lehre. Jedes Ritual schließt eine
Vorstellung des Geschehens wie des bestimmten Prozesses ein, der
durch den Zauber beeinflußt werden soll. Dieses theoretische Element
des Rituals hat sich in den frühesten Epen der Völker verselbständigt.«[11] Für Adorno und Horkheimer ist das keine Frage: Mythos und
Magie sind nur zwei Seiten derselben Sache, des noch unentwickelten
zivilisatorischen Kalküls totalitärer Weltherrschaft.
Die *Dialektik der Aufklärung* läßt mythisches Denken und wissenschaftliche Vernunft in die nivellierende Verwahrlosung des geschichtlichen »Verblendungszusammenhangs« hineinstürzen. Die Geistes-
haltungen, die aus beiden sprechen, erscheinen als bloß geringfügige
Varianten ein und desselben Zugriffs auf die Wirklichkeit. Der Herr-
schaftswille bedient sich Adorno/Horkheimer zufolge des »identifi-
zierenden Denkens«: alles Neue werde als im Grunde schon Bekann-
tes wiedererkannt und so achtlos auf das Immergleiche reduziert. Die
neuzeitlichen Naturwissenschaften bieten dazu das Instrumentarium
an. Wo Wissen seine Wahrheit in Gestalt zutreffender Vorhersagen
unter Beweis zu stellen hat, muß prinzipiell jede zunächst über-
raschende Erscheinung auf die ewig gültigen Naturgesetze – meist in
Differentialgleichungen mathematisiert – zurückgeführt und errechnet
werden können. Erst wenn er die Wirklichkeit zu dem zugerichtet hat,
was der Fall ist, gibt sich der wissenschaftliche Forschergeist zufrieden. Es fragt sich allerdings, ob das genauso für das mythische Denken
in Geschichten gilt, soweit es uns überhaupt zugänglich ist.
Vielleicht stimmt es, daß in mythischen Erzählungen das Fremdartige
mit Bildern umsponnen, auf zauberhafte Weise beschwichtigt und sogar durch einfühlende Angleichung gezähmt wird. Offenbar kann alles

in die mythischen Gewebe der Entsprechungen und Bedeutsamkeiten eingeknüpft werden. Nichts durchschlägt die zeitlose Bewegung der Wiederkehr der Gegenwart, die in den mythischen Geschichten zu schwingen scheint. Doch sollte hier wirklich schon jene gleichmacherische Macht wirksam sein, die im vollendeten Positivismus triumphiert? Adorno/Horkheimer behaupten das: »Das Tatsächliche behält recht, die Erkenntnis beschränkt sich auf die Wiederholung, der Gedanke macht sich zur bloßen Tautologie. Je mehr die Denkmaschinerie das Seiende sich unterwirft, um so blinder bescheidet sie sich bei dessen Reproduktion. Damit schlägt Aufklärung in die Mythologie zurück, der sie nie zu entrinnen wußte. Denn Mythologie hatte in ihren Gestalten die Essenz des Bestehenden: Kreislauf, Schicksal, Herrschaft der Welt als die Wahrheit zurückgespiegelt und der Hoffnung entsagt. In der Prägnanz des mythischen Bildes wie in der Klarheit der wissenschaftlichen Formel wird die Ewigkeit des Tatsächlichen bestätigt und das bloße Dasein als der Sinn ausgesprochen, den es versperrt.«[12] Ebenso wie die versierte Manipulation mathematischer Symbole, so unterstellen die beiden Autoren, zelebriere das bildhafte mythische Denken die besessene Wiederholung des schlechten Gegebenen[13], als wäre auf diese Weise dem Sinnlosen Sinn zu entlocken.[14] Der Mythos wie der Positivismus, das jüngste Kind der Aufklärung, erstarrten in der Immanenz dessen, was ist – so läßt sich die zentrale These der *Dialektik der Aufklärung* zusammenfassen.[15]

Immerhin ist Adorno/Horkheimer nicht entgangen, daß selbst unter solch gewaltsam vereinheitlichendem Blickwinkel zumindest graduelle Unterschiede zwischen der Verfahrensweise des Mythos und derjenigen der mathematisierten Erfahrungswissenschaften der Neuzeit nicht zu leugnen sind: »Auf der magischen Stufe galten Traum und Bild nicht als bloßes Zeichen der Sache, sondern mit dieser durch Ähnlichkeit oder durch den Namen verbunden. Die Beziehung ist nicht die der Intention sondern der Verwandtschaft. Die Zauberei ist wie die Wissenschaft auf Zwecke aus, aber sie verfolgt sie durch Mimesis, nicht in fortschreitender Distanz zum Objekt.«[16] Wenn also im Mythos wirklich der Wille Ausdruck finden sollte, die Natur durch Angleichung gezielt zu beeinflussen, so liegt doch auf der Hand, daß sich das wissenschaftlich-technische Hantieren mit Naturgesetzen der natürlichen Welt in ganz anderer Weise entgegensetzt. Der Ursprung der Subjekt-Objekt-Spaltung, die die Herrschaftsvernunft von Grund auf bestimmt, sehen die Autoren der *Dialektik der Aufklärung* allerdings in der mimetischen Verdopplung, ohne die auch dem mythi-

schen Spiel der Entsprechungen die Sprache versagte. Erst nachdem
sprachliche Symbole von der Oberfläche der Dinge abgespalten wor-
den seien und als Zeichen danebenträten, könnten diese benannt, unter
Begriffe gebracht und zweckgerichtet bearbeitet werden. »Die Verdopplung der Natur in Schein und Wesen, Wirkung und Kraft, die den
Mythos sowohl wie die Wissenschaft erst möglich macht, stammt aus
der Angst des Menschen, deren Ausdruck zur Erklärung wird.«[17]
Munter spekulieren Adorno/Horkheimer drauflos: »Der Ruf des
Schreckens, mit dem das Ungewohnte erfahren wird, wird zu seinem
Namen.«[18] Wie auch immer die Menschheit ihren Ursprüngen entsprungen sein mag, es wird sich wohl noch einiges getan haben
müssen, bis schließlich der unartikulierte Schreckenslaut wohlbe-
stimmte, voneinander unterscheidbare sprachliche Symbole hervor-
brachte, die es uns schreckhaften Stammlern ermöglichen, verschiedenartige Naturdinge, Prozesse, Erlebnisse bezeichnend wiederzuer-
kennen.
Die globale Ursprungstheorie, die die Autoren der *Dialektik der
Aufklärung* mit kurzen flüchtigen, aber dicken Strichen skizzieren,
möchte ich hier weder plausibel machen, noch im einzelnen widerlegen. Sie entzieht sich ohnehin, wie alle Ursprungstheorien, jeder
wirklichen Nachprüfung. Dennoch hat sie gravierende Folgen. Gibt
sie doch den Rahmen ab, in den die Vernunftkritik der *Dialektik der
Aufklärung* eingelassen ist. Während Horkheimers *Kritik der instrumentellen Vernunft* den begrenzten geschichtlichen Horizont zu erhellen versucht, in dem sich die methodische technische Rationalität
der Neuzeit ausbreiten konnte, erzählt die *Dialektik der Aufklärung*
die tragikomische Geschichte vom Menschen, der sich hoffnungslos in
Naturzwänge verwickelt, weil er sie zu durchbrechen versucht.[19] Unwiderruflich der Natur entsprungen und doch nach wie vor unleugbar
ein Teil von ihr, scheint ein ungeheuerlicher Fluch auf der Menschheit
zu lasten: dem Bann der Herrschaft scheinen wir nicht entrinnen zu
können. »Die Menschen«, so klagen Adorno und Horkheimer, »hatten immer zu wählen zwischen ihrer Unterwerfung unter Natur oder
der Natur unter das Selbst.«[20] Für welche Alternative auch immer ein
Einzelner oder die vielen sich entscheiden mögen, in Herrschaftsver-
hältnissen bleiben sie unausweichlich befangen. Natur ist für die
Autoren der *Dialektik der Aufklärung* der Inbegriff von Herrschaft.
Vor allem Adorno hat in der Natur immer wieder den blinden Kampf
um Selbsterhaltung sehen wollen, den absurden Kreislauf von Fressen
und Gefressenwerden.[21] Unaufhaltsam setze sich dieser in den Mythen

fort, die sich angeblich »ohne Rest« auf »Naturverhältnisse« zurückführen lassen.[22]

Die *Dialektik der Aufklärung* denunziert die Geschichte der menschlichen Zivilisation als ein erbärmliches Naturtheater, in dem immer
wieder die monotone Farce des Gegebenen zur Aufführung kommt,
mag auch gelegentlich die Besetzung wechseln oder sich in neue Ko-
stüme hüllen. Eine überspannte Angst vor der Wiederholung, so
meine ich, bestimmt den Grundansatz dieses theoretischen Entwurfs.
Kann Wiederholung denn aber nicht lustvoll sein? Mag sie – andererseits –, symbolisch vermittelt und also Distanz und Gebrochenheit
voraussetzend, sogar der Bindung von Angst und der Bewältigung
ihrer Ursachen dienen, Adorno/Horkheimer erkennen in ihr stets den
unheilvollen Wiederholungs-Zwang, der, wen immer er ergreift, an
das fesselt, dem er entkommen will. In der Sicht der *Dialektik der
Aufklärung* scheint es so, als ob Mythos und Aufklärung, als mehr und
minder rationale Projekte der Naturbeherrschung, gleichermaßen solchem Zwang erlägen. Doch könnte das vielleicht auch daran liegen,
daß man aus einer Totalen nicht nur mehr, sondern auch weniger sieht.
Vielleicht werden so charakteristische wiederkehrende Muster erst
richtig kenntlich; die Gestalten aber, die sie bilden, könnten leicht
übersehen werden, denn ihre Konturen verschwimmen, und was weit
voneinander entfernt steht, kann, aus großer Ferne gesehen, wie ein
zusammenhängender Komplex erscheinen.

Schon das mythische Denken also soll nichts sein als ein Werkzeug der
Naturbeherrschung, und damit zugleich bloß eine öde Verdopplung
dessen, was ist? Mythen werden im allgemeinen die vielerlei verschiedenartigen Geschichten genannt, die von Ethnologen bei schriftlosen
Völkern gesammelt oder von Altertumsforschern als die ältesten
Kerne schriftlicher Überlieferungen ausgemacht wurden, die auf eine
mündliche Tradition zurückgehen. Laut Blumenberg besagt das griechische »mython mytheistai«: »eine nicht datierte und nicht datier-
bare, also in keiner Chronik zu lokalisierende, zum Ausgleich dieses
Mangels aber in sich bedeutsame Geschichte zu erzählen«.[23] Für unsere Ohren klingen diese Geschichten märchenhaft. Während wir uns
der Geschichte chronologisch zu versichern pflegen, Dokumente des
Vergangenen in Archiven ordnen und die Gegenwart in den Horizont
planender Vorausschau stellen, sprechen die mythischen Geschichten
von einem unbestimmten »Es war einmal«, das auf seltsame Weise in
Gegenwart und Zukunft hineinzuragen scheint (»und wenn sie nicht

gestorben sind, dann leben sie heute noch«). Malinowski, der auf den
Trobriand-Inseln gründliche ethnologische Feldforschung betrieben
hat, berichtet von seinen dortigen Informanten, sie hätten »deutlich
zwischen Mythos und historischem Bericht«[24] zu unterscheiden gewußt. Sichtlich erstaunt fügt er später hinzu, die Eingeborenen besä-
ßen jedoch »keine Vorstellung von dem, was man die Entwicklung der
Welt oder die Entwicklung der Gesellschaft nennen könnte, d. h. sie
blicken nicht, wie wir es tun, auf eine Abfolge von Veränderungen
zurück, die sich in der Natur oder in der Menschheit ereignet haben«[25]. Die Grenzlinie zwischen Mythos und historischem Bericht,
die für jeden Eingeborenen ohne weiteres kenntlich ist, falle also
»nicht mit einer Unterteilung der Zeit in bestimmte, voneinander ge-
trennte Perioden zusammen«[26].
Nun sollen aber der *Dialektik der Aufklärung* zufolge mythische Erzählungen doch Erklärungen sein. Wenn diese Behauptung zutreffen
sollte, dann muß dem Begriff ›Erklärung‹ jedenfalls eine ganz andere
Bedeutung zukommen als im Rahmen der neuzeitlichen instrumentellen Vernunft. Offenbar ist dem mythischen Denken die zweckratio-
nale Zeitordnung subjektiver Selbsterhaltung ja fremd. Sieht man sich
nun die diversen Ursprungsmythen an, die Claude Lévi-Strauss zu
seinen gigantischen *Mythologica*[27] verarbeitet hat, beispielsweise die
Geschichten vom Ursprung des Tabaks oder über den Ursprung ver-
schiedener Sternbilder, so wird ein wichtiger Unterschied deutlich:
Der Mythos mag von irgendwelchen Ursprüngen erzählen, er entdeckt jedoch keine Ursachen, die fortan die angemessene und erfolgreiche Handhabung des Verursachten ermöglichen könnten. Im
Gegensatz zu den Mutmaßungen Adornos und Horkheimers ist nur
der geringste Teil der Mythen, die uns bekannt sind, mit magischen
Ritualen verbunden, die man bei großzügiger Betrachtungsweise vielleicht wirklich bereits als Bemühungen um Naturbeherrschung auffas-
sen kann.
Woher wollen wir – beziehungsweise die Theoretiker, die das vorge-
ben[28] – eigentlich wissen, daß die Mythen aus der Angst vor der
Übermacht der Wirklichkeit geboren sind, daß sie ursprungsnahe
Zeugnisse von den unbeholfenen Anfängen rationaler Naturbeherrschung und der frühen Institutionalisierung zivilisatorischer Errungenschaften sind? Könnte es nicht sein, daß diese Theorie des Mythos
deshalb so geläufig ist, weil sie denjenigen Mythos über den Mythos
festschreibt, der am meisten über uns verrät und über die Epoche, in
der wir leben? Möglicherweise sind die variantenreichen mythischen

Geschichten keine Geschöpfe der Notdurft, sondern des Erfindungs-
reichtums, des Übermuts, des freudigen Staunens angesichts des
Reichtums dessen, was gegenwärtig ist.

Freilich, sobald von »dem« Mythos die Rede ist, von den Motiven des
mythischen Denkens und seinen möglichen Funktionen, ist die konkrete Sprachebene verlassen, auf der die als Mythen identifizierten
Äußerungen selber heimisch sind.[29] Das gilt auch für die folgenden
Bemerkungen, mit denen ich gleichwohl auf den eigentümlichen Ge-
genwartsbezug hinweisen möchte, der in mythischen Erzählungen
zum Ausdruck kommen könnte.

Vielleicht kann man wirklich davon sprechen, daß Mythen bestimmte
Gegebenheiten, die für die jeweilige Gemeinschaft bedeutsam zu sein
scheinen, in einem gewissen Sinne rechtfertigen. Sie tun das jedoch
offenbar weder in Gestalt einer einfachen Verdopplung des Gegebenen, wie Adorno/Horkheimer unterstellen, noch durch dessen Veran-
kerung in einem transzendenten Urgrund.[30] Mythen scheinen vielmehr Lebenswelten zu strukturieren und gegen andersartige (räumlich
benachbarte wie geschichtlich vorhergehende) abzugrenzen, indem sie
scheinbar Zufälliges in Sinnfälliges verwandeln. Auf das Verfahren,
mit dessen Hilfe Mythen sinnhafte Konturen aus dem Einerlei einer
Alltagswelt hervorheben, ist Lévi-Strauss aufmerksam geworden, als
er sich mit totemistischen Ursprungsmythen beschäftigte. Oftmals
»erklären« diese Geschichten, wie ein Clan zu seinem Namen gekommen ist, indem sie etwa davon berichten, ein Urahn sei mit dem Tier
irgendwo zusammengetroffen, das dann zum Totem wurde. »Ihre
Rolle«, so führt der französische Mythenforscher aus, »scheint weniger ätiologisch als abgrenzend zu sein: sie erklären einen Ursprung
nicht wirklich, und sie weisen auf keine Ursache hin; sondern sie berufen sich auf einen Ursprung oder eine Ursache (die in sich selbst
bedeutungslos sind), um irgendeine Einzelheit aufzuspießen oder eine
Art zu ›prägen‹. Diese Einzelheit und diese Art erhalten einen diffe-
rentiellen Wert, nicht aufgrund des besonderen Ursprungs, der ihnen
zugeschrieben wird, sondern aufgrund der einfachen Tatsache, daß sie
einen Ursprung haben, während andere Einzelheiten oder Arten keinen haben. Die Geschichte schleicht sich in bescheidener und fast
negativer Form in die Struktur ein: sie gibt nicht Rechenschaft über die
Gegenwart, sondern bewirkt eine Auslese unter den Elementen der
Gegenwart, indem sie einigen von ihnen das Vorrecht einer Vergangenheit einräumt.«[31]

Wiederholt hat Lévi-Strauss betont, daß Stammesgesellschaften, in denen die mythische Überlieferung lebendig ist, ein ganz anderes Verhältnis zur Geschichte haben, als es für die modernen Industriegesellschaften bestimmend ist. Doch beschreibt er diese Andersartigkeit nicht widerspruchsfrei. Einerseits behauptet er rundheraus, das mythische Denken schaffe die Geschichte ab, neutralisiere sie zumindest.[32] Seine auffälligste Leistung bestehe darin, jegliche Veränderung, alle Neuerungen in stabile traditionelle Interpretationsmuster integrieren zu können. Abgesehen davon, daß es schwierig sein dürfte, historische Profile solcher Arbeit des Mythos zu zeichnen, ohne auf schriftliche Dokumente zurückgreifen zu können[33], würde das bedeuten, daß Gesellschaften mit mythischer Tradition darauf angelegt sind, Kontinuität zwanghaft zu wahren. Andererseits weist der strukturalistische Ethnologe darauf hin, daß das mythische Denken dem Kontinuierlichen »entschieden den Rücken kehrt, um die Welt mittels Unterscheidungen, Kontrasten und Gegensätzen zu zergliedern und auseinanderzunehmen«.[34] Dieser Widerspruch ließe sich meines Erachtens auflösen, wenn man sich verdeutlichte, daß das mythische Denken Diskontinuitäten als räumliche Verteilungen erlebt und darstellt, während wir sie üblicherweise auf Zeitachsen auftragen, unter das Schema von Entwicklung und Unterentwicklung bringen und gar Gleichzeitiges als Ungleichzeitigkeit beschreiben. Wenn man so will, dann wohnt die Geschichte als erlebte Differenz in jeder Faltung des Raumes der Gegenwart, den die Mythen reflektieren.

Reflektieren? Wird denn nicht gerade jede Reflexion im hermetischen Rahmen einer mythischen Tradition erstickt? Jürgen Habermas jedenfalls hat dem mythischen Denken den zwanghaften Charakter einer autoritären Verbindlichkeit zugeschrieben.[35] Weil der Mythos nicht hinreichend trenne zwischen Sprache und Weltordnung, Kultur und Natur, Sinn- und Sachzusammenhängen, immunisiere er sich gegen Kritik.[36] Auch ich vermute, daß es kaum gelingen wird, die Fehlerhaftigkeit einer mythischen Geschichte so zu beweisen, daß auch ihr Erzähler sich davon überzeugen läßt. Und falls doch, so bliebe womöglich der Gehalt der Geschichte, ihre Bedeutsamkeit, davon gänzlich unberührt. Doch ist damit auch schon bewiesen, daß mythische Überlieferung ihren Bestand autoritär sichert? Ist das mythische Denken durch und durch dogmatisch? Ich meine, es gibt hinreichende Anzeichen dafür, daß dieser Vorwurf fehlgeht. Allerdings lassen sich Mythen nicht ›methodisch‹ kritisieren wie naturwissenschaftliche Theorien oder moralische Normen, die den Anspruch auf Allgemeingültigkeit erheben. Mythen leben offenbar in einem anderen Element als demjenigen universaler Geltungsansprüche. Vielleicht ist dieses – ihr – Element das der ästhetischen Reflexion. Nicht nur, daß sie sich prinzipiell immer wieder neu und anders erzählen lassen; bezeichnenderweise werden sie auch immer wieder neu und anders erzählt. Glaubhaft berichtet Lévi-Strauss, nie sei ihm ein Mythos zweimal in genau derselben Gestalt mit exakt denselben Details zu Ohren gekommen. Einen Mythos erzählen, ihn wiederholen (conte redire), das bedeute, ihm widersprechen (contredire), ihn individuell (über)formen.[37] Mythen können nur überleben, solange sie denen bedeutsam scheinen, denen sie vertraut sind, solange sie (intersubjektiv) ›ankommen‹. Sie bleiben als Tradition nur dann lebendig, wenn sie sich der jeweiligen Lebenswelt der Erzähler und Zuhörer assimilieren lassen. Während Lévi-Strauss gezeigt hat, wie das sehr einheitlich wirkende Mythenmaterial, mit dem die Indianer Nord- und Südamerikas umgehen, dennoch dazu geeignet ist, die verschiedenen Stammesidentitäten zum Ausdruck zu bringen und gegeneinander abzugrenzen, hat Hans Blumenberg vorgeführt, wie ein und derselbe Grundmythos (konkret: die Geschichte von Prometheus) immer wieder anders gesehen und dargestellt wird, je nachdem, in welcher Epoche er aufgegriffen wird. Wenn also schon über »den« Mythos geurteilt werden soll, dann ließe er sich auch als schöpferisch überformende Brechung von Tradition und Gegenwartserfahrung im Raum bildhaft-konkreter Rede verstehen.

Die eigentümliche Kraft, den Reichtum der mythischen Sprache scheinen die Autoren der *Dialektik der Aufklärung* immerhin erahnt zu haben. Doch obwohl sie die spätere Trennung von Bild und Zeichen beklagen[38], nehmen sie vor allem an der Bildhaftigkeit des Mythos Anstoß. Gerade sie erscheint ihnen als die – Sinn heuchelnde – Verdopplung des verfluchten Gegebenen, als die utopiefeindliche symbolische Befestigung des »Verblendungszusammenhangs«.[39] In der Welt des Mythos, einer durch und durch entsetzlichen, werde jede Gegenwart von der Vergangenheit eingeholt, die auch die Zukunft schon längst verdorben habe, alle Geburt werde mit dem Tod, jedes Glück mit Unglück bezahlt. In diesem Reich von Schuld und Vergeltung triumphiere der »blinde Gang des Schicksals«.[40]
Gesetzt, mit dieser Charakteristik wäre der wesentliche Inhalt der mythischen Geschichten tatsächlich getroffen, so erhebt sich immer noch die Frage, was an solchem »unentrinnbaren Kreislauf der Natur«[41] schrecklich ist. Der Ring der Jahreszeiten, der Wechsel von Tag

und Nacht, von Ebbe und Flut, das verschwenderische Spiel natürlichen Werdens und Vergehens – bedrohlich sind diese Muster rhyth-
mischer Wiederkehr doch nur für ein vereinzeltes Subjekt: das
moderne Individuum, das seinen Bestand sichern, sich stetig entwik-
keln, vor allem aber nicht wieder in der Natur verschwinden will.
Sicherlich, für den im Ernst vergänglichen einzelnen – wohl für jeden
von uns, der sich nicht von einer höheren Macht geborgen wähnt – ist
die Furie des Verschwindens angsterregend; die Vorstellung des Ster-
ben-Müssens, der bloß gestundeten Zeit, mag in ihrer Unvorstellbar-
keit sogar unerträglich sein.[42] Jenes »Eingedenken der Natur im
Subjekt«[43] jedoch, zu dem die *Dialektik der Aufklärung* aufruft, die
radikale Selbstbesinnung der Vernunft, die dieses Buch einleiten will,
könnte sie nicht insbesondere das Eingedenken ihrer Beschränktheit
und unserer Sterblichkeit erfordern?
Aus welcher Quelle sich ihr vernichtendes Urteil über den Mythos
speist, geben Adorno und Horkheimer deutlich an. Das Motiv »der
Abschaffung des Todes«, so heißt es im ersten Exkurs, bilde »die in-
nerste Zelle jeglichen antimythologischen Gedankens«[44]. Das Verdikt
über den Mythos gründet selber in einem dogmatisierten Anti-My-
thos. Das wird vollends offenkundig, wenn man sich, um der erhel-
lenden Ergänzung willen, die Schriften Adornos ansieht, die geradezu
von einem anti-mythologischen Affekt bestimmt sind. Die jüdisch-
religiöse Überlieferung ist der Maßstab, der über die Wirklichkeit,
nicht nur des Mythos, gebrochen wird. Wenn von unversöhnter Natur
die Rede ist, dann ist eigentlich die gefallene Kreatur gemeint.[45] Der
schuldig gewordene Mensch, der vom Baum der Erkenntnis gegessen
hat, hat sein paradiesisches Dasein verwirkt. In feindliche Natur verstoßen, ist er nun dazu verurteilt, sein Brot im Schweiße seines
Angesichts zu essen und, sofern er weiblich ist, unter Schmerzen zu
gebären. Der Tod ist der Sünde Sold und die ausweglose Verstrickung
unseres Lebens und Denkens in wuchernde Gespinste von Ohnmacht
und Überwältigung, der »Bann«, der auf allem zu lasten scheint, die
säkularisierte Erbsünde.[46] Adorno nimmt Geschichte auf der Folie der
alttestamentarischen Geschichte vom Sündenfall wahr. Die jüdische
Religion aber ist bilderfeindlich. Aus der Perspektive ihres absoluten
Bilderverbots erscheint jede mythische Geschichte, die sich positiv auf
Gegenwart einläßt, als eine der unzähligen teuflischen Neuinszenie-
rungen des Tanzes ums Goldene Kalb. Der ganze Sinn des Begriffs der
Versöhnung dagegen, des »höchste[n] Begriff[s] des Judentums«[47], an
den sich die *Dialektik der Aufklärung* klammert, ist: »Erwartung«[48].

»Die jüdische Religion duldet kein Wort, das der Verzweiflung alles Sterblichen Trost gewährte. Hoffnung knüpft sie einzig ans Verbot, das Falsche als Gott anzurufen, das Endliche als das Unendliche, die Lüge als Wahrheit. Das Unterpfand der Rettung liegt in der Abwendung von allem Glauben, der sich ihr unterschiebt, die Erkenntnis in der Denunziation des Wahns.«[49] Nur in der unversöhnlichen Verurteilung dessen, was ist, lebt Adorno zufolge ein letzter Funke Hoffnung.[50]

Wer von dem transzendenten Blitz des Absoluten geblendet wird, so kann ich mir vorstellen, der vermag in der widerspruchsvollen Wirklichkeit nichts anderes mehr zu erkennen, als verwunschene Schattenspiele des Scheins. Obwohl Adorno/Horkheimer darauf bestehen, die Idee des Absoluten könne nur bewahrt werden, indem sie nicht positiv ausgemalt wird, spielt diese – in reiner Negativität – die Rolle eines Maßstabs, dem nichts genügen kann. Ja, sie kann gerade deshalb so rigide wirken, weil sie sich gegen jede Konkretisierung sperrt. Zwar versichern die Autoren der *Dialektik der Aufklärung,* die Bewegung der Negation, die ihre Kraft der Idee des Absoluten verdankt, sei nicht abstrakt, sondern bestimmt, sie verwerfe »die unvollkommenen Vorstellungen des Absoluten, die Götzen, nicht wie der Rigorismus, indem sie ihnen die Idee entgegenhält, der sie nicht genügen können«[51]. Ich kann mich aber des Eindrucks nicht erwehren, daß negativer Dialektik genau diese Abstraktheit eignet. Wenn solche Dialektik auch vorgibt, sie könne lehren, aus den Zügen des Götzenbildes »das Eingeständnis seiner Falschheit«[52] zu lesen, so ist sie doch keineswegs automatisch gegen totalisierende Gewaltsamkeiten gefeit.

Ich möchte deshalb noch kurz auf ein Beispiel der eigentümlichen Interpretationsgeschicklichkeit eingehen, die vonnöten ist, damit sich Bilder in Schrift verwandeln und eingestehen, sie meinten nicht, was sie darstellen, sondern das Ganz Andere. Während Horkheimer eher dazu neigt, gradheraus zu formulieren, und entsprechend leicht bei Grobheiten oder auch Naivitäten ertappt werden kann, beherrscht Adorno diese subtile Kunst. Manchem Leser mag der ausgefeilte ›Jargon‹ Adornos imponieren, kann er doch den Eindruck erwecken, als nehme hier ein ebenso vorsichtiger wie gründlicher Denker die verzwicktesten Reflexionen auf sich, schrecke selbst vor ausweglosen Paradoxien nicht zurück, weil nur so der Wahrheit näherzukommen sei. Ich werde jedoch den Verdacht nicht los, daß die negative Dialektik, die Adorno vorführt, so etwas wie eine unfehlbare Methode ist: eine auf den ersten Blick ausgefuchste, im Grunde genommen aber einfache Wahrheitsschematik, die auf die verschiedenartigsten Probleme Anwendung findet. Immer wieder stellt Adorno Texten und Lebensäußerungen dieselbe Frage, und ebenso regelmäßig preßt er dem Befragten dieselbe Antwort ab: Wahrheit – die wäre erst im versöhnten Zustand, und der ist weder in geheimnisvollen Ursprüngen zu finden[53], noch auf irgendwelchen verschlungenen geschichtlichen Wegen zu erreichen. Die Idee der Wahrheit läßt sich also allenfalls sehnend-erinnernd bewahren, indem wir alles, was uns verlockend berührt wie die Begriffe, mit denen wir es zu greifen versuchen, als Zeugnis dieses Verlustes wahrnehmen.

Solch melancholische Haltung, der ich meinen Respekt nicht versagen möchte, hat Adorno nun allerdings auch Denkern und Dichtern unterstellt, deren schriftliche Äußerungen eine ganz andersartige Wirklichkeitsauffassung verraten: Friedrich Hölderlin beispielsweise.[54] Besonders aufschlußreich ist dieses Unterfangen deshalb, weil Hölderlins Dichtung aus einem Verständnis des Mythischen lebt, wie es entschiedener demjenigen Adornos, das die entsprechenden Thesen der *Dialektik der Aufklärung* geprägt hat, nicht entgegengesetzt sein könnte. Der Dichter hat im Mythischen keineswegs das »alte Unwahre«[55] gesehen, dem man »das Seine« nur geben müsse, um sich von ihm zu befreien. Das Mythische ist für Hölderlin vielmehr der innigste Inbegriff poetischer Reflexion[56], Aufhebung des einseitigen Rationalismus der Aufklärung, der das lebendige Einzelne aus seinem besonderen Zusammenhang reißt, es dem groben Regiment allgemeiner Gesetze unterwirft und mit seinen »eisernen Begriffen«[57] zu vernichten droht. Dichtung dagegen muß sich liebevoll gestaltend auf das beschränkte Einzelne einlassen. Gelingt sie, so ermöglicht sie die Begegnung mit dem Andersartigen, Fremden (in Geschichte und Gegenwart) und eröffnet so allererst Freiheit zum Eigenen, das weder einer Hierarchie des Absoluten untergeordnet wird, noch sich selber zum Absoluten aufspreizt.

Adorno behauptet, Hölderlin habe das Reale verschwiegen, »nicht bloß als Antipoetisches, sondern weil das dichterische Wort Scham ergreift vor der unversöhnten Gestalt dessen, was ist«.[58] Nichts aber hat Hölderlins Dichtung und poetologischer Theorie ferner gelegen. Nicht nur daß dieser Dichter immer wieder scharfe und triftige Gegenwartskritik geübt hat, er hat dem Unpoetischen ausdrücklich einen festen Platz in der Poesie eingeräumt. Das ist für Hölderlin »die höchste Poesie, in der auch das Unpoetische, weil es zu rechter Zeit und am rechten Orte im Ganzen des Kunstwerks gesagt ist, poetisch wird«.[59]

Dichtung galt dem Jugendfreund Hegels und Schellings weder als »allegorische Brechung«, bloßes »Medium der Kritik am falschen Leben«[60], wie Adorno glaubt, noch erscheint das »Reich des Gesanges« als ein illusionäres Luftreich, die irrationale Beschwörung reiner Unmittelbarkeit oder vollendeter Harmonien. Sie hat sich vielmehr auf die rauhe Wirklichkeit und ihre Widersprüche und Zerrissenheiten einzulassen. Während Adorno Kunst als abstrakte Utopie bestimmt, die Versöhnung inmitten des Unversöhnten festhalte »durch unversöhnliche Absage an den Schein von Versöhnung«[61], eröffnet Dichtung laut Hölderlin einen einzigartigen Erfahrungsraum wirklicher Versöhnung. Sie vereinige nämlich die Menschen, »wenn sie echt ist und echt wirkt, mit all dem mannigfachen Leid und Glück und Streben und Hoffen und Fürchten, mit all ihren Meinungen und Fehlern, all ihren Tugenden und Ideen, mit allem Großen und Kleinen, das unter ihnen ist, immer mehr zu einem lebendigen, tausendfach gegliederten Ganzen, denn ebendies soll die Poesie selber sein, und wie die Ursache so die Wirkung«.[62]

Adorno jedoch besteht – im Gegensatz zu Hölderlin – auf dem scheinhaften Charakter solcher Versöhnung.[63] Nur als Schein verweise Kunst auf die wahre Versöhnung und klage die unversöhnte Wirklichkeit an. Die ästhetische »Gestaltung der Antagonismen« nämlich schaffe diese »nicht weg, versöhnt sie nicht«[64]. Genau hier liegt die Differenz, auf die es mir ankommt. Während Adorno Versöhnung offenkundig als Elimination von Widersprüchen denkt, legt Hölderlins Konzept der Dichtung es darauf gerade nicht an. Dichtung macht vielmehr Widersprüche erlebbar; sie befreit uns nicht von Widersprüchen, sondern aus abgeschirmten Einseitigkeiten zu ihnen.[65] In jeder Gegenwart, so beschränkt sie auch scheinen mag, lassen sich laut Hölderlin Wahrheit und Freiheit wirklich auffinden, das Beschränkte muß nur fähig sein, sich als begrenzt zu erfahren, als eine von unendlich vielen Möglichkeiten zu leben. Adorno betreibt die Abwertung des vergänglichen Menschlichen, weil es in seinen beschränkten, jeweils geschichtlichen Gestalten den Ansprüchen eines rigiden Absoluten prinzipiell nicht genügen kann. Ganz »un-adornisch« aber heißt es in Hölderlins Hymnus »Der Rhein«: »Es haben aber an eigner / Unsterblichkeit die Götter genug, und bedürfen / die Himmlischen eines Dings, / so sinds Heroen und Menschen / und Sterbliche sonst.«[66]

2. Negative Dialektik – »solidarisch mit Metaphysik im Augenblick ihres Sturzes«

Als Horkheimer in den dreißiger Jahren die Idee einer Kritischen Theorie der Gesellschaft aus der Taufe hob, vertraute er auf die praktische Kraft subjektiver Vernunft. Durch fortschreitende Naturbeherrschung, so hoffte er, werde sich Freiheit für alle gesellschaftlich verwirklichen lassen; die glückliche Vereinigung des Einzelnen mit dem Allgemeinen schien jedenfalls möglich. Die *Dialektik der Aufklärung* rückt diese humanistische Utopie in ein anderes Licht. Nicht nur daß Emanzipation und Herrschaft wie siamesische Zwillinge erscheinen, die in diesem Fall keine noch so ausgefeilte Operationskunst zu trennen vermöchte; sie geben auch das Sinnbild des in die Geschichte der Wiederholungszwänge verstoßenen Menschen ab. Die Reflexionen Horkheimers und Adornos schärfen einerseits zwar das Gespür für die innere Widersprüchlichkeit menschlicher Subjektivität, lassen sie jedoch andererseits wie eine schicksalhafte Gegebenheit erscheinen, aus der es keinen Ausweg gibt, auf die man sich aber auch nicht einlassen darf, weil man dann erst recht verloren wäre.

In der *Negativen Dialektik,* seinem philosophischen Hauptwerk, hat Adorno – konsequenter als Horkheimer in irgendeiner Schrift – die Aporien herausgearbeitet, vor die das Scheitern des aufklärerischen Emanzipationsprogramms denjenigen stellt, der an dem Projekt der Aufklärung gleichwohl festzuhalten gewillt ist.[1] Entschiedener allerdings auch als Horkheimer hat Adorno die Kritische Theorie in die Metaphysik zurückreflektiert. Negative Dialektik weiß sich »solidarisch mit Metaphysik im Augenblick ihres Sturzes«.[2]

Was wird aus einer Philosophie, die einmal versprach, sie werde sich in der Bewegung ihrer Verwirklichung selbst aufheben, nachdem »der Augenblick ihrer Verwirklichung versäumt ward«[3], wie Adorno am Anfang der *Negativen Dialektik* konstatiert? »Nachdem die Philosophie das Versprechen, sie sei eins mit der Wirklichkeit oder stünde unmittelbar vor deren Herstellung, brach, ist sie genötigt, sich selbst rücksichtslos zu kritisieren.«[4] Was diese Schlußfolgerung aus der Einsicht in die Dialektik der Aufklärung betrifft, so scheinen sich Horkheimer und Adorno tatsächlich einig gewesen zu sein.[5] Was aber findet die Vernunft, wenn sie selbstkritisch in sich geht? Und wie kommt sie wieder heraus, auf welche Erfahrungen wagt sie sich einzulassen? Horkheimer hat sein Kantisches Vernunftideal, dem er zeitlebens mehr oder minder die Treue gehalten hat, kaum verhehlt. In gewisser

Weise gibt auch der Begriff einer »objektiven Vernunft« einen Maßstab ab. Zwar beweist auch Adornos Philosophie manche Sympathie
für Kants Vernunftkritik, doch hat sich der Verfasser der *Negativen
Dialektik* immer wieder hartnäckig geweigert, einen Standpunkt ausdrücklich zu benennen, von dem seine Kritik der gegebenen Wirklichkeit ausgeht. Wie aber gelingt es ihm, Bilder von Glück, Freude am
Widerspruch, alle Lebensäußerungen gleichermaßen in die heilige
Trümmerschrift des Absoluten zu verwandeln? Daß er negative Dialektik strikt als bestimmte Negation verstanden wissen will, garantiert
ja nicht, daß sich auch wirklich keine handfesten Voraussetzungen in
sie eingeschlichen haben. Soweit dies überhaupt möglich ist, werden
solche Voraussetzungen durch die falsche Scham, sie nicht zu benennen, nur versteckt und damit der offenen Auseinandersetzung entzogen. Rüdiger Bubner hat das richtig gesehen.[6] Er trifft den entscheidenden Punkt, wenn er bemerkt, Adornos Version der Kritischen
Theorie fuße, aller Polemik gegen das Standpunkt-Denken zum Trotz,
ihrerseits »auf einer ausgewachsenen Geschichtstheorie von ontolo-
gischem Rang«[7].
Immerhin gibt Adorno zu, daß es keine immanente Kritik gebe »ganz
ohne Wissen von außen«[8]. Wie dieses Außen in die Wirklichkeit hin-
einscheint und negativer Dialektik ihren unverwechselbaren Scharfblick verleiht, hat Adorno bereits in den *Minima Moralia* ausgeführt,
die zur selben Zeit entstanden sind wie die *Dialektik der Aufklärung*.
Was letztere als Kritik des Mythos lediglich andeutet: daß die Perspektive der Kritik der jüdisch-religiösen Überlieferung entstammt, wird
hier offenkundig: »Philosophie, wie sie im Angesicht der Verzweiflung einzig noch zu verantworten ist, wäre der Versuch, alle Dinge so
zu betrachten, wie sie vom Standpunkt der Erlösung aus sich darstell-
ten. Erkenntnis hat kein Licht, als das von der Erlösung her auf die
Welt scheint: alles andere erschöpft sich in der Nachkonstruktion und
bleibt ein Stück Technik. Perspektiven müßten hergestellt werden, in
denen die Welt sich ähnlich versetzt, verfremdet, ihre Risse und
Schründe offenbart, wie sie einmal als bedürftig und entstellt im Mes-
sianischen Licht daliegen wird.«[9]
Philosophie im Angesicht der Verzweiflung? Das klingt, als ob Adornos Denken schreckliche Erfahrungen reflektiere und ihnen in heroischer Anstrengung standzuhalten versuche. Sicherlich, die Gewaltherrschaft des Faschismus, das unverdiente Glück, der Vernichtung im
KZ entkommen zu sein, haben den empfindlichen Geist Adornos im
Innersten getroffen.[10] Doch hatte Adorno fast das gesamte Begriffs-

Arsenal negativer Dialektik bereits parat, bevor der Nationalsozialismus gegen die Juden und damit gegen die Menschheit wütete. Den strikt negativen Charakter der Philosophie betont er schon in seiner Frankfurter Antrittsvorlesung von 1931; nur polemisch biete sich die Wirklichkeit als ganze dem Erkennenden dar, »während sie nur in Spuren und Trümmern die Hoffnung« gewähre, »einmal zur richtigen und gerechten Wirklichkeit zu geraten«[11]. Angetrieben von einer ungeheueren apokalyptischen Sehnsucht hat Adorno seinerzeit auch die mögliche Versöhnung von Natur (das »Archaisch-Mythische«[12], das in der zwanghaften Wiederholung des Immergleichen gefangen ist) und Geschichte (das »Geschichtlich-Neue«[13], das diesen blinden Kreislauf durchschlägt) ins Auge gefaßt. Natur soll als geschichtlich kenntlich werden, als vergänglich – und das heißt für Adorno: als »Schöpfung«.[14]

Sieht man sich Adornos frühe philosophische Schriften an, so wird erst richtig deutlich, was sein Denken der jüdisch-mystisch inspirierten Philosophie Walter Benjamins verdankt. Benjamins Verdikt über den Mythos[15], sein Lob des Gegengifts: des Allegorischen[16], sein Hinweis auf den »Schriftcharakter«[17] der Allegorie, das alles findet sich auch in den Schriften Adornos, die freilich – im Gegensatz zu denen Benjamins[18] – bald jeglichem Geschichtsoptimismus entsagt haben. Im *Trauerspiel*-Buch hat Benjamin eine Theorie des Allegorischen entwickelt, die Adorno sich offensichtlich zu eigen gemacht hat. Der allegorische Gebrauch, so Benjamin, entwerte, ja zerstöre die profanen Einzeldinge. Als »Requisiten des Bedeutens«[19] aber werden sie zugleich erhoben und »geheiligt«, denn zertrümmert entbergen sie die Vergänglichkeit aller irdischen Dinge und verweisen auf eine andere Welt: »Allegorie der Auferstehung«[20]. Wenn alles Lebendige, wie Benjamin glaubt, als ›gefallene Kreatur‹ angesehen werden muß, der es durch eigene »Schuld« versagt ist, ihre »Sinnerfüllung in sich selbst zu finden«[21], dann ist ihr nur noch zu helfen, indem sie – symbolisch – zerstört wird. Nur auf dem Hintergrund solch religiöser Selbstinterpretation wird folgender Satz Adornos aus den *Minima Moralia* überhaupt verständlich: »Wer das Zerstörende haßt, muß das Leben mithassen: nur das Tote ist das Gleichnis des nicht entstellten Lebendigen.«[22]

Adornos Philosophie im Angesicht der Verzweiflung, so scheint mir, will verzweifeln. Sie folgt nicht aus dem historischen Scheitern der humanistischen frühbürgerlichen Utopie[23], sondern aus den metaphysischen Kategorien, die sie an die widerspruchsvolle Vernunft-

Geschichte heranträgt. Das theologische Bilderverbot beispielsweise, auf das Adorno sich gerne beruft, entspringt wohl weniger dem aktuell geschichtlichen Mangel an konkreten Handlungsperspektiven als vielmehr der prinzipiellen Vorentscheidung über das Wesen des Absoluten und das Unwesen der Wirklichkeit. Mit allen Schlingen, die sie noch sich selber legt, ist negative Dialektik, »die Ontologie des falschen Zustandes«[24], Ausdruck einer unstillbaren Sehnsucht nach dem Absoluten. Es ist die vollendete Wahrheit des Dings an sich, auf die Adornos Philosophieren aus ist, obwohl sie, durch Kants Kritik belehrt, weiß, daß sie ihr immer wieder entgehen wird. Doch will sich Adorno weder mit der Kantischen Selbstbeschränkung der Vernunft abfinden, noch das mühsam ertragene Wissen preisgeben, daß positive Philosophien des Absoluten unweigerlich doch nur ein bloß Seiendes, Geschichtlich-Vergängliches vergotten. Dies ist und bleibt das Grundparadox der *Negativen Dialektik*.

Polemisch hat Adorno den »Vorrang des Objekts«[25] verkündet, um auf das ebenso verführerische wie verstörende eigenständige Anderssein dessen aufmerksam zu machen, was als das »Nicht-Identische«[26], als Widerspenstig-Sachhaltiges[27], nicht bruchlos in den Begriffen aufgeht, die wir uns von den Dingen zimmern. An der theoretischen und praktischen Gleichmacherei hat sich Adornos Kritische Theorie immer wieder entzündet.[28] Sie träumt von dem versöhnten Zustand, der nicht länger »mit philosophischem Imperialismus das Fremde« annektierte, sondern »sein Glück daran« hätte, »daß es in der gewährten Nähe das Ferne und Verschiedene bleibt, jenseits des Heterogenen wie des Eigenen«.[29] Versöhnung erst gäbe das »Nicht-Identische« frei.[30] Freilich, wer vom Nicht-Identischen redet, dessen Sprache verrät, daß er vom Wahrheitsideal der Adaequation her denkt. Wer das Fremde, dem er angeblich Raum geben will, als Objekt anspricht[31], der hat es immer schon unter das Schema der Gegenständigkeit gebracht, in die Dynamik von Entgegensetzung und Aneignung gestürzt. Adorno ist sich des Zwangscharakters der negativen Dialektik auch durchaus bewußt. Diese sei »das Selbstbewußtsein des objektiven Verblendungszusammenhangs«, so rechtfertigt er sich, »nicht bereits diesem entronnen«[32]. Es fragt sich allerdings, ob nicht allererst der Zwangscharakter solcher Philosophie des unerreichbaren und gleichwohl unaufgebbaren Absoluten den unentrinnlichen Verblendungszusammenhang aufrichtet.

»Nur wer das Neueste als Gleiches erkennt, dient dem, was verschieden wäre.«[33] So schreibt Adorno in den »Reflexionen zur Klassentheorie«. Es ist die abstrakte Erwartung des Absoluten, der nichts Wirkliches genügen kann. Ohne die Idee des Absoluten ist Adorno zufolge keine Wahrheit zu denken, die das Gegebene überschreitet.[34] Doch erst wenn ihr das abstrakt gewordene Ideal universeller Versöhnung vorgehalten wird, verwandelt sich die widerspruchsvolle Wirklichkeit, in der wir leben, mit all den kleinen und größeren Veränderungsmöglichkeiten, die sie birgt, in das unterschiedslose schlechte Gegebene. »Kein Licht«, so heißt es in der *Negativen Dialektik*, »ist auf den Menschen und Dingen, in dem nicht Transzendenz widerschiene.«[35] Wer nicht an der Idee eines Transzendenten festhält, begibt sich Adorno zufolge jeder Möglichkeit, über die Welt, wie sie ist, hinauszudenken und Kritik zu üben. Vielleicht aber ist die Welt, wie sie ist, ja gar kein eindeutiges, festgefügtes Gebilde. Vielleicht sind es gerade ihre nicht zu schlichtenden inneren Widersprüche, die – ganz und gar innerweltlich – immer neue Auseinandersetzungen und damit auch Gestalten der Kritik hervorbringen. Auf konkrete Gegensätze und Konflikte jedoch will sich das metaphysische Sehnen, dem die *Negative Dialektik* sich verschreibt, am liebsten nicht mehr einlassen. Soviel in ihr von Widersprüchen die Rede sein mag, sie verzehrt sich danach, ihnen endlich ein für allemal entronnen zu sein. Die Metaphysik hat die Kraft verloren, die Zerrissenheit der Wirklichkeit zu verschleiern oder in einer höheren Ordnung aufzuheben: Spätestens nach den Greueln des Faschismus ist es – jedenfalls einem aufrichtigen Denken – nicht mehr möglich, das Seiende im Ganzen zu rechtfertigen.[36] Nichts kann von ihr bewahrt werden als die abstrakte »Idee einer Verfassung der Welt, in der nicht nur bestehendes Leid abgeschafft, sondern noch das unwiderruflich vergangene widerrufen wäre«[37], nichts als das vernichtende Andenken an »etwas, das anders wäre als das unsägliche Seiende, die Welt«[38]. Von der Metaphysik, mit der sie sich in ihrem Sturz einig weiß, hat Adornos Philosophie, mit Nietzsche gesprochen, nur »die richtenden Werte übrigbehalten«[39].

C. Perspektiven der Vernunftkritik

I. Resignation: Horkheimers Sehnsucht nach dem »Ganz Anderen«

In den Aufsätzen aus den dreißiger Jahren hatte Max Horkheimer das humanistische Konzept einer kritischen Gesellschaftstheorie entworfen. Er versuchte einen Weg anzugeben, wie Vernunft, gedacht als die sanfte Einerin der Menschheit, in der Geschichte verwirklicht werden könnte und sollte. Zugleich aber hat sich der Begründer der »Frankfurter Schule« der Einsicht nie verschlossen, daß alle unsere theoretischen und praktischen Kategorien, ebenso wie unsere Lebensgewohnheiten und Träumereien, historischen Veränderungen unterworfen sind. Couragiert hat er deshalb für die Idee je geschichtlicher Wahrheit gestritten und sich entschieden gegen die metaphysische Überhebung menschlicher Wünsche und Befürchtungen gewandt. Die innere Spannung zwischen diesem Konzept von Wahrheit und dem emphatischen Begriff der Vernunft, der auf Universalität und Totalität ausgeht, hat Horkheimers Philosophie auf die Dauer jedoch nicht zudecken können. Sie ist vielmehr von ihr zerrissen worden.

Die Überlegungen zur Kritik der instrumentellen Vernunft sind auch als Selbstkritik der Kritischen Theorie zu lesen. Während Horkheimer einst glaubte, sich auf die befreiende Macht subjektiver Vernunft berufen zu dürfen und mit ihrer Hilfe die traditionellen Wissenschaften in allgemein-gesellschaftliche Zwecksetzungen einbinden zu können, ist seiner Altersphilosophie diese Zuversicht verloren gegangen. Sie will nicht leugnen, daß das grandiose Emanzipationsprojekt der europäischen Aufklärung gescheitert ist, und trotzdem die frühen Ideale bewahren. Das schlechte Gegebene einerseits und die Haltlosigkeit der praktischen Vernunft andererseits vor Augen, übernimmt der alternde Horkheimer mehr und mehr die Sichtweise Adornos[1] und greift wehmütig auf metaphysische Gedanken zurück. Nach dem Untergang der Vernunft, so folgert Horkheimer Ende der sechziger Jahre, könne nur noch Religiosität die Grundlage moralischer Urteile abgeben[2], nur die verwegene Hoffnung, daß »die Wirklichkeit der Welt mit all ihrem Grauen kein Letztes sei«, alle Menschen verbinde, »die sich mit dem Unrecht dieser Welt nicht abfinden wollen oder können«[3]. Bleibt dem Denken, das nicht bereit ist, seine kritischen Ansprüche preiszugeben, heute wirklich nichts anderes übrig, als sich der »Sehnsucht nach einem anderen als dem Diesseits«[4] zu verschreiben?

Ich meine, nein. Im Gegenteil, die Reflexion gibt sich selber erst recht auf, wenn sie sich resigniert auf unbefragbare religiöse Überzeugungen verläßt. Das gilt auch für Horkheimers späte Räsonnements, obwohl ihr Autor in der Religion keine positiven Versicherungen, sondern eine wundersame Kraft des Widerstands aufsucht[5], auf die Gefahr theologischer Dogmatisierungen hinweist[6], zugibt, daß Untaten auch mühelos im Namen Gottes verübt werden können[7] und die religiös geprägte Gesellschaft des Mittelalters beispielsweise nicht weniger »inhuman« war, als es der gegenwärtige Zustand der Welt ist[8]. Gegenwartskritik, die im Ernst vermeint, sich auf die schemenhafte Idee eines »Ganz Anderen« berufen zu sollen, gerät wohl zwangsläufig zum pauschal verurteilenden Weltgericht. Der kritische Blick, der auf der Suche nach erlösender Transzendenz in ominöse Fernen schweift, übersieht allzu leicht das Nächstliegende: die wirklichen Widersprüche, deren lebendige Dynamik doch nicht deshalb schon stillgestellt ist, weil sie für uns die täuschende Aura eines evolutiven Prozesses eingebüßt hat.

Eine prinzipielle Sympathie für die religiöse Weltanschauung scheint sich bereits in Horkheimers kategorialem Ansatz zur *Kritik der instrumentellen Vernunft* zu verbergen. Der Begriff einer allumfassenden objektiven Vernunft wird immer wieder als Kontrastfolie eingesetzt, von der sich die neuzeitliche Selbstermächtigung des Menschen zum ratlosen Subjekt seines Wissens und Handelns abhebt. Das verleiht der Rationalitätskritik Horkheimers in den vierziger Jahren gelegentlich schon den kulturkonservativen Anstrich einer Verfallsgeschichte. Die späte Kritische Theorie schließlich bedient sich nurmehr einer Palette düsterer Farben, um das Bild der Gegenwart zu zeichnen. Es mangelt ihm daher an unterscheidbaren Konturen. Allerdings ist Horkheimer zugute zu halten, daß er nie einer Rückkehr zur objektiven Vernunft das Wort geredet, nie die politische Wiederbelebung fundamentaler Ontologien oder theologischer Weisheitslehren gefordert hat. Er war sich darüber im klaren, daß die vergangenen Wahrheiten, denen längst keine bindende Kraft mehr innewohnt, selber instrumentalisiert werden, wenn sie als probates Mittel gegen die gefürchtete »Sinnkrise« angepriesen werden.[9] Der historische Übergang von der objektiven zur subjektiven Vernunft war nämlich »kein Zufall, und der Prozeß der Entwicklung von Ideen kann nicht willkürlich in einem gegebenen Augenblick rückgängig gemacht werden. Wenn die subjektive Vernunft in Gestalt der Aufklärung die philosophische Basis von Glaubensüberzeugungen aufgelöst hat, die ein wesentlicher Bestandteil der abendländischen Kultur gewesen sind, so war sie dazu imstande, weil diese Basis sich als zu schwach erwiesen hat«.[10] Die Aufklärung hat, ihrer selbstzerstörerischen Herrschaftsbesessenheit zum Trotz, der subversiven Reflexion vielfältige Räume eröffnet. Mit ihrer Hilfe können wir begreifen, daß ungeheuerliche Anmaßung im Spiel ist, wenn Offenbarungserlebnisse Allgemeingültigkeit beanspruchen, daß willkürliche Zuordnungen verschleiert, wer die Natur zur freigebigen Spenderin heilsamer Normen verklärt, und daß gewaltsame Einfalt am Werke ist, wo scheinbar intakte Ganzheiten beschworen werden.[11] Doch bei dem Versuch, neue und ›wahrere‹ Verbindlichkeiten zu stiften, hat das aufklärerische Denken den Königsweg wissenschaftlicher Methodik beschritten, der sich in der Moderne als die von Mauern umgrenzte Einbahnstraße instrumenteller Rationalität herausstellt. Vielleicht würden wir in dem Augenblick zu anderen Wahrnehmungen verlockt, in dem wir den Mut fänden, innezuhalten und mit ruhiger Neugier über diesen künstlich verengten Horizont hinaus zu spähen.

Allein unnachgiebige Selbstreflexion subjektiver Vernunft könnte die Erinnerung wachhalten an jenes Ideal unverkürzter praktischer Vernunft, um dessen Bewahrung es der Kritischen Theorie der Gesellschaft geht.[12] Sie kann sich freilich nicht als selbstsüchtige Nabelschau vollziehen. Aufklärung, die zur Besinnung kommen will, muß ihre eigene Geschichte aufarbeiten, indem sie sich die folgenschweren Vorgänge der Verwissenschaftlichung der Wirklichkeit und der Rationalisierung sozialer Herrschaft vergegenwärtigt. Wenn Philosophie sich auf diese Aufgabe einzulassen wagt, wird sie nicht nur ihr inneres Problembewußtsein schärfen, sondern sich auch so aufmerksam wie nur möglich mit den empirischen Wissenschaften auseinandersetzen müssen. Daß alles Denken und Tun sich in geschichtlich-gesellschaftlichen Bedingungszusammenhängen bewegt, darf sie dabei freilich nicht vergessen.

Horkheimer hat ein solches Programm Kritischer Theorie zwar skizziert und sich mit der *Kritik der instrumentellen Vernunft* sogar an

seine Ausführung gemacht, in den letzten Jahrzehnten seines Wirkens
aber ist er ihm immer weniger gerecht geworden. Ein entscheidender
Grund dafür scheint mir darin zu liegen, daß Horkheimer sich aus
dem grundlegenden Schema, von dem seine Schriften aus den dreißiger
Jahren bestimmt sind, nicht konsequent hat lösen können. In einem
bestimmten Sinne ist er zeit seines Lebens Kantianer geblieben. Obwohl seine Kritik der neuzeitlichen Rationalität wesentlich in dem
Nachweis besteht, daß es der subjektivierten Vernunft unmöglich geworden ist, Ziele oder Zwecke allgemeingültig zu begründen, klammert sich noch der gealterte Horkheimer an die naive Denkfigur der
Zweckrationalität. Das zeigt sich daran, wie er zur Korrektur dessen
auffordert, »was sich heute als einzige Vernunft aufspielt«[13]: der Wissenschaft, »insofern sie nicht, wie es notwendig wäre und sinnvoll ist,
als ein Instrument benutzt wird, sondern insofern sie zur Wahrheit
schlechthin erhoben wird«[14].
Die Erfahrungswissenschaften und die nützlichen Erkenntnisse, die
sie bereitstellen, sind in der Tat durch und durch instrumentell verfaßt.
Der gigantische technisch-industrielle Komplex jedoch, in den sie eingelassen sind, ist längst der Gestalt eines Instruments entschlüpft, das
sich mit technischer Geschicklichkeit, praktischer Umsicht und moralischem Verantwortungsbewußtsein handhaben läßt. Was als Arsenal
wertneutraler Mittel geplant war, hat sich zum unüberschaubaren Betrieb ausgewachsen, der jeden Versuch vernünftiger Zwecksetzung
absorbiert.[15] Jenseits von Gut und Böse erzwingt unsere technisierte
Lebenswelt gravierende Anpassungsleistungen aller. Ob Computer
beispielsweise zur Steuerung von Massenvernichtungswaffen »miß-
braucht« oder für die Diagnose von Krankheiten »genutzt« werden –
in jedem Fall verändert der Umgang mit den wuchernden Systemen
der Informationsverarbeitung Wahrnehmungsgewohnheiten und
Kommunikationsstrukturen, die gesellschaftliche Wirklichkeit.
Vor allem aber: Das umfassend unterrichtete Subjekt, das diese ver-
zwickte Wirklichkeit zu überschauen oder gar souverän zu regieren
vermöchte, gibt es nicht. Die tollkühne Fiktion einer absoluten Subjektivität, die sich selbst in Freiheit begründen und der (technisch-
wissenschaftlich verfaßten) Welt bestimmend entgegensetzen könnte,
läßt sich nicht mehr aufrechterhalten. Das muß jedoch nicht die Her-
aufkunft einer auf schreckliche Weise perfektionierten, einer total
»verwalteten Welt« zur Folge haben. Keinesfalls verschwindet ausgerechnet mit dem freien Unternehmertum jegliche Subjektivität, wie
der alternde Horkheimer orakelt, als wäre der Eigensinn eines Indivi-

duums an das Geld gebunden, über das es verfügen kann, oder gar an das Kapital, das es zu investieren in der Lage ist.[16] Widerspenstige Subjektivität ist vielmehr überall lebendig, wo Menschen mit Witz, Phantasie und Ausdauer auf ihren Fragen beharren und es wagen, unangepaßt für das einzustehen, was ihnen richtig erscheint.

II. Kommunikative Rationalität – ein neues Paradigma?

Aus der Einsicht in die unauflösliche Verschränkung von Vernunft und Herrschaft, Macht und Subjektivität haben Horkheimer und Adorno schließlich gleichermaßen pessimistische Schlußfolgerungen gezogen. Jürgen Habermas dagegen fühlt sich auch nach »einer erneuten Lektüre«[1] der *Dialektik der Aufklärung* weiterhin dem neuzeitlichen Ideal vernünftiger Emanzipation verpflichtet. Er will unter Beweis stellen, daß die Rationalitätskritik der Kritischen Theorie zu weit geht, und versucht den »Motiven« nachzuspüren, »die Horkheimer und Adorno dazu bewegt haben können, ihre Kritik der Aufklärung so tief anzusetzen, daß das Projekt der Aufklärung selbst in Gefahr gerät«[2]. Dieses Projekt zu retten und den »vernünftigen Gehalt der kulturellen Moderne«[3] zu erschließen, ist Habermas angetreten. Er warnt davor, sich »einer hemmungslosen Vernunftskepsis«[4] zu überlassen, und plädiert dafür, statt dessen »die Gründe zu erwägen, die an dieser Skepsis selbst zweifeln lassen«[5]. Er stellt sogar in Aussicht, daß sich auf diesem Wege »die normativen Grundlagen der kritischen Gesellschaftstheorie vielleicht so tief legen lassen, daß sie von einer Dekomposition der politischen Kultur«[6], wie sie die faschistische Gewaltherrschaft bedeutete, »nicht berührt worden wäre«[7]. Das anspruchsvolle Unterfangen, diese Aufgabe durch eine Theorie des kommunikativen Handelns[8] erfüllen zu wollen, setzt sich allerdings dem Verdacht aus, die Reichweite einer schonungslosen Selbstkritik subjektiver Vernunft zu unterschätzen.

Mit Recht hält Habermas den Autoren der *Dialektik der Aufklärung* vor, »ihre nivellierende Darstellung« berücksichtige »wesentliche Züge der kulturellen Moderne«[9] nicht. Ihm ist auch zuzustimmen, wenn er darauf beharrt, daß es dem Einzelnen heute noch möglich ist, sich Anpassungszwängen zu widersetzen, auf Geltungsansprüche, die im Namen einer universalen Vernunft erhoben werden, mit »ja« oder »nein« zu antworten und die jeweilige Entscheidung zu begründen.[10]

Aber nicht nur das. Mit guten Gründen können wir ebenso dem vereinfachenden Denken in binären Schemata entgegentreten. Wir können uns aus Einsicht weigern, uns auf ein eindeutiges »Ja« oder »Nein« festlegen zu lassen, und ein aufmerksames Bewußtsein für das bewahren, was eliminiert wird, sobald solche Widersprüche nicht mehr sein sollen. Daß frei erst wäre, »wer keinen Alternativen sich beugen müßte«[11], und daß es »im Bestehenden [...] eine Spur von Freiheit« ist, »ihnen sich zu verweigern«[12], hat Adorno jedenfalls geahnt. Der *Theorie des kommunikativen Handelns* hingegen gilt »höhere Toleranz für Widersprüche« als »Zeichen für eine irrationale Lebensführung«[13]. Daß es Widersprüche offenkundig nicht nur birgt, sondern erträgt, verbucht Habermas als Beleg für die rationale Minderwertigkeit mythischen Denkens.[14] Es ist auffällig, wie umstandslos der Verteidiger des modernen Weltbilds in diesem Zusammenhang die Duldung von Widersprüchen von einem Satz zum anderen in deren Verdrängung transformiert.[15] Hinter diesem Schachzug könnte sich nämlich die entscheidende Differenz verstecken, das, was die radikale Selbstreflexion der Aufklärung über ihre kritische Selbstvergewisserung, wie sie Habermas probiert, hinaustreiben muß. Ungewollt demonstriert Habermas' Beweisgang gegen das mythische Wirklichkeitsverständnis, was mit den Widersprüchen geschieht, die vereinheitlichende Vernunft meint beseitigen zu sollen. Sie treten an einem anderen Ort wieder auf, denn sie können allenfalls an die Ränder jenes gesäuberten Terrains verschoben werden, das die methodische Rationalität zu besetzen vermag. Von »oben herab« wird dann als »irrational« verfemt, was aufgrund seiner Fremdheit anders nicht zur Ordnung gerufen werden kann. Es ist keineswegs dumpfe Unvernunft, die sich zu Wort meldet, wenn an solcher Selbstgerechtigkeit Anstoß genommen wird.

Kritische Theorie als Kritik der instrumentellen Vernunft gibt dem selbstkritischen Impuls der Reflexion Raum. Sie macht auf die – teilweise äußerst sublimen – Strategien der Herrschaft aufmerksam, die mit der neuzeitlichen Subjektivierung und Formalisierung der Vernunft gesetzt sind. Dem aufklärenden Denken kann es nicht gelingen, Individuelles und Allgemeines in der Geschichte in Einklang zu bringen. Gerade sein Anspruch, Verbindlichkeiten sichern zu können, treibt es in die Aporien instrumenteller Vernunft. Nachdem das humanistische Emanzipationsprojekt seine innere Logik historisch entfaltet hat, gipfelt es zwangsläufig im Funktionalismus der Moderne, in dem sich nur noch eine Norm als anerkennenswert behaupten kann: die Norm der Selbsterhaltung.

Jürgen Habermas bestreitet diese These, deren Plausibilität ich in dieser Studie herausgearbeitet zu haben glaube. Er vermutet, der neuzeitliche Prozeß der Rationalisierung sei bisher einseitig verlaufen, weil in ihm ein bloß partikulares Verständnis von Rationalität wirksam geworden sei.[16] Es gehe deshalb darum, diese Verkürzung sichtbar zu machen und einen umfassenden Begriff der Vernunft einzuklagen. Genau das war bereits die Absicht der frühen Kritischen Theorie Max Horkheimers. Daß diese nicht zufällig gescheitert ist, ist Habermas nicht entgangen.[17] Bei der Suche nach den kategorialen Gründen dafür behindert er sich jedoch selber, weil er es versäumt, hinreichend zwischen den theoretischen Ansätzen Adornos und Horkheimers zu unterscheiden. Adornos Philosophie hat in der Tat »von Anbeginn« Schwierigkeiten, »über ihre eigenen normativen Grundlagen Rechenschaft zu geben«[18], ja, es geht ihr ausdrücklich darum, sich möglichst allen Rechtfertigungszwängen zu entziehen. Horkheimer dagegen hat sich nicht gescheut, die normativen Voraussetzungen seines Entwurfs einer kritischen Gesellschaftstheorie unmißverständlich darzulegen. »Was durch instrumentelle Vernunft zerstört wird«[19], hat er nicht, Adorno übrigens ebensowenig, mit dem Wort »Mimesis« benannt[20], wie Habermas unterstellt.[21] Es ist vielmehr die Idee einer geschichtsmächtigen praktischen Vernunft, die dem rationalistischen Begründungsverlangen nicht standhalten kann. Die *Kritik der instrumentellen Vernunft* reflektiert die historische Erfahrung, daß die subjektivierte Vernunft nicht dazu fähig ist, allgemeingültige Handlungsmaßstäbe anders als instrumentell oder funktionell zu bestimmen.

Daß dieses Dilemma, dem sich die späte Kritische Theorie nurmehr halbherzig stellt, dem neuzeitlichen Denkmodell der »Bewußtseinsphilosophie« geschuldet ist, hat Habermas triftig angemerkt.[22] Er schlägt deshalb einen »Paradigmenwechsel zur Kommunikationstheorie«[23] vor, der »ein Wiederaufnehmen der liegengebliebenen Aufgaben einer kritischen Gesellschaftstheorie«[24] verheißt. Damit, so scheint mir, verspricht die *Theorie des kommunikativen Handelns* jedoch mehr, als sie zu halten geeignet ist. Habermas kann die »Rückkehr«[25] zum Programm der frühen Kritischen Theorie nämlich nur deshalb ins Auge fassen, weil er dem Irrtum erliegt, dieses Unternehmen sei »seinerzeit mit der Kritik der instrumentellen Vernunft abgebrochen worden«[26]. Offenkundig verkennt er die innere Konsequenz, mit der sich die Horkheimersche Vernunftkritik aus dem Konzept einer emanzipatorischen Gesellschaftstheorie ergibt. Das hat Folgen. Ungeheure Anstrengungen nimmt Habermas auf sich, um die Idee univer-

saler Geltung gegen den Ansturm partikularer Machtansprüche zu retten und in einem normativen Begriff zwangloser intersubjektiver
Verständigung[27] unangreifbar zu verankern. Daß und warum ein solcher Versuch nicht gelingen kann, habe ich mit dieser Arbeit vorführen wollen. Ihre historisch-systematische Grundthese ließe sich in der
detaillierten Auseinandersetzung mit der *Theorie des kommunikativen
Handelns* weiter erhärten. Denn diese vollzieht den Übergang von der
subjektiven Vernunft der Aufklärung zur funktionalistischen Rationalität der Moderne, obwohl sie eine »Kritik der funktionalistischen
Vernunft«[28] ankündigt.

Weil Habermas das Begründungsvorhaben der neuzeitlichen Bewußtseinsphilosophie nicht verabschieden mag, kommt er nicht umhin, zu
tun, was er Horkheimer und Adorno (sowie Max Weber) fälschlicher-
weise vorwirft: »handlungs- und systemtheoretische Grundbegriffe«[29]
zu vermengen. Die *Theorie des kommunikativen Handelns* schwankt
zwischen den Extremen, die Ausgangs- und Endpunkt der selbstzerstörerischen Dynamik der Aufklärung markieren. Weder die Mutmaßung, die Möglichkeit vernünftiger Verständigung wurzele in »an-
thropologisch tiefliegende[n] Strukturen«[30] und wohne »als Telos der
menschlichen Sprache inne«[31], noch der Einfall, unterschiedliche Lebensformen nach den »Standards« von Krankheit und Gesundheit zu
beurteilen[32], führen aus der kniffligen Problemlage heraus, die von der
Kritik der instrumentellen Vernunft reflektiert wird. Deren kategorialen Mangel glaubt Habermas zwar bloßstellen zu können, indem er
behauptet, sie sei ausschließlich »in Begriffen von Subjekt – Objekt-
beziehungen konzipiert«[33], während die »interpersonale Beziehung
zwischen Subjekt und Subjekt, die für das Tauschmodell maßge-
bend«[34] sei, für sie »keine konstitutive Bedeutung«[35] habe. Doch liefert
gerade der Warentausch ein hervorragendes Beispiel für die soziale
Herrschaftsform instrumenteller Vernunft.[36] In der Sphäre des
Marktes gilt das Prinzip der Selbsterhaltung, die Individuen folgen
egoistischen Kalkülen, ihr Umgang miteinander gehorcht den Kon-
trollinstanzen Macht und Erfolg. Nach eigenem Bekunden geht es
Habermas aber gerade darum, diese letzten universalistischen Krite-
rien instrumenteller Vernunft, die Rest-Rationalität der Mittel, als
partikular zu erweisen und »einer umfassenderen kommunikativen
Rationalität«[37] einzuordnen. Deren Begriff läßt sich indessen am
Tauschmodell nicht entwickeln.[38] Er fußt vielmehr auf genau jener
Idee praktischer Vernunft, der zufolge wir Normen und Ziele unseres
Handelns allein unter dem Gesichtspunkt ihrer Verallgemeinerungsfä-

higkeit sollen beurteilen können. Während die frühe Kritische Theorie an dieses Konzept anzuknüpfen versucht, um es endlich zu verwirklichen, zeigt die *Kritik der instrumentellen Vernunft*, inwiefern es sich längst ent-täuschend realisiert hat. Die »interpersonale Beziehung zwischen Subjekt und Subjekt« wird dabei keineswegs vernachlässigt. Mit dem Begriff subjektiver Vernunft, den Horkheimer der bewußtseinsphilosophischen Tradition gemäß auslegt, ist immer schon vernünftige Intersubjektivität gedacht. Habermas' »kommunikative Vernunft« ist nur ein anderer Name dafür. Er bezeichnet nämlich »eine Disposition sprach- und handlungsfähiger Subjekte«[39], quasi eine Naturanlage also, die den Emanzipationswilligen in den Stand setzen soll, seine bornierten Bedürfnisse zu bezähmen und seine Vorurteile abzulegen, um gemeinsam mit möglichst allen anderen zu einer allgemeinverbindlichen Weltdeutung zu gelangen.[40]

Wie die vermeintlich überwundene Bewußtseinsphilosophie geht die *Theorie des kommunikativen Handelns* von der neuzeitlichen Selbstermächtigung des Subjekts aus, das die Wahrheit seines Wissens mündig beweisen und die Richtigkeit seines Handelns autonom begründen will. Weil vernünftige (Inter-)Subjektivität sich ohne Einschränkungen der Idee des Allgemeinen verpflichtet, ist sie zur methodischen Selbstdisziplinierung genötigt und verfällt den Objektivierungszwängen herrschender Vernunft. Die kommunikationstheoretische Wende befreit das aufklärende Denken mitnichten aus diesem Dilemma. Habermas besteht nämlich darauf, daß sich der Begriff der »kommunikativen Rationalität« nur einlösen lasse, indem universale Geltungsansprüche erhoben oder auf derselben Ebene bestritten würden.[41] Wiederholt versichert er, »kommunikatives Handeln« sei nicht auf Erfolg, sondern auf »Verständigung« aus.[42] Verständigung aber wird schließlich selber nach Erfolgskriterien definiert: sie soll die normative Koordinierung von Handlungen gewährleisten.[43] Dieser Anforderung werden wir freilich nicht gerecht, wenn wir aus Neugier das spielerische Gespräch mit anderen suchen, das eine offene Herausforderung bleibt, da sich in ihm Gelassenheit und Mißtrauen, Verstellung und Bezauberung, Überzeugung und Verführung, Annäherung und Überwältigung undurchschaubar verflechten. Solche Spannungen müssen reduziert, Widerstände gebrochen werden, sobald gemeinschaftliche Zielsetzungen, ja Handlungsvollzüge angestrebt werden. Unumgänglich wird in diesem Fall nicht nur, daß die Gesprächsteilnehmer[44] genau festlegen, was sie wollen, sondern auch, daß sie sich strikten Verfahren unterwerfen, um ihre disparaten Vorstellungen und

Absichten rational zu läutern und auf diese Weise zu vereinheitlichen. Mag praktisch folgenreiches Einverständnis im (utopischen) Grenzfall immerhin nicht »ersichtlich durch äußere Einwirkung oder Anwendung von Gewalt«[45] zustande kommen, ihre Verinnerlichung setzt es voraus.

Obgleich die bemerkenswerte Formel vom »zwanglosen Zwang des besseren Arguments«[46] ihn verrät, ist sich Habermas des verhohlenen Zwangscharakters, der seiner Rationalitätstheorie innewohnt, anscheinend nicht wirklich bewußt. Er ist im Gegenteil zuversichtlich, daß sich rationale Geltungsansprüche und empirische Machtworte in der jeweiligen Gesprächssituation eindeutig trennen lassen.[47] Kommunikatives Handeln, das praktische Vernunft realisieren soll, kann ihm zufolge nur unter einer Bedingung gelingen: Die beteiligten Individuen müssen selber den Eindruck gewinnen, nicht durch Strafandrohungen eingeschüchtert oder durch Belohnungsversprechen geködert zu werden, sondern nur der bindenden Kraft einleuchtender Gründe zu folgen.[48] Etwas verbindlich zu begründen bedeutet jedoch nichts anderes, als etwas Umstrittenes auf etwas (zeitweise) Unumstrittenes zurückzuführen und so zu rechtfertigen. Begründetes Einverständnis ergibt sich nicht aus der Begegnung des Eigenen mit dem Fremden; es aktualisiert nur je schon – unter Umständen unwissentlich – geteilte Gemeinsamkeiten. Es »beruht auf gemeinsamen Überzeugungen«[49]. Für jede beliebige Entscheidung lassen sich Gründe, Rationalisierungen finden. Wenn auf diesem Wege zu immer weiter gehenden Übereinstimmungen vorangeschritten wird, so ist das nur ein Anzeichen dafür, daß Mitglieder einer geschichtlich-gesellschaftlichen Lebenswelt sich des damit gesetzten Ensembles von Werten versichern können. Der Begriff der kommunikativen Vernunft expliziert die »interpersonale Beziehung«, von der die neuzeitliche Philosophie der Subjektivität ausgeht. Aber auch ihm sind keine anderen universalistischen Kriterien zu entnehmen als formale und instrumentelle Richtlinien der Bestandssicherung. Unsere Sprache eröffnet uns zwar die Möglichkeit zu fragen, ob etwas schlechthin allgemein gelten sollte und nicht bloß deshalb, weil es faktisch anerkannt wird. Daß konkrete Antworten diesem Maßstab praktischer Vernunft entsprechen können, ist damit freilich keineswegs garantiert. Soweit Habermas' *Theorie des kommunikativen Handelns* über den Kantischen Dualismus von Sein und Sollen, empirischer und intelligibler Welt überhaupt hinausgelangt, überläßt sie sich systemtheoretischen Ordnungsvorstellungen. Das »Ideal sprachlicher Verständigung«[50], das sich aus der

Idee eines praktischen Vernunftvermögens ableiten läßt, soll keine leere Forderung bleiben. Deswegen wird es von Habermas zunächst geltungstheoretisch interpretiert, dann zu einem »Mechanismus« der Handlungskoordinierung instrumentalisiert und zuletzt in ein funktionalistisches Regulativ übergeführt, das »in die Reproduktion des gesellschaftlichen Lebens eingebaut«[51] ist, die »Steuerung sozialer Interaktionen«[52] übernimmt und der »Erhaltung sozialer Lebenswelten«[53] dient.

III. Blickwechsel

Die neuzeitliche Rationalität hat sich als eine historische Figur der Selbstbehauptung erwiesen. Nur was sich (als Mittel der Bestandserhaltung oder Bestandserweiterung) bewährt, kann vor ihr als »wahr« bestehen. Ihrem blinden Bemächtigungswillen scheinen keine Grenzen gezogen zu sein – es sei denn in ihr selbst. Wenn subjektive Vernunft nämlich ihren anmaßenden Begründungsansprüchen entsagt, kann sie der irritierenden Widersprüche gewahr werden, die sich überall auftun. Nicht mehr stur darauf aus, Überzeugungen entweder verbindlich zu rechtfertigen oder zu widerlegen, könnten wir das Abenteuer der Selbstreflexion auf uns nehmen: unsere gewohnte Weltsicht riskieren, indem wir uns auf den Blick des anderen einlassen, der uns entgegenkommen, verwirren und sogar vernichten kann. Denken, das sich den vielfältigen Erfahrungen des/der anderen auszusetzen wagte, ohne ihnen den Stempel des Allgemeinen gnädig zuzuerkennen oder ungnädig zu verweigern, verlöre deswegen nicht die Fähigkeit zur Kritik. Im Gegenteil, es gäbe der subversiven Kraft der Reflexion Raum, einer Kraft, die nichts mehr rechtfertigte, weder die Verfassung des Gegebenen noch die Utopie einer wahren Welt. Gerade in diesem – oft herablassend als »sophistisch« bekrittelten – Moment könnte die Stärke subjektiver Vernunft liegen. Wann immer sich etwas zur unbedingten Wahrheit aufplustert, sei es eine metaphysische Sinngebung des Seienden im Ganzen oder deren positivistische Taschenausgabe, die Idee der »Geltung«, begehrt die Reflexion auf. Wo immer eine/r sich nicht einverständig in vorhandene Ordnungen fügt oder einem angeblich höheren Allgemeinen trotzt, da pulsiert Subjektivität, ein bißchen Eigensinn wenigstens. Der ändert – nicht die ganze Welt, doch immerhin etwas.

Anmerkungen

A. Horkheimers Entwurf einer kritischen Gesellschaftstheorie

I. Kritische versus traditionelle Theorie

1 Max Horkheimer, »Traditionelle und kritische Theorie«, in: ders., *Kritische Theorie*, 2 Bde., Hrsg. A. Schmidt, Frankfurt/Main 1968 (im folgenden zitiert als *KT*), Bd. II, S. 137–200.

2 Wie es mit der Aufgabenverteilung und Zusammenarbeit im Institut bestellt war, berichtet Dubiel. Vgl. Helmut Dubiel, *Wissenschaftsorganisation und politische Erfahrung*, Frankfurt/Main 1978.

3 Horkheimer, »Trad. u. krit. Th.«, *KT* II, S. 155.

4 Irrigerweise identifiziert etwa A. Skuhra Horkheimers Begriff traditioneller Theorie mit dem Begriff der Vernunft, »wie ihn z. B. Kant und Hegel gebrauchen«. (Anselm Skuhra, *Max Horkheimer. Eine Einführung in sein Denken*, Stuttgart, Berlin, Köln, Mainz 1974, S. 14) Schon diese vorgebliche Darstellung eines für Horkheimer zentralen Gedankens dokumentiert das erbärmliche Niveau dieses Büchleins, dessen Autor sich auf die wahrheitspendende Kraft eines neomarxistischen Blickwinkels verläßt.

5 Vgl. Horkheimer, »Trad. u. krit. Th.«, *KT* II, S. 138, S. 192.

6 Ebenda, S. 143.

7 Horkheimer, »Der neueste Angriff auf die Metaphysik«, *KT* II, S. 94.

8 Vgl. Descartes, *Von der Methode*, Hamburg 1960, S. 50.

9 Horkheimer, »Trad. u. krit. Th.«, *KT* II, S. 147.

10 Vgl. dazu u. a. Thomas S. Kuhn, *Die Struktur wissenschaftlicher Revolutionen*, Frankfurt/Main 1967. Das Buch brachte unter den Wissenschaftstheoretikern die Debatte in Gang.

11 Horkheimer, »Trad. u. krit. Th.«, *KT* II, S. 192.

12 Vgl. Horkheimer, »Der neueste Angriff auf die Metaphysik«, *KT* II, S. 109 ff.

13 Vgl. Descartes, *Von der Methode*, a.a.O., S. 22 ff.

14 Horkheimer, »Der neueste Angriff...«, *KT* II, S. 94.

15 Horkheimer, »Trad. u. krit. Th.«, *KT* II, S. 175, Anm.

16 Ebenda, S. 190.

17 Vgl. Horkheimer, »Die gesellschaftliche Funktion der Philosophie«, *KT* II, S. 292–312, insbesondere S. 296 f. und S. 304.

18 Vgl. ders., »Materialismus und Metaphysik«, *KT* I, S. 31–66, insbesondere S. 55

und S. 66, sowie ders., »Materialismus und Moral«, *KT* I, S. 71–109, u. a. S. 77 f., S. 82 und S. 97.

19 Horkheimer, »Materialismus und Moral«, *KT* I, S. 88.

II. Verwirklichung der Vernunft

1 Vgl. Horkheimer, u. a. »Trad. u. krit. Th.«, *KT* II, S. 192.

2 Obwohl G.-W. Küsters den Kritik-Begriff Horkheimers ausführlich untersucht, entgehen ihm der entscheidende Einfluß Kants und die Verbindung der Kritischen Theorie zum neuzeitlichen Vernunftprogramm. Zu Unrecht versucht Küsters, Horkheimers Auffassung von Kritik allein aus der Krisenerfahrung des revolutionären Subjekts abzuleiten. Vgl. G.-W. Küsters, *Zum Kritikbegriff der Kritischen Theorie*, Frankfurt/Main 1980.

3 Horkheimer, *Über Kants Kritik der Urteilskraft als Bindeglied zwischen theoretischer und praktischer Philosophie*, Frankfurt/Main 1925.

4 Kant, *Kritik der reinen Vernunft*, B 536.

5 Vgl. Kant, *Grundlegung zur Metaphysik der Sitten*, Hamburg 1965, S. 34.

6 Kant, *Kritik der reinen Vernunft*, B 534 f.

7 Vgl. Kant, *Grundlegung zur Metaphysik der Sitten*, a.a.O., S. 42.

8 Ebenda, S. 52.

9 Vgl. Horkheimer, »Zum Rationalismusstreit in der gegenwärtigen Philosophie«, *KT* I, S. 153.

10 Horkheimer, »Materialismus und Moral«, *KT* I, S. 81.

11 Kant, *Kritik der reinen Vernunft*, u. a. B 60.

12 Kant, *Kritik der reinen Vernunft*, B XXX.

13 Kant, *Kritik der Urteilskraft*, Hamburg 1968, S. 11.

14 Hegel, *Phänomenologie des Geistes*, Werke in 20 Bdn., Bd. 3, Frankfurt/Main 1970/71, S. 442–452.

15 Hegel, *Phänomenologie des Geistes*, a.a.O., S. 446.

16 Ebenda, S. 447.

17 Vgl. Kant, *Kritik der reinen Vernunft*, B 856.

18 Kants Verdienst ist es ja gerade, die Objektivität der wissenschaftlichen Welterfahrung rein menschlich, in der unumgänglichen Verfahrensweise der Subjektivität begründet zu haben, während Descartes' Methode der Erkenntnissicherung noch der Garantien eines guten Gottes bedurfte.

19 Vgl. Kant, *Grundlegung zur Metaphysik der Sitten*, a.a.O., S. 28 f.

20 Vgl. Horkheimer, »Materialismus und Moral«, *KT* I, S. 81.

21 Horkheimer, »Autorität und Familie«, *KT* I, S. 347.

22 Hegel, *Philosophie der Geschichte, Ges. Werke*, a.a.O., Bd. 12, S. 44.

23 Ebenda, S. 57.

24 Hegel, *Philosophie der Geschichte*, a.a.O., S. 32.

25 Horkheimer, »Die gegenwärtige Lage der Sozialphilosophie und die Aufgaben des Instituts für Sozialforschung«, in: ders., *Sozialphilosophische Studien*, Hrsg. W. Brede, Frankfurt/Main 1972, S. 36.

26 Vgl. Hegel, *Phänomenologie des Geistes*, a.a.O., S. 36.

27 Hegel, *Philosophie der Geschichte*, a.a.O., S. 23.

28 Hegel, *Rechtsphilosophie, Ges. Werke*, Bd. 7, a.a.O., S. 24.

29 Vgl. Horkheimer, »Zum Rationalismusstreit in der gegenwärtigen Philosophie«, *KT* I, S. 145.

30 Ders., »Autorität und Familie«, *KT* I, S. 347.

31 Hegel, *Philosophie der Geschichte,* a.a.O., S. 49.

32 Ebenda, S. 53.

33 Ebenda, S. 42.

34 Vgl. ebenda, S. 53.

35 Vgl. Horkheimer, »Geschichte und Psychologie«, *KT* I, S. 12 f.

36 Ders., »Hegel und das Problem der Metaphysik«, Frankfurt/Main 1971, S. 86.

37 Hegel, *Philosophie der Geschichte,* a.a.O., S. 53.

38 Ebenda, S. 52.

39 Vgl. Hegel, *Philosophie der Geschichte,* a.a.O., S. 44 f.

40 Vgl. ebenda, S. 105.

41 Horkheimer, »Anfänge der bürgerlichen Geschichtsphilosophie«, in: ders., *Anfänge der bürgerlichen Geschichtsphilosophie – Hegel und das Problem der Metaphysik – Montaigne und die Funktion der Skepsis,* Frankfurt/Main 1971, S. 57.

42 Vgl. Horkheimer, »Zum Rationalismusstreit in der gegenwärtigen Philosophie«, *KT* I, S. 157.

43 Horkheimer, »Die gesellschaftliche Funktion der Philosophie«, *KT* II, S. 309.

44 Vgl. ders., »Materialismus und Moral«, *KT* I, S. 88.

45 Ders., »Geschichte und Psychologie«, *KT* I, S. 15.

46 Ebenda.

47 Horkheimer, »Autorität und Familie«, *KT* I, S. 323; vgl. auch ders., »Materialismus und Moral«, *KT* I, S. 78 u. S. 82 f.

48 Diesen Ansatz rechtfertigt Marx mit der besonderen »Ungleichzeitigkeit« der deutschen Verhältnisse. In Deutschland nämlich ist die Philosophie der Wirklichkeit voraus. Vgl. Marx, »Zur Kritik der Hegelschen Rechtsphilosophie. Einleitung«, *MEW* I, Berlin 1972, S. 378–391.

49 Vgl. Horkheimer, »Der neueste Angriff auf die Metaphysik«, *KT* II, S. 127.

50 Marx, a.a.O., S. 379.

51 Ebenda, S. 385.

52 Vgl. L. Althusser, *Für Marx,* Frankfurt/Main 1968.

53 Vgl. Marx, *Das Kapital,* Bd. I, *MEW* 23, Berlin 1971, S. 92.

54 Vgl. Marx, *Das Kapital,* Bd. I, a.a.O., S. 192–200.

55 Vgl. Marx, *Das Kapital,* Bd. III, *MEW* 25, Berlin 1970, S. 828.

56 Horkheimer, »Materialismus und Moral«, *KT* I, S. 82 f.; vgl. auch ders., »Autorität und Familie«, *KT* I, S. 323. Die konkrete Utopie vernünftiger Planwirtschaft im Kopf, hat Horkheimer die Entwicklung in der Sowjetunion angespannt verfolgt, ohne wie manch anderer vorschnell zum endgültigen – positiven oder negativen – Urteil bereit zu sein. 1930 notiert er in *Dämmerung:* »Es ist höchst problematisch, wie dort [in Rußland, H. H.] die Dinge liegen. Ich mache mich nicht anheischig zu wissen, wohin das Land steuert; zweifellos gibt es viel Elend. [...] Wer Augen für die sinnlose, keineswegs durch technische Ohnmacht zu erklärende Ungerechtigkeit der imperialistischen Welt besitzt, wird die Ereignisse in Rußland als den fortgesetzten schmerzlichen Versuch betrachten, diese furchtbare gesellschaftliche Ungerechtigkeit zu überwinden, oder er

wird wenigstens klopfenden Herzens fragen, ob dieser Versuch noch andaure.«
Horkheimer, *Notizen und Dämmerung*, Hrsg. W. Brede, Frankfurt/Main 1974,
S. 296.
57 Horkheimer, »Trad. u. krit. Th.«, *KT* II, S. 168.
58 Ebenda.
59 Vgl. ders., u. a. »Materialismus und Moral«, *KT* I, S. 77 f.

III. Geschichtliche Wahrheit

1 Horkheimer, »Hegel und das Problem der Metaphysik«, a.a.O., S. 90.
2 Diese Zuspitzung des Geschichtsbewußtseins auf die Gegenwart, mit ihren Beschränktheiten und Möglichkeiten, den »situative[n] Charakter der kritischen
   Theorie«, hat A. Schmidt richtig erkannt. Vgl. A. Schmidt, *Kritische Theorie als
   Geschichtsphilosophie*, München 1976, S. 93.
3 Horkheimer, »Geschichte und Psychologie«, *KT* I, S. 14 f.
4 Horkheimer, »Anfänge der bürgerlichen Geschichtsphilosophie«, a.a.O., S. 57.
5 Marx/Engels, *Die Deutsche Ideologie*, *MEW* 3, Berlin 1969, S. 18.
6 Marx an Oppenheim, Brief v. 25. 8. 1842, *MEW* 27, Berlin 1965, S. 409.
7 Hier lautet es in der ursprünglichen Fassung in der *Zeitschrift* statt dessen »in
   Zusammenhang mit«. Vgl. *Zeitschrift für Sozialforschung*, Jahrgang 2/1933,
   Reprint München 1980, S. 33.
8 Horkheimer, »Materialismus und Metaphysik«, *KT* I, S. 66.
9 Das ist übrigens dem Scharfsinn Hegels nicht entgangen. Vgl. Hegel, *Phänomenologie des Geistes*, Kapitel: »Die Tugend und der Weltlauf«, a.a.O., S. 291.
10 Horkheimer, »Materialismus und Metaphysik«, *KT* I, S. 42.
11 Vgl. ders., »Zum Rationalismusstreit . . .«, *KT* I, S. 161.
12 Horkheimer, »Materialismus und Metaphysik«, *KT* I, S. 46.
13 Ebenda, S. 66.
14 Vgl. ders., »Trad. u. krit. Th.«, *KT* II, S. 197.
15 Es mutet kurios an, daß ausgerechnet diesem anti-reduktionistischen Programm
   der Kritischen Theorie wiederum Reduktionismus vorgeworfen wird, nämlich
   der auf »Philosophie«. Vgl. A. Skuhra, a.a.O., S. 35.
16 Horkheimers Programm führte zu einer tiefgreifenden Umgestaltung des »Instituts für Sozialforschung«, dessen Mitarbeiter sich zuvor einer materialistischen Abbild-Theorie verschrieben hatten.
17 Horkheimer, »Die gegenwärtige Lage der Sozialphilosophie und die Aufgaben
   des Instituts für Sozialforschung«, a.a.O., S. 43; vgl. auch ders., »Autorität und
   Familie«, *KT* I, S. 284 f.
18 Ders., »Trad. u. krit. Th.«, *KT* II, S. 149. Horkheimer hat übrigens zeit seines
   Lebens damit geliebäugelt, den von Kant behaupteten transzendentalen Bedin-
   gungsrahmen objektiver Erkenntnis als jeweils historisches Apriori zu ent-
   schlüsseln.
19 Vgl. Horkheimer, »Trad. u. krit. Th.«, *KT* II, S. 182 f.; auch ders., »Zum
   Problem der Wahrheit«, *KT* II, S. 261.
20 Horkheimer, »Geschichte und Psychologie«, *KT* I, S. 17.
21 Vgl. Horkheimer, »Anfänge der bürgerlichen Geschichtsphilosophie«, a.a.O.,
   S. 68, und ders., »Materialismus und Metaphysik«, *KT* I, S. 47.

22 Ders., »Materialismus und Moral«, *KT* I, S. 105.

23 Vgl. ders., »Zu Bergsons Metaphysik der Zeit«, *KT* I, S. 180.

24 Horkheimer, »Materialismus und Metaphysik«, *KT* I, S. 47.

25 Vgl. ders., »Zu Bergsons Metaphysik der Zeit«, *KT* I, S. 199.

26 Vgl. ebenda, S. 188.

27 Ders., »Anfänge der bürg. Gesch.phil.«, a.a.O., S. 68.

28 Diese können wir immerhin gewahr werden, auch wenn wir an ihr Anstoß nehmen. Aber: »[. . .] zu Unrecht verfluchen wir den, ohne den wir nicht wären [. . .]«. Georges Bataille, »Der Verfemte Teil«, in: *Die Aufhebung der Ökonomie*, München 1975, S. 60.

29 Horkheimer, »Zum Rationalismusstreit . . .«, *KT* I, S. 169.

30 Alfred Schmidt, *Drei Studien über Materialismus*, München 1977, S. 86. Übrigens wendet sich diese Behauptung Schmidts nicht gegen die Theorie Horkheimers; im Gegenteil, sie will diese vereinnahmen. Schmidt kann sich nämlich Denken ohne metaphysische Anmaßungen nicht vorstellen. Er muß daher Horkheimers Absage an die Metaphysik, die ihn offenkundig befremdet, interpretierend in ihr Gegenteil verkehren.

31 Wie dieser sich an der Widerlegung der Einsichten Nietzsches erprobt, bringt Heidegger gut zur Darstellung. Vgl. M. Heidegger, *Nietzsche*, 2. Bde., Pfullingen 1961, Bd. I, S. 501 f.

32 Diese kritische Haltung als eine Art Sophismus aufzufassen und abzutun, sei denen unbenommen, die sich einer höheren Wahrheit nahe wähnen. Vgl. R. Bubner, »Was ist kritische Theorie?«, in: *Philosophische Rundschau*, 16. Jg., 1969, Tübingen, S. 213–249. Allerdings möchte ich hier anmerken, daß es mir irreführend erscheint, J. Habermas' ganz anders gelagerten Begründungsversuch seiner Version der Kritischen Theorie wie Bubner mit Horkheimers Konzept über einen Kamm zu scheren.

33 Horkheimer, »Zum Rationalismusstreit . . .«, *KT* I, S. 145.

34 Das arbeitet Horkheimer in Auseinandersetzung mit Bergsons Metaphysik heraus. Vgl. Horkheimer, »Zu Bergsons Metaphysik der Zeit«, *KT* I, S. 187.

35 Vgl. Horkheimer, »Zum Problem der Wahrheit«, *KT* I, S. 246.

36 Horkheimer, »Materialismus und Moral«, *KT* I, S. 93; vgl. ders., »Bemerkungen zur philosophischen Anthropologie«, *KT* I, S. 201.

37 Ders., »Trad. u. krit. Th.«, *KT* II, S. 188.

38 Vgl. Horkheimer, »Zu Bergsons Metaphysik der Zeit«, *KT* I, S. 193 f., und ders., »Zum Rationalismusstreit . . .«, *KT* I, S. 138 f.

39 Vgl. Horkheimer, »Zum Rationalismusstreit . . .«, *KT* I, S. 150 f.

40 Horkheimer, »Zu Bergsons Metaphysik der Zeit«, *KT* I, S. 197.

41 Horkheimer, »Zum Problem der Wahrheit«, *KT* I, S. 246.

42 Ebenda, S. 247.

43 Vgl. Horkheimer, »Bemerkungen zur philosophischen Anthropologie«, *KT* I, S. 211.

44 Die meisten Autoren der Sekundärliteratur sind augenscheinlich unfähig, zwischen den Denkfiguren Horkheimers und Adornos zu unterscheiden, und das nicht etwa nur bezogen auf die gemeinsam verfaßte *Dialektik der Aufklärung*. Bedenkenlos wird etwa Adorno zitiert, um Thesen zu belegen, die gleichwohl Horkheimer zugeschrieben werden. Das gilt in extremem Maße für G. Witschel, der in den Theorien Horkheimers und Adornos einen »erratischen Block« ver-

mutet. G. Witschel, *Die Wertvorstellungen der Kritischen Theorie*, Bonn 1975, S. 29.

45 Vgl. Th. W. Adorno, *Negative Dialektik*, Frankfurt/Main 1970, S. 242, S. 362, S. 369.

46 Ein bemerkenswertes Indiz für die weitere Entwicklung der Kritischen Theorie ist die Tatsache, daß Adornos Gebrauch der Metapher später auf Horkheimer abgefärbt hat. Vgl. Horkheimer, »Kritische Theorie gestern und heute«, in: ders., *Gesellschaft im Übergang*, Hrsg. W. Brede, Frankfurt/Main 1972, S. 168.

47 Vgl. Adorno, a.a.O., S. 352.

48 Vgl. *AT*, 2. Mose 33, 18 ff.

49 Vgl. Adorno, a.a.O., S. 240.

50 Natürlich ist zu berücksichtigen, daß Horkheimers hier auseinandergesetzte Position in der Zeit vor der *Dialektik der Aufklärung* bezogen wurde, die ja eine tiefgreifende Wende seines Denkens markiert, während Adornos *Negative Dialektik* ebendiese philosophisch radikalisiert. Doch ist schon in Adornos frühen Schriften ein weitaus innigeres Verhältnis zur Metaphysik spürbar, wenngleich deren Ansprüche nur in negativer Gestalt bewahrt werden, als in den frühen Schriften Horkheimers, deren anti-metaphysische Stoßrichtung nicht zu leugnen ist. Vgl. u. a. Th. W. Adorno, »Die Aktualität der Philosophie« (1931), in: ders., *Gesammelte Schriften*, Bd. I *(Philosophische Frühschriften)*, Frankfurt/Main 1973, S. 325–344. Daß der Tod in den Augen Adornos als der absolute Sinnzerstörer erscheint, kann außerdem nicht erst aus der Einsicht in den ambivalenten Charakter der neuzeitlichen Herrschaftsrationalität folgen. Dieses Motiv entstammt dem Rahmen metaphysischen Denkens. Schließlich möchte ich anmerken – ich werde im letzten Teil der Arbeit ausführlicher auf dieses Thema zurückkommen –, daß Horkheimers späte Räsonnements, in denen die Sehnsucht nach dem ›Ganz Anderen‹ intoniert wird, nicht nur die problematische Konsequenz von Horkheimers eigenständiger Theorieentwicklung darstellen. Diese theoretischen Seufzer können überdies nicht verleugnen, daß in ihnen Motive Ausdruck finden, die Adorno im Gegensatz zu Horkheimer bereits in den dreißiger Jahren geläufig waren. Manches formuliert Horkheimer einfach direkter, ungeschützter und damit angreifbarer als Adorno, dessen kunstfertigere Sprache zur hermetischen Aporetik »negativer Dialektik« drängt. Daß Horkheimer nach dem Zweiten Weltkrieg seine Version der Kritischen Theorie an die Adornos angenähert hat, auch was die Einschätzung der Metaphysik betrifft, besagt freilich nichts über die Triftigkeit des von ihm in den dreißiger Jahren vertretenen Konzepts geschichtlicher Wahrheit. Auch zu den späteren Revisionen dieser Philosophie läßt sich kommentierend auf eine frühere Äußerung Horkheimers verweisen: »Die Beichte des Ketzers auf dem Totenbett«, so heißt es in *Dämmerung*, »widerlegt keinen Satz seiner atheistischen Ansichten.« Horkheimer, *Dämmerung*, a.a.O., S. 277.

51 Ich werde im letzten Teil der Arbeit darauf zurückkommen. Ich vermute nämlich, daß sich Habermas' Versuch, Wahrheit durch formale Verfahren sicherzustellen, einem spezifisch neuzeitlichen Denkansatz verdankt und damit Horkheimers Kritik der instrumentellen Vernunft verfällt.

52 Mit Wittgenstein gedacht also wohl auch eine gemeinsame Lebensform.

53 J. Habermas, »Wahrheitstheorien«, in: *Wirklichkeit und Reflexion, Festschrift für Walter Schulz*, Pfullingen 1973, S. 211–265; vgl. S. 250.

54 Vgl. ebenda, S. 211 u. S. 219.

55 Vgl. ebenda, S. 251.

56 Vgl. ebenda, S. 257.

57 Ein Indiz dafür sehe ich in der Art und Weise, wie Habermas andere Haltungen als irrational oder pathologisch abtut. Das wird in seinem neuesten Buch besonders deutlich. J. Habermas, *Theorie des kommunikativen Handelns*, 2 Bde., Frankfurt/Main 1981, vgl. C. II.

58 Horkheimer, »Zum Problem der Wahrheit«, *KT* I, S. 256.

59 Ebenda.

60. Zum Wahrheitsbegriff des Pragmatismus vgl. W. James, »Der Wahrheitsbegriff des Pragmatismus«, in: *Texte der Philosophie des Pragmatismus*, Stuttgart 1975, S. 161–187, insbesondere S. 164 f.

61 Horkheimer, »Zum Problem der Wahrheit«, *KT* I, S. 257.

62 Ders., »Trad. u. krit. Th.«, *KT* II, S. 199.

63 Vgl. ders., »Zum Rationalismusstreit . . .«, *KT* I, S. 148.

64 Horkheimer, »Zum Problem der Wahrheit«, *KT* I, S. 249.

65 Ebenda, S. 259.

IV. Freiheit durch Naturbeherrschung

1 Vgl. Horkheimer, »Bemerkungen zur philosophischen Anthropologie«, *KT* I, S. 227; »Materialismus und Metaphysik«, *KT* I, S. 48; »Zum Problem der Wahrheit«, *KT* I, S. 245.

2 Horkheimer, »Anfänge der bürgerlichen Geschichtsphilosophie«, a.a.O., S. 55.

3 Vgl. Horkheimer, »Hegel und das Problem der Metaphysik«, a.a.O., S. 94.

4 Horkheimer, »Zum Problem der Wahrheit«, *KT* I, S. 244; vgl. ders., »Trad. u. krit. Th.«, *KT* II, S. 160.

5 Ders., »Zum Problem der Wahrheit«, *KT* I, S. 256.

6 Ebenda.

7 Horkheimer, »Zum Rationalismusstreit . . .«, *KT* I, S. 151.

8 Vgl. ders., »Materialismus und Moral«, *KT* I, S. 105.

9 Ders., »Zum Problem der Wahrheit«, *KT* I, S. 247.

10 Für eine solche Ausgangsbedingung hält Horkheimer beispielsweise die Entwicklung der Produktivkräfte. Vgl. »Materialismus und Moral«, *KT* I, S. 104.

11 Vgl. Horkheimer, u. a. »Bemerkungen zur philosophischen Anthropologie«, *KT* I, S. 223.

12 Ders., »Zum Problem der Voraussage in den Sozialwissenschaften«, *KT* I, S. 117.

13 Ders., »Trad. u. krit. Th.«, *KT* II, S. 169.

14 Ders., »Zum Rationalismusstreit . . .«, *KT* I, S. 168.

15 Horkheimer, »Zum Rationalismusstreit . . .«, *KT* I, S. 150; vgl. auch ders., »Der neueste Angriff auf die Metaphysik«, *KT* II, S. 113. Jean-Paul Sartre hat später ein verwandtes Konzept entworfen, wie analytische in dialektische Vernunft einzubetten sei. Vgl. J. P. Sartre, *Kritik der dialektischen Vernunft*, Hamburg 1967.

16 Vgl. Horkheimer, »Der neueste Angriff . . .«, *KT* II, S. 83–136.

17 Dieses Programm entwickelt Horkheimer bereits in der Antrittsrede zum Direktorat am Frankfurter »Institut für Sozialforschung« im Jahr 1931. Vgl. Horkheimer, »Die gegenwärtige Lage der Sozialforschung und . . .«, a.a.O., S. 40. Er hat es auch während der dreißiger Jahre weiterhin vertreten und nicht – wie Söllner behauptet – 1937 revidiert. A. Söllner, *Geschichte und Herrschaft,* Frankfurt/Main 1979, S. 188.

18 Vgl. Horkheimer, »Zum Rationalismusstreit . . .«, *KT* I, S. 159 f.

19 Ders., »Zum Problem der Wahrheit«, *KT* I, S. 234.

20 Vgl. ders., »Autorität und Familie«, *KT* I, S. 329.

21 Vgl. ders., »Zum Problem der Voraussage in den Sozialwissenschaften«, *KT* I, S. 115 f.

22 Vgl. Horkheimer, »Zum Rationalismusstreit . . .«, *KT* I, S. 170.

23 Vgl. ders., »Zum Problem der Wahrheit«, *KT* I, S. 252.

24 Ders., »Trad. u. krit. Th.«, *KT* I, S. 159; vgl. auch »Anfänge der bürg. Geschichtsphilosophie«, a.a.O., S. 23; »Materialismus und Metaphysik«, *KT* I, S. 49; »Zum Rationalismusstreit . . .«, *KT* I, S. 151; »Autorität und Familie«, *KT* I, S. 328 f.

25 Horkheimer, »Anfänge der bürg. Geschichtsphilosophie«, a.a.O., S. 83; vgl. auch »Materialismus und Metaphysik«, *KT* I, S. 40.

26 Vgl. Horkheimer, »Materialismus und Moral«, *KT* I, S. 106.

27 Ebenda, S. 93.

28 Horkheimer, »Bemerkungen zur philosophischen Anthropologie«, *KT* I, S. 210; vgl. auch »Materialismus und Metaphysik«, *KT* I, S. 64.

29 Horkheimer, »Trad. u. krit. Th.«, *KT* II, S. 199.

30 Ders., »Der neueste Angriff auf die Metaphysik«, *KT* II, S. 113.

31 Horkheimer, Brief an Pollock vom 20. 9. 1937, zitiert nach H. Dubiel, a.a.O., S. 15.

B. Kritik der herrschenden Vernunft

1 Horkheimer, *Vernunft und Selbsterhaltung,* Frankfurt/Main 1970, im folgenden zitiert als *VS,* S. 7 f.

2 Der Aufsatz ist in englischer Sprache unter dem Titel »The End of Reason« auch in der letzten Nummer der *Zeitschrift für Sozialforschung* erschienen, die sich damals *Studies in Philosophy and Social Science* nannte, wohl um sich von der amerikanischen Sozialforschung positivistischer Prägung abzuheben. In mancherlei Details divergieren die englische und die deutsche Version dieses Textes. Vor allem die Kritik an der kapitalistischen amerikanischen Massengesellschaft scheint Horkheimer in der englischen Fassung abgeschwächt zu haben. Durchgehalten werden aber die Grundthesen zur Kritik der neuzeitlichen Rationalität.

3 Horkheimer, *Zur Kritik der instrumentellen Vernunft,* Übersetzung von *Eclipse of Reason* durch A. Schmidt, Frankfurt/Main 1974 (im folgenden zitiert als *KV*), S. 164.

4 Trotz seiner Bindung an marxistische Theorie, die auch späterhin noch Bestand hatte, und obwohl er die planwirtschaftlichen Experimente in der Sowjetunion klopfenden Herzens beobachtete, hat Horkheimer den Gedanken nicht erwo-

gen, in die Sowjetunion zu emigrieren, um der drohenden Verfolgung durch die Faschisten zu entgehen. Immer schon wußte er zu schätzen, welche Errungenschaft der bürgerliche Verfassungsstaat darstellt, der den Individuen bestimmte Freiheitsrechte garantiert.

5 Horkheimer/Adorno, *Dialektik der Aufklärung*, Amsterdam 1947 (im folgenden zitiert als *DA*), S. 5.

6 Horkheimer, »Anfänge der bürgerlichen Geschichtsphilosophie«, a.a.O., S. 83.

7 Vgl. Horkheimer, »Materialismus und Moral«, *KT* I, S. 104.

8 Vgl. Horkheimer, »Autoritärer Staat«, in: *Gesellschaft im Übergang*, Frankfurt/Main 1972, S. 19 ff.; Dubiel weist darauf hin, daß die »Frankfurter« die Entwicklung in der UdSSR zunächst nur vorsichtig kommentierten, um den anti-faschistischen Widerstand nicht zu schwächen. Vgl. Dubiel, a.a.O., S. 30.

9 Vgl. Horkheimer, »Die Juden und Europa«, *Zeitschrift für Sozialforschung*, Jg. VIII, 1939, S. 132 f. (Reprint München 1980).

10 Einige Verfasser von Sekundärliteratur sehen in dieser Verschiebung der Problematik offenbar eine bedenkliche Abweichung vom richtigen theoretischen Weg. So unterstellt Küsters, das Problem der Naturbeherrschung trete an die Stelle der Kritik gesellschaftlicher Herrschaft. Vgl. Küsters, a.a.O., S. 97 u. S. 115. Auch Söllners Vorwurf, Herrschaft über Natur und Herrschaft über Menschen würden in den Schriften aus den vierziger Jahren unberechtigterweise durcheinandergeworfen, entspringt wohl einem trägen Bewußtsein. Horkheimer und Adorno geht es ja gerade darum, zu zeigen, wie beides verhängnisvoll ineinandergreift. Vgl. A. Söllner, a.a.O., S. 195 f. Ebensowenig ist der Vorwurf stichhaltig, mit der *Dialektik der Aufklärung* verlasse die Kritische Theorie endgültig den festen Boden der Gesellschaftstheorie und verwässere sich zur Geschichtsphilosophie. (Vgl. Söllner, a.a.O., S. 191, sowie Dubiel, a.a.O., S. 124) Geschichtsphilosophie ist nämlich bereits die frühe Kritische Theorie, nur eine andere, deren Prämissen jetzt kritisch reflektiert werden.

11 Horkheimer, *VS*, S. 54.

12 So ein Hinweis von Theodor W. Adorno in einem Brief an Benjamin vom 10. Nov. 1939. Vgl. Th. W. Adorno, *Über Walter Benjamin*, Frankfurt/Main 1970, S. 143.

13 Vgl. A. Skuhra, a.a.O., S. 60.

14 Daß sich die Positionen Horkheimers und Adornos nicht decken, bemerkt J. Habermas in seinem neuesten Buch. (Bd. I, S. 489) In der Auseinandersetzung mit der *Dialektik der Aufklärung*, die sich dann anschließt, schert er beide Autoren dennoch über einen Kamm. Horkheimer, so behauptet Habermas, habe den »systematischen Gehalt« der *Dialektik der Aufklärung* in der *Kritik der instrumentellen Vernunft* »nur zusammengefaßt« (S. 463). Wie sich hoffentlich zeigen wird, ist diese These ebenso verfehlt, wie die Versicherung desselben Autors, die Publikationen A. Schmidts wahrten die Kontinuität Horkheimerschen Denkens. J. Habermas, *Theorie des kommunikativen Handelns*, 2 Bde., Frankfurt/Main 1981, Bd. I, S. 461–543.

I. Horkheimers Kritik der neuzeitlichen Rationalität

1 Vgl. Horkheimer, *KV*, S. 18 ff., auch S. 30.

2 Vgl. Horkheimer, *KV*, S. 13.

3 Objektive Vernunft »zielte darauf ab, ein umfassendes System oder eine Hierarchie alles Seienden einschließlich des Menschen und seiner Zwecke zu entfalten. Der Grad der Vernünftigkeit des Lebens eines Menschen konnte nach seiner Harmonie mit dieser Totalität bestimmt werden. Deren objektive Struktur, und nicht bloß der Mensch und seine Zwecke, sollte der Maßstab für individuelle Gedanken und Handlungen sein.« Horkheimer, *KV*, S. 16; vgl. auch ebenda, S. 22 u. S. 42. Weder Ruhe und Zufriedenheit noch gar die Zusicherung eines glücklichen Lebens müssen mit solcher Platzanweisung verbunden sein. Die Stellung der Menschen kann nicht nur eine periphere, sondern sogar eine auf tragische Weise abseitige sein. Interessant sind in diesem Zusammenhang Blumenbergs Überlegungen zum Zusammenspiel von Kosmosdenken und Tragödie in der griechischen Welt. H. Blumenberg, *Die Genesis der kopernikanischen Welt*, Frankfurt/Main 1975, S. 16 ff.

4 Horkheimer, *KV*, S. 23.

5 Horkheimer, *KV*, S. 30.

1. Freiheit mit Methode – das Cartesische Programm der Emanzipation

1 So weist Horkheimer beispielsweise zu Recht darauf hin, daß die Systementwürfe des Deutschen Idealismus sich noch der Idee objektiver Vernunft verdanken. Und schließlich lebt die Vernunftkritik der Kritischen Theorie selber von der Erinnerung an diese Idee. Vgl. Horkheimer, *KV*, S. 16.

2 Vgl. Horkheimer, *KV*, S. 71.

3 Ders., *KV*, S. 24.

4 Ders., *KV*, S. 26.

5 Vgl. ebenda.

6 Vgl. Descartes, *Meditationen. Mit sämtlichen Einwänden und Erwiderungen*, Hamburg 1965, S. 129. Zu Descartes' Zeiten mußten solche Überlegungen als Provokation empfunden werden. In der Widmung zu den *Meditationen* wirbt der Autor denn auch für sein Unternehmen mit dem Argument, nur auf dem Wege der Vernunft seien auch Ungläubige zu überzeugen. (Ebenda, S. 3)

7 Vgl. Descartes' zweite Meditation.

8 Vgl. Descartes, *Meditationen*, a.a.O., S. 128.

9 Ebenda, S. 96.

10 Ebenda. Aufschlußreich für die ambivalente Stellung Descartes' zwischen christlich-mittelalterlicher Welt und dem selbstbewußten wissenschaftlichen Geist der Neuzeit ist, daß der Philosoph im Rahmen seiner Beweiserhebung in der dritten Meditation Gott auch als die Kraft anspricht, von der die menschliche Subjektivität (der endliche Geist) nicht nur verursacht worden ist, sondern durch die sie auch fortlaufend erhalten werden muß. Nur Gott ist, Descartes zufolge, causa sui, nicht der Mensch. Vgl. ebenda, S. 95.

11 Vgl. Descartes, *Meditationes*, (lt.-dtsch.), Hamburg 1959, S. 72 ff.

12 Descartes, *Meditationes*, a.a.O., S. 7.

13 Descartes, *Die Prinzipien der Philosophie*, Hamburg 1955, S. 80.

14 Ebenda, S. 81.
15 Descartes, *Meditationes*, a.a.O., S. 23; vgl. auch S. 39.
16 Vgl. Descartes, *Meditationes*, a.a.O., S. 105 ff.
17 Ebenda, S. 113.
18 Vgl. Descartes, *Von der Methode*, a.a.O., S. 1.
19 Vgl. Horkheimer, *KV*, S. 20.
20 Descartes, *Regulae ad directionem ingenii* (lt.-dtsch.), Hamburg 1973, S. 23.
21 Vgl. Descartes, *Regulae* . . ., a.a.O., S. 173.
22 Vgl. ders., u. a. *Von der Methode*, a.a.O., S. 18.
23 Vgl. ders., *Die Prinzipien der Philosophie*, a.a.O., S. 26 ff.
24 Vgl. ebenda, S. 15, auch *Regulae* . . ., a.a.O., S. 21.
25 Vgl. ders., *Von der Methode*, a.a.O., S. 15 f.; auch *Regulae* . . ., a.a.O., S. 29. Übrigens wurden diese Grundprinzipien der analytisch-synthetischen Methode nicht nur von Descartes herausgestellt. Sie finden sich ebenso bei seinem Zeitgenossen und materialistischen Gegner Hobbes. Zwar können für diesen, im Unterschied zu Descartes, nur Körper Gegenstand rationaler Erkenntnis werden. Doch das, was er als ihre Teile glaubt zuallererst in Erfahrung bringen zu können, sind, ähnlich wie bei Descartes, durch und durch abstrakte Ordnungsgesichtspunkte, nach denen die verschiedenen Dinge erfaßt und erklärt werden müssen. Vgl. Hobbes, *Vom Körper*, Hamburg 1967, S. 56 f. Ich möchte außerdem darauf hinweisen, daß keineswegs selbstverständlich ist, daß das nicht weiter unterteilbare, abstrakt Einfache am leichtesten erkennbar ist. Für Aristoteles beispielsweise liegt noch das Gegenteil auf der Hand. Im ersten Buch seiner *Physik* geht er davon aus, daß es leichter falle, das lebendige, zusammengesetzte Ganze aufzunehmen und erst dann den Elementen und Prinzipien nachzugehen, aus denen es besteht.
26 Descartes, *Meditationes*, a.a.O., S. 129.
27 Ders., *Regulae*, a.a.O., S. 55.
28 Vgl. ebenda, S. 7 ff.
29 Ders., *Von der Methode*, a.a.O., S. 46. Die Universalität der Vernunft, die in ihrer universellen Funktionalität besteht, unterscheidet laut Descartes dieses menschliche Vermögen von den bloß spezifischen Organen der Tiere und den simplen Mechanismen einer Maschine. Geist ist, so verstanden, eine besonders komplexe, nämlich die universal fungible Maschine.
30 Horkheimer, *KV*, S. 20.

2. Experiment und Kausalität – die Erforschung der Naturgesetze

1 Horkheimer, *KV*, S. 106
2 Descartes, *Von der Methode*, a.a.O., S. 50.
3 Diese Formel findet sich übrigens ebenso bei Hobbes: »Wissenschaft dient nur der Macht!« Hobbes, *Vom Körper*, a.a.O., S. 9.
4 Francis Bacon, *Neues Organ der Wissenschaften*, Darmstadt 1974, S. 25. (Eigenmächtig habe ich die Orthographie den heute gängigen Regeln angepaßt.)
5 Ebenda, S. 53.
6 Horkheimer/Adorno, *DA*, S. 14.
7 Horkheimer, »Anfänge der bürgerlichen Geschichtsphilosophie«, a.a.O., S. 11.
8 Vgl. Descartes, *Regulae* . . ., a.a.O., S. 5, sowie F. Bacon, a.a.O., S. 77.

9 Vgl. H. Albert, »Der Mythos der totalen Vernunft«, in: *Der Positivismusstreit in der deutschen Soziologie*, Neuwied u. Berlin 1969, S. 193–234.

10 Ebenda, S. 201.

11 Ebenda, S. 202.

12 Vgl. Horkheimer, *KV*, S. 79, S. 84 und S. 86.

13 Vgl. K. R. Popper, »Three Views Concerning Human Knowledge«, in: *Conjectures And Refutations*, London 1965, S. 97–119, und P. K. Feyerabend, »Realismus und Instrumentalismus«, in: *Der wissenschaftstheoretische Realismus und die Autorität der Wissenschaften*, Braunschweig und Wiesbaden 1978, S. 79 bis 112. Der Nachtrag zu diesem Aufsatz zeigt, wie weit Feyerabend sich inzwischen nicht nur von dem neuzeitlichen Wissenschaftsglauben im allgemeinen, sondern vor allem von der »realistischen« Interpretation der Wissenschaften entfernt hat. Er ist Instrumentalist in einem so platten Sinne geworden, wie es kein Vertreter der Frankfurter Schule je war. Vgl. insbesondere a.a.O., S. 109 u. S. 112.

14 Ich werde im Teil C dieser Studie erläutern, inwiefern Jürgen Habermas an die Rationalitätskritik Horkheimers und auch Adornos anknüpft und wo sich ihre Denkwege trennen.

15 Daß die faktische historische Entwicklung der Wissenschaften Poppers rigorosem Rationalitätskriterium (der Falsifikation) nicht gehorcht hat, daß die Theorie der Falsifizierung ihrerseits durch die Wissenschaftsgeschichte falsifiziert wird, demonstriert I. Lakatos. Um dieser Schwierigkeit zu begegnen, versucht Lakatos sein Rationalitätsideal den tatsächlichen Unebenheiten der Geschichte des wissenschaftlichen Fortschritts anzupassen. Vgl. I. Lakatos, »Die Geschichte der Wissenschaft und ihre rationalen Rekonstruktionen«, in: W. Diederich (Hrsg.), *Theorien der Wissenschaftsgeschichte*, Frankfurt/Main 1974, S. 55–119.

16 Vgl. Popper, a.a.O., S. 112 f.

17 K. R. Popper, *Logik der Forschung*, Tübingen 1976, S. 31.

18 Vgl. etwa Bacon, a.a.O., S. 32.

19 Allerdings stellte selbst Galilei noch vorzugsweise Gedankenexperimente an. Vgl. H. Blumenberg, »Das Fernrohr und die Ohnmacht der Wahrheit«, in: *Galileo Galilei, Sidereus Nuntius. Nachricht von den neuen Sternen*, Frankfurt/Main 1965, S. 49.

20 Horkheimer, *KV*, S. 55; vgl. Horkheimer/Adorno, *DA*, S. 13 ff.

21 Vgl. Bacon, a.a.O., S. 45 u. S. 69.

22 Vgl. ebenda, S. 106.

23 Bacon, a.a.O., S. 22.

24 Ebenda, S. 42, vgl. auch S. 90 f.

25 Vgl. Descartes, *Von der Methode*, a.a.O., S. 37 und S. 61 f.; Bacon, a.a.O., S. 51, sowie Hobbes, *Vom Körper*, a.a.O., S. 12, S. 32 und S. 56.

26 Bacon, a.a.O., S. 107.

27 Descartes, *Von der Methode*, a.a.O., S. 52 f.

28 Vgl. Bacon, a.a.O., S. 50.

29 Vgl. Bacon, a.a.O., S. 36, S. 50, S. 54, S. 62, S. 68, S. 75, und Descartes, *Von der Methode*, a.a.O., S. 52.

30 Vgl. Horkheimer, *KV*, S. 55.

31 Bacon, a.a.O., S. 26.

32 Vgl. ebenda, S. 62; siehe auch Horkheimer, »Anfänge der bürgerlichen Geschichtsphilosophie«, a.a.O., S. 11 ff. und S. 72 f.

33 »Physikalismus« wirft Horkheimer vor allem der positivistischen Wissenschaftstheorie vor. Vgl. Horkheimer, *KV*, S. 78. Doch spricht sich im dogmatischen Physikalismus nur eine Konsequenz aus, die dem elementaren »approach«
der Naturwissenschaften geschuldet ist. Wer nur Mechanismen als wirklich an-
setzt, der wird auch immer nur Mechanismen (oder eben überhaupt nichts
Geordnetes) entdecken. Wer die natürlichen Phänomene mit der in den Naturwissenschaften inzwischen ja hinlänglich bewährten Methodik auseinander-
nimmt, um sie schließlich kausal zu erklären, wird geradezu zwangsläufig auf
physikalische Gesetzmäßigkeiten stoßen, wenn auch nicht unbedingt auf platt
mechanistische. Daß so auch Hoffnungen der Forscher selber enttäuscht werden
können, entbehrt nicht einer Spur von Tragikomik. Ein Beispiel: Als etwa Mitte
der dreißiger Jahre dieses Jahrhunderts Relativitätstheorie und Quantenmechanik in der Physik grundsätzlich durchgefochten waren, wandte sich eine Reihe
hervorragender Physiker der Biologie zu. Vielleicht konnte man ja nun dem
Geheimnis des Lebens ganz andersartige Gesetze entlocken. Noch 1945 äußert
Schrödinger die Hoffnung, in der Biologie könnten »new laws of physics« zu
finden sein. Keine zehn Jahre später hatten sich diese romantischen Erwartungen zerstreut. Der genetische Erbmechanismus war entschlüsselt worden. Ohne
den Boden ihnen wohlbekannter physikalischer Gesetze verlassen zu haben,
waren die Forscher um ein ungeheures Wissen reicher geworden, das beängstigende Anwendungsmöglichkeiten bietet – die Molekularbiologie. G. Stent, der
diese Geschichte berichtet, selbst eine der Koryphäen der Molekularbiologie,
empfiehlt den Forschern, sich jetzt auf die Gehirnwissenschaft (Neuroscience)
zu stürzen. Es darf vermutet werden, daß auch dieses Gebiet bald »urbar« gemacht worden sein wird. Vgl. G. Stent, »That was the Molecular Biology that
was«, in: *Science,* Vol. 160, April 1968, S. 390–395.

34 Diese Betriebsblindheit dem konkreten Einzelnen gegenüber, das eben nur als
Fall erfaßt wird, der einer allgemeinen Gesetzmäßigkeit unterliegt, wird insbesondere in der Medizin zum Problem. Soweit diese sich als Nutzbarmachung
naturwissenschaftlichen Wissens versteht, umstellt sie den Hilfe suchenden Pa-
tienten mit diagnostischen Prozeduren, um die individuelle Symptomatik einem
wohldefinierten Krankheitsbild zuzuordnen. Auf diese Weise erwartet sie, den
Krankheitsmechanismus einkreisen und endlich »unschädlich« machen zu können. Nur spielt sich das wirkliche Kranksein nicht auf dem Feld allgemeiner,
labortechnisch isolierbarer Gesetzmäßigkeiten ab. All jene Faktoren, die die
naturwissenschaftliche Zurichtung der Wirklichkeit als nebensächlich aus-
grenzt, spielen im konkreten Krankheitsgeschehen möglicherweise eine wichtige Rolle. Hier verschränken sich Körpererleben und Selbstverständnis, hier
befindet sich der Einzelne im unauflöslichen Wechselspiel mit Um- und Mit-
welt. Es kann daher nicht weiter verwundern, daß gerade unter Medizinern
vermehrt Stimmen laut werden, die die scheinbar selbstverständliche Unterordnung der ärztlichen Kunst unter naturwissenschaftliche Erklärungsansätze kritisch beurteilen. Wer die Mängel der Kausalanalyse erkannt hat, macht sich dann
unter Umständen auf die Suche nach einem alternativen Bezugssystem, an dem
der ärztliche Blick Halt gewinnen und durch das sein naturwissenschaftliches
Wissen ergänzt werden kann. Das kann beispielsweise die chinesische Diagno-

stik sein, wie bei Porkert, oder auch eine Handlungstheorie, wie sie W. Wieland
ausarbeitet. Vgl. M. Porkert, *Lehrbuch der chinesischen Diagnostik*, Heidelberg
1976, insbesondere S. 22, und W. Wieland, *Diagnose – Überlegungen zur Medizintheorie*, Berlin/New York 1975, insbesondere S. 43 ff.

35 Diese Prinzipien bleiben auch dann in Geltung, wenn physikalische Gesetzmäßigkeiten nur noch in Gestalt von Wahrscheinlichkeitsverteilungen faßbar sind
(wie in der Quantenmechanik) und die Relativität der jeweiligen Bezugssy-
steme, die von den Theorien in Anschlag gebracht werden, deutlich geworden
ist (mit der Relativitätstheorie). Im Fortgang naturwissenschaftlicher Theoriebildung wird das Grundmodell der Mechanik, das zunächst nur auf einlinige
Ursache-Wirkungs-Ketten geeicht war, freilich zunehmend mit Komplexität
angereichert. Schließlich geht es nicht mehr darum, die Auswirkungen von Stoß
und Druck auf einen Körper zu berechnen, sondern im Detail erfaßte Zustände
wohldefinierter Systeme prognostisch auseinander abzuleiten.

36 Michel Foucault deutet an, daß das Verfahren der empirischen Wissenschaften
»zweifellos sein Operationsmodell in der Inquisition« habe. (Foucault, *Überwachen und Strafen*, Frankfurt/Main 1977, S. 289) Jedenfalls ist eine bemerkenswerte Analogie zwischen diesen beiden Ermittlungsprozeduren erkennbar. In
beiden Fällen geht es nicht darum, im Hinblick auf einen Vorwurf (»Problem«) möglichst umfassende Daten zu sichern. Vielmehr soll die Wahrheit
sichtbar gemacht werden. Das Experiment fungiert in der Rolle der Folter,
deren Sinn darin bestand, den Körper selber zur Äußerung der Wahrheit zu
zwingen. Gewaltsamkeit hat derart selbstverständlichen Anteil am Experimen-
tieren, daß sie kaum noch auffällt. Ein Beispiel. Experimentell kann festgestellt
werden, daß ein Frosch der lebensbedrohlich gewordenen Hitze durch einen
Sprung entkommt, wenn man ihn in ein Glas heißen Wassers setzt oder das
Wasser, in dem er sitzt, plötzlich erheblich erhitzt. Erwärmt man die entsprechende Flüssigkeit dagegen ganz allmählich, bleibt der Frosch sitzen und
verendet schließlich. Aufgrund dieses Experiments läßt sich nun eine quasi-
naturgesetzliche Aussage über das Verhalten des Frosches gewinnen, die freilich
für weitere Nachforschungen und ergänzende Experimente offen ist, etwa was
das Wahrnehmungssystem des Frosches betrifft. Die Aussage könnte etwa so
lauten: Immer wenn man das Wasser in einem Glas, in dem ein Frosch sitzt,
allmählich erhitzt, wird der Frosch dort sitzen bleiben, und aufgrund der für
diesen Organismus tödlichen Temperaturen des Mediums werden seine Lebens-
funktionen schließlich erlöschen. Diese Wahrheit läßt sich dann bequem in eine
instrumentelle Regel umformulieren: Wenn man einen noch lebenden Frosch
kochen will, setze man ihn in ein Glas Wasser und erwärme die Flüssigkeit
allmählich, bis der Zweck erreicht ist.

37 Bacon, a.a.O., S. 77; vgl. auch Kant, *Kritik der reinen Vernunft*, B XIII; außerdem Horkheimer, *KV*, S. 55 f. (Anm.)

38 Vgl. Horkheimer, »Anfänge der bürgerlichen Geschichtsphilosophie«, a.a.O.,
S. 72; auch Horkheimer/Adorno, *DA*, S. 20.

39 Horkheimer, *KV*, S. 50; vgl. auch Ch. S. Peirce, »Was heißt Pragmatismus?« in:
Texte des Pragmatismus, a.a.O., S. 99–127.

40 Horkheimer/Adorno, *DA*, S. 19.

41 Vgl. Horkheimer, *VS*, S. 18.

42 Horkheimer/Adorno, *DA*, S. 16.

43 Klarer und gründlicher als Horkheimer und Adorno hat Martin Heidegger diesen umwälzenden Wandel im abendländischen Denken herausgestellt. Vgl. M. Heidegger, *Die Technik und die Kehre,* Pfullingen 1962.

44 Vgl. Descartes, *Meditationes,* a.a.O., S. 101, sowie *Prinzipien,* a.a.O., S. 10.

45 So etwa Hobbes, *Vom Körper,* a.a.O., S. 109 f. Einzig Leibniz wendet sich dagegen, »die Zweckursachen aus der Physik zu verbannen«. (G. W. Leibniz, »Metaphysische Abhandlung«, in: ders., *Kleine Schriften,* Frankfurt/Main 1965, S. 113) Leibniz allerdings geht es nicht nur um die Erklärung der Welt, sondern um den metaphysischen Nachweis, daß sie die beste aller überhaupt denkbaren ist. Die Harmonie des Uhrwerks Welt, die ihre parallele Erklärung durch Wirk- und Zweckursachen verdeutlichen soll, geht freilich auf einen überaus geschickten Uhrmacher zurück, den vollkommenen Schöpfergott, der nichts dem Zufall überlassen hat. Eine harmonische Ordnung voller bedeutsamer Entsprechungen kann aber nicht nur unter der Voraussetzung gedacht werden, daß man eine allmächtige vernünftige Kraft als deren Ursache annimmt. Das demonstrieren Joseph Needhams Untersuchungen des chinesischen Denkens, das nicht vom Monotheismus ausgeht. Vgl. J. Needham, »Menschliche Gesetze und die Gesetze der Natur«, in: ders., *Wissenschaftlicher Universalismus,* Frankfurt/Main 1977, S. 260–293, insbesondere S. 285.

46 Vgl. Horkheimer/Adorno, *DA,* S. 19.

47 An dieser prinzipiellen Konstellation ändert sich übrigens auch durch die moderne Kybernetik nichts Wesentliches. Aus den simplen Wirkungsreihen der frühen Mechanik sind inzwischen lediglich komplexere Systeme geworden, die sich über Rückkopplungsmechanismen selbst im Gleichgewicht halten und in Auseinandersetzung mit ihren Umweltbedingungen selbst optimieren. Das Problem der Verwendbarkeit dieses Wissens ist davon kaum berührt. Gleichgültig, welchen Absichten er folgen mag, wer die als natürlich vorgefundenen Gegebenheiten oder die Apparaturen, die ihren Regelmechanismen nachgestellt sind, manipulieren will, bedarf dazu nur umfassenderer Information.

48 Hobbes, *Vom Körper,* a.a.O., S. 110.

49 Ebenda, S. 9.

50 Horkheimer, »Anfänge der bürgerlichen Geschichtsphilosophie«, a.a.O., S. 12.

51 Vgl. Needham, a.a.O.

52 Descartes, *Von der Methode,* a.a.O., S. 33.

53 Vgl. Galileo Galilei, Ausschnitt aus: »Lettera a madama Christina di Lorena, Granduchessa di Toscana«, in: *Der Weg der Physik,* Hrsg. Shmuel Sambursky, München 1978, S. 284. Zilsel (E. Zilsel, »Die Entstehung des Begriffs des physikalischen Gesetzes«, in: ders., *Die sozialen Ursprünge der neuzeitlichen Wissenschaft,* Frankfurt/Main 1976, S. 66–97) mag recht haben, wenn er die mathematische Durchgestaltung der Gesetzesaussagen der Naturwissenschaften auf den Einfluß des frühkapitalistischen Handwerks auf die Herausbildung dieses Wissens in der frühen Neuzeit zurückführt. Er irrt jedoch, wenn er behauptet, Galilei selber habe die Gesetzesmetapher in Wirklichkeit gar nicht benutzt; sie habe sich erst in die Übersetzungen eingeschlichen. Zilsel hätte in dem von ihm zitierten Brief Galileis an Castelli nur weiterlesen müssen, um über die »leggi imposteli« zu stolpern. Vgl. Zilsel, a.a.O., S. 82, und dazu Galilei, *Opere* Bd. V, Firenze 1968, S. 283. Blumenberg macht darauf aufmerksam, daß

die Menschen des Mittelalters noch nicht in der gesetzmäßigen Ordnung der Natur, sondern im Gegenteil in Wundern einen Ausdruck der unübertrefflichen Macht Gottes sahen. Vgl. Blumenberg, »Das Fernrohr und . . .«, a.a.O., S. 69. Die Gottesvorstellung muß sich also im Lauf des Mittelalters tiefgreifend gewandelt haben. Vielleicht tritt die Idee des Schöpfergottes ins Zentrum, nachdem die Christen schon allzu lange auf den Heilsgott hatten warten müssen. Jedenfalls ist der Gott, der der Natur eine verläßliche Ordnung auferlegt hat, die mit wissenschaftlicher Methodik ergründbar ist, anders gedacht als derjenige, dessen Namen der Ruf vorauseilt, er werde, wenn schon nicht in jedem Fall die Erlösung bringen, so doch über die zeitliche Wirklichkeit Gericht halten, nachdem er ihr vorher ohnehin ein Ende gesetzt haben werde.

54 Eine Marginalie zur frappierenden Universalität der mathematischen Sprache: In einer aufschlußreichen Studie zeigt Lakatos, wie die Mathematik zu Axiomen und operationellen Definitionen gelangt, die sie dann in den Lehrbüchern mit der ihr eigenen Hermetik präsentiert. Der Weg dahin ist jedoch ein quasi-empirischer. Ausgehend von allgemeinen Hypothesen, sucht sie nach beschreibbaren Beispielen (Fällen). Mit Gegenbeispielen wird sie durch gekonnte Assimilation oder systematische Ausgrenzung fertig. Eigentümlichkeiten ihrer »Gegenstände« (in Lakatos' Beispiel: Polyeder) werden, soweit möglich, in Form von Hilfshypothesen der Ausgangsdefinition einverleibt. Widrigenfalls fallen sie einer »Monstersperre« zum Opfer. So kommt Schritt für Schritt ein kohärentes Sprach- bzw. Regelsystem zustande, das naive Vermutungen durch »beweiserzeugte Sätze« ersetzt hat. Auf diese Weise nabelt sich die Mathematik von der vieldeutigen Alltagssprache ab und konstituiert sich als ein besonderes Sprachspiel, das feste Grenzen aufrechterhält und nur mit eindeutig definierten Begriffen arbeitet. Vgl. I. Lakatos, *Beweise und Widerlegungen,* Braunschweig 1979.

55 Newton, *Mathematische Prinzipien der Naturlehre,* Darmstadt 1963, S. 21. Vgl. außerdem: Aristoteles, *Physik,* insbesondere II. Buch, 1, und III. Buch, 1; Galilei, *Unterredungen und mathematische Beweise,* Darmstadt 1964, insbesondere 3. Tag, S. 140 ff.; Descartes, *Prinzipien,* a.a.O., S. 41 f. und S. 49 ff.; Hobbes, *Vom Körper,* a.a.O., S. 59.

56 Das muß selbst Kondylis zugeben, der sich allerdings eines – vorsichtig formuliert – irreführenden Sprachgebrauchs befleißigt. Aus welchen Gründen auch immer, Kondylis beschreibt die Anfänge der neuzeitlichen quantifizierenden Naturwissenschaften ausgerechnet als »Aufwertung der Natur« und »Rehabilitation der Sinnlichkeit«. Zu Gunsten des Autors muß angemerkt werden, daß er die historischen Quellen dennoch korrekt wiedergibt. Das führt nun zwangsläufig zu einigen Argumentationsgängen, die man wohl als »Eiertänze« bezeichnen muß. In Erläuterung seiner klangvollen und verblüffenden Begriffsperspektive muß Kondylis eingestehen, daß die Erhebung der Natur zum bevorzugten Gegenstand der Forschung zugleich »eine Verachtung der Natur in ihrer qualitativen Vielfalt nach sich ziehen mußte« (S. 92). Die angebliche Aufwertung von Natur und Sinnlichkeit erweist sich unter der Hand als Zurückweisung der Überlieferung und Vorrang der rationalen Methode vor ihrem jeweiligen Objekt (vgl. S. 88). Kondylis hätte sich die Ratlosigkeit ausdrückenden Formeln »paradoxerweise« oder »ironischerweise« fast gänzlich ersparen können, wenn er die begriffliche Perspektive aufs historische Material sorgfältiger geprüft und gewählt hätte. Sieht man nämlich die Subjektivierung der Vernunft als die ent-

scheidende Komponente der Entstehung des neuzeitlichen Grundparadigmas an, so lösen sich zahlreiche scheinbare Widersprüchlichkeiten wie von selbst auf: Die Natur wird zum würdigen Untersuchungsgegenstand, weil nur sie einen Raum bietet, wo subjektive Vernunft verbindliches Wissen eigenmächtig zu sichern vermag. Weil verbindliches Wissen angestrebt wird, das an die Stelle der Autorität der Überlieferung und anderer überlieferter Autoritäten treten kann, muß freilich die Sinnlichkeit des Subjekts ebenso methodisch gebändigt werden wie die konkrete Fülle der Natur. Kondylis, *Die Aufklärung im Rahmen des neuzeitlichen Rationalismus*, Stuttgart 1981.

3. Die selbstzerstörerische Dynamik der Aufklärung und die Rest-Rationalität der Mittel

1 Vgl. Horkheimer, *KV*, S. 146.
2 Vgl. Teil C. I.
3 Horkheimer, *VS*, S. 9.
4 Aufklärung, so erläutert Kant, sei »der Ausgang des Menschen aus seiner selbstverschuldeten Unmündigkeit«. Kant, »Beantwortung der Frage: Was ist Aufklärung?« in: *Was ist Aufklärung?* Stuttgart 1974, S. 9–17 (S. 9). Die Freiheit, die die Aufklärung verheißt, äußert sich im Mißtrauen gegen jegliche fremde Autorität. Einzig der eigenen Vernunft soll in allen Fragen als Ratgeberin vertraut werden. Wenn Riem gegen Gegner der Aufklärung, die ihr nachsagen, »daß sie ungebundene Freiheit fordre« (S. 35), empört herausstellt, es gebe wohl keine edlere Freiheit als die, »nichts gegen die Gesetze tun zu wollen« (S. 35), dann widerspricht das dem aufklärerischen Ideal von Freiheit und Selbstbestimmung nicht. Diese Freiheit wird nicht in Willkürakten Einzelner ergriffen; sie soll sich vielmehr als Grund sozialer Verbindlichkeit erweisen. A. Riem, »Aufklärung ist ein Bedürfnis des menschlichen Verstandes«, ebenda, S. 29–36.
5 Vgl. Horkheimer/Adorno, *DA*, S. 109 f.
6 Vgl. Horkheimer, *VS*, S. 8.
7 Vgl. Horkheimer, *KV*, S. 94.
8 Horkheimer, *KV*, S. 27; vgl. auch S. 14, S. 18 und S. 61.
9 Horkheimer, *KV*, S. 17.
10 Vgl. Horkheimer/Adorno, *DA*, S. 111.
11 Ebenda, S. 107.
12 Diese »Dialektik der Aufklärung« machen Horkheimer/Adorno als den zweideutigen Kern des neuzeitlichen Rationalisierungsbestrebens aus. Dessen prinzipielle Zwiespältigkeit läßt sich auf die Formel bringen, Freiheit solle ausgerechnet durch Herrschaft erzwungen werden. Es ist schon bemerkenswert, was Jürgen Habermas aus dieser aufschreckenden Einsicht Horkheimers und Adornos macht. Die *Dialektik der Aufklärung* handele, so Habermas, davon, daß gelungene Problemlösungen zugleich immer auch neue Probleme aufwerfen. Seine Version dieses Werks taugt nicht dazu, dessen Fragestellung, wieso die aufklärerische Denkhaltung selbstzerstörerische Konsequenzen zeitigt, zu erhellen oder gar zurechtzurücken. Sie verrät vielmehr, wie sehr Habermas' Denken nicht nur auf Fortschritt überhaupt, sondern im innersten auf technokratische Kategorien eingeschworen ist: »der sozial-evolutionäre Lernvorgang selbst generiert auf jeder Entwicklungsstufe neue Ressourcen, die neue Dimensionen der Knappheit und damit neue historische Bedürfnisse bedeuten«.

(J. Habermas, *Zur Rekonstruktion des Historischen Materialismus*, Frankfurt/Main 1976, S. 181; auch die folgenden Seiten sind interessant. Im Anmerkungsteil verweist Habermas ausdrücklich auf die *Dialektik der Aufklärung* und bietet den »Exkurs zu Fortschritt und Ausbeutung« als deren Erläuterung an. Vgl. ebenda, S. 257) Sinn etwa wird in Habermas' rationalistischer Evolutionstheorie zu einer Ressource wie Erdöl. Wenn die natürlichen Vorkommen nahezu ausgebeutet sind, müssen wir uns nach neuen (Energie-)Quellen umsehen und mit den alten einstweilen haushalten.

13 Horkheimer/Adorno, *DA*, S. 107 f.
14 Horkheimer/Adorno, *DA*, S. 101.
15 Ebenda, S. 105.
16 Vgl. ebenda, S. 114 f.
17 Horkheimer/Adorno, *DA*, S. 109.
18 Ebenda, S. 115.
19 De Sade, *Die Philosophie im Boudoir*, Hamburg 1972, S. 195.
20 D. A. F. de Sade, *La Nouvelle Justine – Histoire de Juliette*, *Oeuvres Complètes*, Bd. 15–18 und Bd. 19–24, Paris 1967–1969; vgl. insbesondere Bd. 15, S. 9 ff., und Bd. 24, S. 331 ff.
21 Vgl. ebenda, Bd. 20, S. 277 f.
22 Vgl. Sade, *Die Philosophie im Boudoir*, a.a.O., S. 238.
23 Vgl. D. A. F. de Sade, *Histoire de Juliette*, a.a.O., Bd. 21, S. 161 ff.
24 Vgl. Horkheimer/Adorno, *DA*, S. 126 f.
25 Verbissen aber haben Nietzsches Interpreten und Leser immer wieder versucht, der Formel vom »Willen zur Macht« einen neuen Wertmaßstab oder gar ein metaphysisches Prinzip zu unterschieben. (Eine bemerkenswerte Ausnahme: die Nietzsche-Auslegung von Walter Schulz in seinem großartigen Schelling-Buch. Vgl. W. Schulz, *Die Vollendung des Deutschen Idealismus in der Spätphilosophie Schellings*, Pfullingen 1975, S. 301 ff.) Auch mir scheint, daß man den gnadenlosen Sinn von Nietzsches kritischer Rede verfehlt, wenn man sie nach neuen Sicherheiten durchforstet, ihnen – in welcher Weise auch immer – verläßliche Lebensregeln abgewinnen will. Wenn Nietzsches Philosophieren sich überhaupt auf eine derartig einfache Aussage bringen lassen sollte, dann höchstens auf die, daß die harmonische Ordnung der Welt, von der die Vernunft in der Metaphysik träumt, ein Hirngespinst ist, das inzwischen die Macht über unsere schlauen Köpfe verloren hat. Der »Wille zur Macht« ist kein neues Prinzip, sondern schlimmstenfalls ein Un-Prinzip. Hinter dieser Formel verbirgt sich eine Leerstelle, die sich durch keine neu ausgedachte Positivität auffüllen läßt. Da Nietzsche allem, dem Verschiedenartigsten, ja den Extremen (etwa Sanftmut und harscher Gewaltsamkeit) die Qualität zuspricht, »Wille zur Macht« zu sein, ließen sich dessen differente Äußerungsformen nurmehr unter quantitativen Gesichtspunkten miteinander vergleichen und wertend gegeneinander ausspielen. Dann aber müßte es so etwas geben wie stabile Zentren des »Willens zur Macht«, Subjekte, denen er zugehört. Das jedoch hat Nietzsche immer wieder nachdrücklich ausgeschlossen. Und das Leben, zu dessen Bejahung dieser Philosoph doch immer wieder auffordert? Leben ist, wie Zarathustra lehrt, »das, was sich immer selbst überwinden muß«. (Nietzsche, *Werke* in 3 Bdn., Hrsg. Schlechta, München 1966, II, S. 371) Leben ist die Unschuld des Werdens, das zu keiner ewigen Einheit fortschreitet und in keinem Ursprung zu

Hause ist, »ewiges Sichwidersprechen in der Form der Zeit«. (Ebenda, III, S. 279) Es bejahen, was sollte das also anderes meinen als sich auf diese Widersprüchlichkeit einlassen?

26 Sade, *Die Philosophie im Boudoir,* a.a.O., S. 221.

27 Vgl. Nietzsche, a.a.O., II, S. 789 f.

28 Vgl. ebenda, III, S. 673.

29 Horkheimer/Adorno, *DA,* S. 141.

30 Übrigens hat Nietzsche schon geraume Zeit vor Freud darauf aufmerksam gemacht, daß auch die innere Stimme, die wir Gewissen nennen, der Gewalt, einer inneren Unterwerfung entspringt. Vgl. Nietzsche, a.a.O., II, S. 802 ff.

31 Horkheimer/Adorno, *DA,* S. 142.

32 Vgl. ebenda, S. 141 f.

33 Vgl. Heidrun Hesse, »Rückkehr in die Gegenwart – Nietzsche und die Kritische Theorie«, in: *Konkursbuch* 8, Tübingen 1982, S. 52–63.

34 Horkheimer, *KV,* S. 32 f.

35 Horkheimer, *VS,* S. 11. Offenkundig gibt es einige besonders eifrige Kritiker der Frankfurter Schule, die allem Scharfsinn zum Trotz nicht in der Lage sind, den zentralen Gedanken der *Kritik der instrumentellen Vernunft* annähernd zu erfassen, bevor sie ihn mit viel Getöse verwerfen. Hermann Lübbe muß man wohl zu dieser Gruppe rechnen. Ihn stört ganz einfach, daß der Begriff der ›instrumentellen Vernunft‹ anscheinend die Erfahrungen vieler denkender Zeitgenossen trifft und daher auch als Schlagwort Karriere gemacht hat. Das kann einen Philosophen in Rage bringen. Lübbe nimmt denn also all seinen Witz zusammen und müht sich ab, den Begriff der »instrumentellen Vernunft«, der es ja irgendwie mit Zweckmäßigkeit zu tun hat, als »unzweckmäßig« zu verspotten. Das Argument, das er als vermeintliches Trumpf-As gegen die Horkheimer-Kritik aus dem Ärmel schüttelt, besteht in dem umwerfenden Hinweis, daß Leute, die politische Ziele verfolgen, diese immer noch für »vernünftig« hielten. Und wer, im Gegensatz zur Kritischen Theorie, heute für weiteres Wirtschaftswachstum plädiere, der zeige damit, daß er zumindest die Richtung des Ganzen für die richtige halte. Nichts gegen Treu und Glauben; nur, was hat das alles mit ›Vernunft‹ zu tun? Nicht ob man etwas für vernünftig hält, ist die Frage, sondern ob etwas wirklich vernünftig ist. Und das entscheidende Problem ist, wie sich – gerade Andersdenkenden – verbindlich demonstrieren ließe, daß beispielsweise eine politische Zielsetzung vernünftiger ist als die andere. (Vgl. H. Lübbe, »Instrumentelle Vernunft – Zur Kritik eines kritischen Begriffs«, in: *Perspektiven der Philosophie* (Neues Jahrbuch); Hrsg. Berlinger, Fink, Kaulbach; Hildesheim 1975, S. 111–139.

36 Horkheimer, *VS,* S. 11.

37 Horkheimer, *VS,* S. 12.

38 Vgl. ders., *KV,* S. 17 f. (Anm.)

39 Vgl. Max Weber, »Der Sinn der ›Wertfreiheit‹ der Sozialwissenschaften«, in: ders., *Soziologie – Universalgeschichtliche Analysen – Politik,* Stuttgart 1973, S. 283, 293 f., 297, 307.

40 Vgl. ders., »Die ›Objektivität‹ sozialwissenschaftlicher Erkenntnis«, ebenda, S. 188; auch ders., *Wirtschaft und Gesellschaft,* Tübingen 1976, S. 13.

41 Vgl. ebenda.

42 Vgl. ders., »Der Sinn der ›Wertfreiheit‹ . . .«, a.a.O., S. 279.

43 Vgl. Weber, *Wirtschaft und Gesellschaft*, a.a.O., S. 12 f., 22, und ders., »Der
   Beruf zur Politik«, in: ders., *Soziologie – Universalgeschichtliche Analysen –
   Politik*, a.a.O., S. 174 ff.

44 Plakativ bringt etwa Hubig den Begriff der »Wertrationalität« ins Spiel und gibt
   der Hoffnung Ausdruck, mit seiner Hilfe der »Verabsolutierung der Zweckrationalität« entgegentreten zu können. (Christoph Hubig, »Dialektik der Aufklärung und neue Mythen – Eine Alternative zur These von Adorno und
   Horkheimer«, in: H. Poser (Hrsg.), *Mythos und Philosophie*, Berlin/New York
   1979, S. 218–240. Sogar bei Jürgen Habermas finden sich ähnliche Töne. (J. Habermas, *Theorie des kommunikativen Handelns*, a.a.O., I, S. 242 ff.)

45 Vgl. Weber, »Vom Sinn der ›Wertfreiheit‹...«, a.a.O., S. 270.

46 Vgl. ebenda, S. 273 und S. 299.

47 Vgl. Weber, »Die ›Objektivität‹ sozialwissenschaftlicher Erkenntnis«, a.a.O.,
   S. 196.

48 Ders., »Der Beruf zur Wissenschaft«, in: ders., *Soziologie – Universalgeschichtliche Analysen – Politik*, a.a.O., S. 328.

49 Ebenda, S. 329.

50 Ebenda, S. 328.

51 Vgl. ders., »Die ›Objektivität‹...«, a.a.O., S. 196. Solch strikte Entgegensetzung von Rationalität und Entscheidung glaubt H. Albert mit seinem »Kritischen Rationalismus« unterlaufen zu können. (H. Albert, *Traktat über Kritische
   Vernunft*, Tübingen 1980 – insbesondere das Kapitel III: »Erkenntnis und Entscheidung«.) Daß Weber einräumen muß, Wertentscheidungen ließen sich nicht
   rational begründen und daher letztlich nicht einmal rational diskutieren, führt
   Albert auf einen völlig überspannten Begründungsanspruch zurück. Ebenso wie
   die Lösungsvorschläge für theoretische Probleme, so versichert er, ließen sich
   die Antworten auf praktisch-moralische Fragestellungen zwar nicht letztgültig
   rechtfertigen, immerhin aber einer kritischen Prüfung unterziehen. Es sei durchaus möglich und geboten, alternative Moralphilosophien »kritisch zu beleuchten, ihre Schwächen herauszuarbeiten und Gesichtspunkte für ihre Verbesserung zu entwickeln« (a.a.O., S. 75). Mit diesem Einfall knüpft Albert an Poppers
   Kriterium der Falsifizierung an. Kausale Erklärungen natürlicher Vorgänge
   können ihm zufolge nicht als wahr erwiesen, jedoch experimentell widerlegt und
   im Verlauf von methodisch angelegten Forschungsprogrammen sogar schrittweise verbessert werden. Wie aber soll das geleistet werden, ohne bestimmte
   Parameter anzulegen und fixe Beurteilungsgesichtspunkte immer schon voraus-
   zusetzen? Sollten nun auch ethische Einstellungen auf den Prüfstand instrumenteller Bewährung gespannt, analog kausalen Erklärungen im Experiment
   kontrolliert werden, so würde ihnen augenblicklich der letzte Tropfen subver-
   siver Kraft abgezapft. Gemessen und geprüft werden könnte allenfalls, inwiefern ethische Maximen funktionell sein können, sich reibungslos in die Gesetze
   des Gegebenen einfügen oder machtvoll durchsetzen lassen. – Albert wirft Weber vor, seine Stellungnahme im Werturteils-Streit leiste einer Dogmatisierung
   und Immunisierung scheinbar letzter Voraussetzungen Vorschub. Prinzipiell
   nämlich lasse sich sehr wohl über alles mit Argumenten streiten. (Vgl. a.a.O.,
   S. 72) Das ist sicherlich zutreffend. Nicht daß es uns an Gründen mangelte, ist
   das Problem, sondern daß es zu viele einander widersprechende gibt. Fraglich ist
   deshalb, ob solch geistiger Schlagabtausch zu Entscheidungen, seien es auch nur

eindeutige Widerlegungen, führen kann. Weber verkündet ja nicht: Hier ist mein höchster Wert, hierüber rede ich nicht mehr. Er versucht wohl nur der Erfahrung Rechnung zu tragen, daß sich in praktisch-moralischen Fragen Einigung nicht gewaltlos einstellt, auch nicht durch einen wie auch immer »eigentümlich zwanglosen Zwang des besseren Arguments«, wie Habermas hoffen würde. Wenn wir Alberts Plädoyer beherzigen und alle unsere ethischen Maximen und moralischen Einstellungen kontrovers diskutieren, kommen wir eben immer an einen Punkt, wo wir uns aufgrund gemeinsamer, ihrerseits gerade nicht problematisierter, Voraussetzungen einigen können oder nicht, weil diese Voraussetzungen nicht gegeben sind. Vernünftig, und das heißt: mit Gründen, ausgewiesen werden können eben nur abgeleitete Größen. Sich selbst zu begründen, scheint unserer Vernunft nicht gegeben zu sein; sie kann nur unter Beweis stellen, daß sie funktioniert.

52 Vgl. K. R. Popper, *Die offene Gesellschaft und ihre Feinde*, Bern 1958, Bd. II, S. 284 f., sowie ders., »Die Logik der Sozialwissenschaften«, in: *Der Positivismusstreit in der deutschen Soziologie*, a.a.O., S. 114. Popper spricht von einer Wahl zwischen »wissenschaftlicher Rationalität« und »Irrationalismus«. Er betont, daß die wissenschaftlichen Prinzipien der Objektivität und Wertfreiheit selber Werte und als solche rational nicht zu rechtfertigen seien.

53 Vgl. Horkheimer, *KV*, S. 83 f.

54 Vgl. Weber, »Die ›Objektivität‹ sozialwissenschaftlicher Erkenntnis«, a.a.O., S. 191.

55 Horkheimer, »Ideologie und Handeln«, in: ders., *Sozialphilosophische Studien*, a.a.O., S. 64; vgl. auch S. 63.

56 M. Heidegger, »Nietzsches Wort ›Gott ist tot‹«, in: ders., *Holzwege*, Frankfurt/Main 1972, S. 210.

57 Ders., »Brief über den ›Humanismus‹«, in: ders., *Wegmarken*, Frankfurt/Main 1967, S. 179.

58 Vgl. Weber, »Der Sinn der ›Wertfreiheit‹ . . .«, a.a.O., S. 298.

59 Weber, »Die ›Objektivität‹ sozialwissenschaftlicher Erkenntnis«, a.a.O., S. 190.

60 Vgl. ders., »Der Sinn der ›Wertfreiheit‹ . . .«, a.a.O., S. 266.

61 Horkheimer, *KV*, S. 15.

4. Prinzip der Selbsterhaltung – das rationale Opfer des Selbst
4a Der Zweckzusammenhang der Selbsterhaltung

1 Hans Blumenberg, »Selbsterhaltung und Beharrung«, in: H. Ebeling (Hrsg.), *Subjektivität und Selbsterhaltung*, Frankfurt/Main 1976, S. 146.

2 Spinoza, *Ethik* (lt.-dtsch.), Darmstadt 1967, S. 273.

3 Horkheimer, *VS*, S. 54.

4 Horkheimer/Adorno, *DA*, S. 42.

5 Zum Begriff des ›telos‹ vgl. Aristoteles, *Metaphysik*, u. a. 5. Buch (Δ), 1021b, 20 ff.

6 Ich halte es deshalb für einen Fehlgriff, wenn Habermas zweckrationales Handeln teleologisch nennt. Durch solchen Sprachgebrauch werden Unterscheidungsmöglichkeiten verwischt, über die eine Theorie kommunikativen Handelns nicht achtlos hinweggehen sollte, falls sie sich im Ernst als Selbstkritik neuzeitlicher Rationalität versteht und darüber hinaus erklärtermaßen mit der

traditionellen Bewußtseinsphilosophie brechen will, die von ihrer eingefahrenen Subjekt-Objekt-Schematik nicht loskommt. Vgl. J. Habermas, *Theorie des kommunikativen Handelns,* a.a.O., I, S. 126 f.

7 Horkheimer, *KV,* S. 94.

8 Horkheimer/Adorno, *DA,* S. 44.

9 Eine derartige philosophische Interpretation hat freilich nicht allein aufschließenden, sondern auch ausbeutenden Charakter. Kaum wird sie dem literarischen Gebilde *Odyssee* Gerechtigkeit widerfahren lassen oder gar dem eigentümlichen Wirklichkeitsbezug treu bleiben, den das Erzählen stiftet. Daß es auch ganz anders geht, zeigt Franz Kafkas Version: *Das Schweigen der Sirenen.* Während Horkheimer/Adorno die antike Vorlage als einen Text behandeln, der eindeutige, theoretisch fixierbare Gehalte und Beziehungsgeflechte aufweist, setzt sich der Dichter mit ihr auseinander, indem er die Geschichte von den Sirenen neu, anders und eigenwillig erzählt. Und auch diese »Arbeit am Mythos« eröffnet aufregende Einsichten. (Vgl. Franz Kafka, »Das Schweigen der Sirenen«, in: *Sämtliche Erzählungen,* Frankfurt/Main 1970, S. 304 f.)

10 Vgl. Homer, *Odyssee,* 9. Gesang, Vers 92 ff., übersetzt von J. H. Voß, München, ohne Jahr, S. 104.

11 Vgl. ebenda, 12. Gesang, Vers 191, S. 143.

12 Ebenda, 12. Gesang, Vers 191, S. 146. Gleichsinnig übersetzt W. Schadewaldt: »[. . .] wissen, wieviel nur geschehen mag auf der an Nahrung reichen Erde«. (Homer, *Odyssee,* übersetzt v. W. Schadewaldt, Hamburg 1958, S. 159) Horkheimer/Adorno dagegen zitieren, allerdings ohne anzugeben, welcher Übersetzung sie folgen: »alles, was irgend geschah [!], auf der viel ernährenden Erde«. (Horkheimer/Adorno, *DA,* S. 46) Im griechischen Original lautet der strittige Versteil (*Od.* XII, 191) »ὅσσα γενηται«. Nach Auskunft versierter Graezisten handelt es sich bei »ὅσσα« um ein verallgemeinerndes Relativum im Nominativ Plural, zu übersetzen etwa mit »alles, was« oder »was auch immer«; die Verbform »γένηται« ist ein Konjunktiv Aorist Medium mit der semantischen Bedeutung iterativ. (Vgl. dazu beispielsweise die Erläuterungen zur *Odyssee* von K. F. Ameis, Amsterdam 1964) Die Übersetzung in der Vergangenheitsform ist damit wohl auszuschließen. Horkheimer/Adorno freilich scheint diese besser ins Konzept zu passen. Sie unterstellen, die Sirenen lockten mit der Möglichkeit »des sich Verlierens im Vergangenen« (*DA,* S. 46). Die lustvolle Erinnerung einer angenehmen oder ruhmvollen Vergangenheit aber kassiere die Zukunft.

13 Horkheimer/Adorno, *DA,* S. 48.

14 Adorno/Horkheimer, *DA,* S. 61.

15 Ebenda, S. 63.

16 Ebenda, S. 64.

17 Ebenda, S. 63; vgl. auch S. 75.

18 Eigentlich ist es nicht Odysseus selbst, der diesen anderen Weg der Entsagung »wählt«, wie Horkheimer/Adorno schreiben. (Vgl. *DA,* S. 48) Kirke hat ihn vielmehr für den Helden bestimmt.

19 Vgl. Horkheimer/Adorno, *DA,* S. 47 u. S. 76.

20 Vgl. Hegel, *Phänomenologie d. Geistes,* a.a.O., S. 145–155.

21 Horkheimer/Adorno, *DA,* S. 49.

22 Ebenda.

23 Ebenda, S. 45.

24 Adorno/Horkheimer, *DA*, S. 71.
25 Vgl. ebenda, S. 45, S. 46.
26 Adorno/Horkheimer, *DA*, S. 96 f.
27 Ebenda, S. 58.
28 Horkheimers historische Hinweise stehen denjenigen Adornos an Großzügigkeit häufig kaum nach. Auch er weist zu Recht darauf hin, daß sich das rationale Selbst durch Verzicht auf Unmittelbarkeit konstituiert. (*KV*, S. 125) Des weiteren behauptet auch er gelegentlich – Adorno folgend? –, der griechische Held sei »das Modell des aufsteigenden Individuums« (ebenda). Mehr von der Zerrissenheit des bürgerlichen Individuums scheint mir jedoch getroffen, wenn Horkheimer diese historische Figur mit Sokrates und schließlich mit Hamlet (den übrigens Adorno später, in der *Negativen Dialektik*, im selben Sinne erwähnt; vgl. dort S. 225) in Verbindung bringt. Indem Sokrates sich aufs Gewissen beruft, bezieht er die Kraft zum Widerstand aus einer stabilen Innenwelt, kehrt »ausdrücklich die Autonomie des Individuums« hervor (*KV*, S. 129). Erst in der literarischen Person des verrückten oder Verrücktheit mit verstörender Glaubwürdigkeit simulierenden Prinzen Hamlet entdeckt Horkheimer, was seiner Überzeugung nach den wirklichen Kern neuzeitlicher Individualität ausmacht: die Erfahrung der Endlichkeit, das Entsetzen vor der Unerbittlichkeit und Endgültigkeit des Todes, der für die mythische wie für die christliche Welt nur Übergangscharakter hat. (Vgl. Horkheimer, *KV*, S. 131; auch *VS*, S. 49)
29 Michel Foucault hat auf faszinierende Weise beschrieben, wie die gefeierte Befreiung des Individuums in der Neuzeit von Anbeginn eine schwerwiegende Unterwerfung beinhaltet. Vgl. M. Foucault, *Überwachen und Strafen*, Frankfurt/Main 1977, insbesondere S. 181 ff.; dazu auch Heidrun Hesse, »Denken in der Leere des verschwundenen Menschen«, in: *Konkursbuch* 3 *(Erfahrung und Erinnerung)*, Tübingen 1979, S. 81–98.
30 Adorno/Horkheimer, *DA*, S. 61.
31 Ebenda, S. 73.
32 Ebenda, S. 62.
33 H. Scheible ist meines Erachtens zuzustimmen, der Adornos Interpretation der *Odyssee* mit der naheliegenden Frage anzweifelt, »ob ihre Schlüssigkeit nicht vielleicht aus einer unhistorischen Übertragung von erst in der bürgerlichen Epoche entstandenen Kriterien auf ein Zeitalter sich herleitet, das mit diesen Kategorien nicht beschreibbar ist«. Hartmut Scheible, »Von der bestimmten zur abstrakten Negation«, in: *Neue Rundschau*, 87. Jg. 1976, Heft 1 (S. 86–111), S. 108.

4b Der neuzeitlich-kapitalistische Betrieb der Selbsterhaltung

1 Freilich war das antike Griechenland eine Sklavengesellschaft. Die Sklaven waren für die niedere Arbeit der Selbsterhaltung zuständig.
2 Horkheimer, *KV*, S. 16.
3 Aristoteles, *Die Nikomachische Ethik*, übers. v. Olof Gigon, München 1972, S. 55 (I. Buch, 1).
4 Ders., *Politik*, übers. v. Olof Gigon, München 1973, S. 49 (I. Buch, 2).
5 Ebenda.
6 Nur um die Konturen der neuzeitlichen Rationalität genauer hervortreten zu lassen, bedient sich Horkheimer einer Kontrastfarbe: der Idee objektiver Ver-

nunft. Die Geschichte des allmählichen historischen Umbruchs, der durch die Polarisierung dieser beiden Begriffe eingefangen werden soll, hat er jedoch nicht im einzelnen nachgezeichnet. Daß sich diese theoretische Revolution nicht als plötzlicher, vollkommen unmotivierter Epochenknall ereignet hat, versucht H. Blumenberg herauszuarbeiten. Gegen die Heideggersche Beschwörung des »Seinsgeschicks« polemisierend, zeigt Blumenberg, wie das neuzeitliche Denken in den philosophisch-theologischen Auseinandersetzungen des Mittelalters vorbereitet wird und welche innere Konsequenz dem Wandel zugrunde liegt. Den Gedanken der Selbstbehauptung des Menschen und seiner Vernunft versteht Blumenberg als die – im wörtlichen Sinne – notwendige Antwort auf eine Theologie, die dem Absolutismus eines verborgenen Gottes huldigt und den Menschen völlig an den Rand der Welt drückt und entmachtet. Doch nur in einer Welt, die auch dem Menschen seinen Platz läßt, kann das antike Ideal der Kontemplation Bestand haben, das gute Leben als betrachtende Teilhabe an der kosmischen Ordnung erscheinen. H. Blumenberg, *Säkularisierung und Selbstbehauptung*, Frankfurt/Main 1974.

7 Horkheimer, *KV*, S. 101.

8 Vgl. Th. Hobbes, *Vom Menschen. Elemente der Philosophie II*, Hamburg 1959, S. 22. Daß der für die praktische Philosophie des Thomas Hobbes wichtigste Begriff der ›Selbsterhaltung‹ »der teleologischen Deutung der menschlichen Natur in einem Universum, das als Zwecksystem aufgefaßt wird, [. . .] opponiert«, bemerkt auch D. Henrich. Vgl. ders., »Die Grundstruktur der modernen Philosophie«, in: H. Ebeling (Hrsg.), *Subjektivität und Selbsterhaltung. Beiträge zur Diagnose der Moderne*, Frankfurt/Main 1976 (S. 97–121), S. 99.

9 Spinoza, *Ethik*, a.a.O., S. 275.

10 Hobbes, *Vom Menschen*, a.a.O., S. 24.

11 Henrich bestreitet das. Er sieht zwar, daß der sich selbst ermächtigende Mensch der neuzeitlichen Philosophie »sich allein in einem offenen Bereich von Erkundungen und Versuchen des Lebens seiner Wirklichkeit versichern kann«, daß er darauf aus ist, »sich in immer neue Situationen zu setzen und andere Möglichkeiten zu erproben«; dabei jedoch, so versucht Henrich sich und dem Leser einzureden, gehe es dem Subjekt »nicht um die Erweiterung seiner Macht, sondern immer zugleich und zumeist einzig darum, sein ihm selbst unbegreifliches Dasein neu zu bewähren«. (D. Henrich, a.a.O., S. 115 f.) Genau hier aber sehe ich das Problem: Das neuzeitliche Selbstbewußtsein vermag sich nur in der Überwältigung von anderem zu behaupten. Nur als Macht über anderes glaubt es, seiner selbst gewahr werden zu können.

12 Hobbes, *Vom Menschen*, a.a.O., S. 29.

13 Horkheimer, *KV*, S. 97.

14 Überhaupt gehört das Opfer prinzipiell zur Ordnung der Selbsterhaltung. Das gilt auch für seine festlichen, archaischen Formen. Auch in den sogenannten primitiven Gesellschaften tobt der Kampf um Macht und Sicherheit. Rivalen versuchen, einander durch großzügige Gastgeschenke zu übertrumpfen; Nachbarn durch ebensolche, den anderen zu verpflichten. Die rituelle Verschwendung von Reichtümern, ihre Opferung, soll die Götter zur Erwiderung der Gaben herausfordern. Das rationale Opfer hingegen kennt kein Gegenüber mehr, von dem eine Gegenleistung zu erwarten wäre. Soweit es nicht ohnehin nur dem anderen abverlangt wird, also die Vernichtung des anderen bloß ideo-

logisch verbrämt, besteht es nicht in der Souveränität des Verlusts, sondern, im Gegenteil, im kleinlichen Ringen um disziplinierten Verzicht, den sich das einsame Subjekt vom Munde abspart.

15 Horkheimer, *KV*, S. 153.

16 Ebenda, S. 104.

17 Ebenda, S. 105.

18 Vgl. dazu S. Freud, »Das Ich und das Es«, in: S. Freud, *Studienausgabe*, Frankfurt/Main 1975, Bd. III, S. 282–330.

19 Norbert Elias, *Über den Prozeß der Zivilisation* (2 Bde.), Frankfurt/Main 1976.

20 Ebenda, Bd. II, S. 312 ff.

21 Ebenda, S. 330.

22 Ebenda.

23 Horkheimer, »Egoismus und Freiheitsbewegung«, *KT* II, S. 13.

24 Ebenda, S. 66.

25 Ders., *VS*, S. 24.

26 Elias, a.a.O., S. 338.

27 Vgl. Horkheimer, *VS*, S. 21.

28 Horkheimer/Adorno, *DA*, S. 34.

29 Horkheimer, *KV*, S. 101. Dubiel behauptet, »daß Horkheimer und Adorno in den Schriften der vierziger Jahre aus der marxistischen Tradition ausscheren«. (Dubiel, a.a.O., S. 112) Doch ist das nur insoweit richtig, als Horkheimer und Adorno nun auch die geschichtsphilosophischen Unterstellungen des landläufigen Marxismus problematisieren. Von einer »Abkehr« von der »Ökonomiekritik« (ebenda) aber kann man keinesfalls sprechen. Noch der alternde Horkheimer, der sich dem Religiösen zuwendet, insistiert darauf, daß die Marxsche Ökonomiekritik unabdingbar ist für das Verständnis der gegenwärtigen Gesellschaft. (Vgl. Horkheimer, »Marx heute«, in: *Gesellschaft im Übergang*, a.a.O., S. 152 ff.) Nie haben ökonomische Analysen in Horkheimers Werk eine präzisere Rolle gespielt, als sie das auch in *Vernunft und Selbsterhaltung* und der *Kritik der instrumentellen Vernunft* tun.

30 Horkheimer, *KV*, S. 145.

31 Horkheimer, *KV*, S. 145.

32 Ebenda, S. 144.

33 Vgl. ebenda, S. 146.

34 Georges Bataille, »Der Verfemte Teil«, in: ders., *Die Aufhebung der Ökonomie*, München 1975, S. 156.

35 Vgl. Bataille, »Kommunismus und Stalinismus«, in: *Die Aufhebung der Ökonomie*, a.a.O., S. 262.

36 Ders., »Der Begriff der Verausgabung«, in: *Die Aufhebung der Ökonomie*, a.a.O., S. 31.

37 Vgl. Horkheimer, »Egoismus und Freiheitsbewegung«, *KT* II, S. 45 f.; auch ders., *KV*, S. 132 f.

38 Horkheimer, *VS*, S. 26.

39 Ebenda.

40 Max Weber, »Luthers Berufskonzeption«, in: *Gesammelte Aufsätze zur Religionssoziologie*, Tübingen 1920, Bd. I, S. 69.

41 Weber hat das vor allem an Äußerungen englischer Puritanisten erwiesen. Vgl.

Weber, »Askese und kapitalistischer Geist«, in: Weber, *Ges. Aufsätze*, a.a.O., S. 163–205.
42 Ebenda (S. 176), S. 183 (S. 184).
43 Ebenda, S. 169.
44 Ebenda, S. 166 f.
45 Ebenda, S. 171.
46 Ebenda, S. 167.
47 Weber, »Askese und kapitalistischer Geist«, a.a.O., S. 190.
48 Karl Marx, *Grundrisse zur Kritik der politischen Ökonomie* (Rohentwurf), Berlin 1974, S. 143.
49 Ders., *Das Kapital*, Bd. I, *MEW* 23, Berlin 1971, S. 147.
50 Vgl. ebenda, S. 741–791.
51 Marx, *Das Kapital*, Bd. III, *MEW* 25, Berlin 1970, S. 51.
52 Vgl. ders., *Das Kapital*, Bd. I, a.a.O., S. 201.
53 Marxens Kritik der politischen Ökonomie verdankt sich der quasi-normativen Idee einer Gebrauchswerte schaffenden Produktion, die auf die Befriedigung der wirklichen Bedürfnisse der gemeinschaftlich produzierenden Menschen hin ausgelegt ist. Mit diesem Ideal ist freilich der kategoriale Rahmen einer neuzeitlichen Mangel-Ökonomie noch nicht verlassen. Fraglos wird Natur weiterhin den Nützlichkeitskalkülen des Subjekts Menschheit unterworfen. Vgl. dazu Gerd Kimmerle, »Absage an Marx«, in: *Konkursbuch* 7, Tübingen 1981, S. 43–66.
54 Dieses Problem hat Marx auch schon gesehen. Vgl. Marx/Engels, *Die deutsche Ideologie*, *MEW* 3, Berlin 1969, S. 28.
55 Während der »Bundesverband deutscher Banken« zur Zeit (Mitte Oktober 1982) in der Tageszeitung, die ich zu lesen pflege, in aufwendigen Großanzeigen täglich versichert, das soziale Netz hänge am Baum der Wirtschaft, wurden zuvor in der gleichen Art und Weise auch schon andere unumstößliche Wahrheiten unters Volk gebracht. In einer ähnlichen Anzeige *(Süddeutsche Zeitung* vom 26. Okt. 1981) wird zum »Thema ›Wachstum‹« verkündet: »Wenn die Wirtschaft stagniert, schrumpft bereits der Arbeitsmarkt.« Und als Erläuterung sind die aufschlußreichen, ewig-unerbittlichen Sachzwang unterstellenden Sätze beigegeben: »Für den Unternehmer ist der Fall eindeutig: Preiswerte Produkte bei steigenden Löhnen und Sozialabgaben sowie drastisch verteuerten Rohstoffen und Energiekosten – das geht nur, wenn rationalisiert wird. Und es ist ebenso eindeutig: Wer auf Rationalisierung verzichtet und sie der Konkurrenz überläßt, wird schnell vom Markt verdrängt. Der Zwang zur Rationalisierung ist freilich zugleich ein Zwang zum Wachstum. Denn wenn die Wirtschaft nicht mehr wächst, schrumpft der Arbeitsmarkt.«
56 So wie nicht mehr die konkret bestimmten Gebrauchswerte interessieren, sondern einzig der Mehrwert, der sich durch ihren Verkauf realisieren läßt, so liegt es »ebenso in der Natur der dem Kapital unterworfenen Lohnarbeit, daß sie gleichgültig ist gegen den spezifischen Charakter ihrer Arbeit, sich nach den Bedürfnissen des Kapitals umwandeln und sich von einer Produktionssphäre in die andere werfen lassen muß«. (Marx, *Das Kapital*, Bd. III, a.a.O., S. 205)
57 Marx, *Grundrisse*, a.a.O., S. 313; vgl. auch Horkheimer, *KV*, S. 107.
58 Marx, *Das Kapital*, Bd. I, a.a.O., S. 530.
59 Horkheimer, *VS*, S. 52.

60 Vgl. ebenda, S. 35.

61 Vgl. Horkheimer, *KV*, S. 149.

62 Ebenda, S. 96.

63 Ebenda, S. 97.

64 Horkheimer, »Autorität und Familie«, *KT* I, S. 314.

65 Vgl. ebenda, S. 323; auch ders., »Materialismus und Moral«, *KT* I, S. 82 f.

66 Ders., »Autoritärer Staat«, in: *Gesellschaft im Übergang*, Frankfurt/Main 1972, S. 29.

67 Gebannt blickt der alternde Horkheimer auf den Schatten einer total verwalteten Welt, der jede andere Wirklichkeit zu überdecken droht. Total oder ist nicht gleich totalitär. Vgl. Horkheimer, »Was wir ›Sinn‹ nennen, wird verschwinden. Ein Gespräch«, in: *Wir leben in der Weltrevolution* (Hrsg. G. Wolff), München 1971, S. 166.

68 Ders., *KV*, S. 96.

69 Vgl. ebenda, S. 100, S. 108.

70 Horkheimer, *KV*, S. 118.

71 Horkheimer/Adorno, *DA*, S. 202; vgl. auch Horkheimer, *KV*, S. 114.

72 Horkheimer, *KV*, S. 119. Horkheimer hat durchaus bemerkt, daß der autoritäre Staat die Aufrechterhaltung der kapitalistischen Ökonomie gewährleistet, indem er die Produktion von Kriegsmitteln anheizt und die Arbeiterschaft rigide diszipliniert. (Vgl. Horkheimer, »Lehren aus dem Faschismus«, in: *Gesellschaft im Übergang*, a.a.O., S. 36–58) Das ist jedoch nur die eine Seite der faschistischen Gewaltherrschaft. Sie hat auch ungestillte Sinnbedürfnisse aufgegriffen und sich dienstbar gemacht. Die Nation, die Rasse treten an die Stelle des höchsten Sinnes, den einmal die Religion verhieß. Mit der Vorsehung eins glauben darf sich, wer der »gesunden Vernunft«, die Hitler in *Mein Kampf* mit dem »einfachen Selbsterhaltungstrieb« identifiziert (München 1939, S. 169), folgt, absurde Opfer inbegriffen.

73 Horkheimer, *VS*, S. 27.

74 Siehe C. I.

75 Horkheimer, *KV*, S. 121 f.

76 Genau das aber predigt der Naturforscher Konrad Lorenz einer anscheinend immer noch wachsenden Gemeinde. Er geniert sich nicht, uns den Naturforscher als den Arzt zu empfehlen, der allein unsere Kultur noch zu retten vermöchte. Weil Naturforschung ermittelt, wie natürliche Systeme normalerweise funktionieren, durch Anpassung lernen und sich erfolgreich behaupten, so verkündet Lorenz, bietet sie auch ethische Orientierungen. Abweichungen und Ausnahmen vom herauspräparierten natürlichen Verhalten erscheinen dann ganz selbstverständlich als krankhafte Störungen, »deren pathologische Natur offensichtlich ist«. (K. Lorenz, *Die Rückseite des Spiegels*, München 1977, S. 16) Wer zu solchen ›gesunden‹ Schlußfolgerungen gelangen will, muß irritierende Blickwinkel allerdings souverän abschatten. Das gelingt Lorenz; unter anderem dadurch, daß er Kants erkenntniskritische Überlegungen hanebüchen verkehrt und schließlich als »idealistisch« abtut. Hätte er sich auf sie eingelassen, vielleicht hätten sie selbst diesen »Guru« der Naturforschung auf einige grundlegende Probleme stoßen können, etwa darauf, daß objektive wissenschaftliche Erkenntnisse auf subjektiven Voraussetzungen aufbauen, und zwar nicht nur die Erkenntnis der Gefahren, denen das biologische Wesen Mensch ausgesetzt

ist, sondern u. a. auch die als Therapie angepriesenen Erkenntnisse der Verhaltensforschung. Solche Selbstreflexion der Vernunft jedenfalls kann auch darauf aufmerksam machen, daß es einer völlig unausgewiesenen Zusatzentscheidung bedarf, wenn den natürlichen Gesetzmäßigkeiten, die man erforscht zu haben glaubt, der Status des Normativen zugemessen wird.

77 Horkheimer, *KV,* S. 123.

78 Ebenda, S. 122.

79 Helmuth Plessner, »Über Menschenverachtung«, in: *Diesseits der Utopie,* Frankfurt/Main 1974, S. 220.

II. Vernunft-Geschichte im Bannkreis der Wiederholung

1. Die Grundfigur der Dialektik der Aufklärung: *der Mythos vom Immergleichen*

1 So ist beispielsweise im Einleitungskapitel (»Begriff der Aufklärung«) unter anderem von der neuzeitlichen Rationalität, dem empirisch-instrumentellen Programm Bacons sowie der systematischen Mathematisierung des Wissens durch die modernen Naturwissenschaften, die Rede.

2 Adorno/Horkheimer, *DA,* S. 5.

3 Ebenda, S. 10.

4 Zum Mythenverständnis der europäischen Aufklärung vgl. die Zusammenfassung von Hans Poser, »Mythos und Vernunft – Zum Mythenverständnis der Aufklärung«, in: ders. (Hrsg.), *Mythos und Philosophie,* Berlin/New York 1979, S. 130–153.

5 Auch Adorno/Horkheimer übrigens sehen in den Dämonen die »einfache Unwahrheit« (*DA,* S. 62; vgl. auch S. 60) des Mythos verkörpert.

6 Adorno/Horkheimer, *DA,* S. 22.

7 Ebenda, S. 42.

8 Ebenda, S. 22; vgl. dazu Adorno, *Negative Dialektik,* a.a.O., S. 338, sowie ders., *Ästhetische Theorie,* Frankfurt/Main 1974, S. 105.

9 Adorno/Horkheimer, *DA,* S. 17.

10 Vgl. ebenda, S. 16.

11 Ebenda, S. 18.

12 Adorno/Horkheimer, *DA,* S. 40.

13 Vgl. ebenda, S. 41; siehe auch Adorno, *Negative Dialektik,* a.a.O., S. 392, und *Ästhetische Theorie,* a.a.O., S. 342.

14 Vgl. Adorno, *Negative Dialektik,* a.a.O., S. 123.

15 Die *Dialektik der Aufklärung* diagnostiziert das Umschlagen der Aufklärung in Mythologie. Doch spielt sie damit nicht eigentlich darauf an, wie der deutsche Faschismus sich wütend an der blutigen Neuschaffung einer rassischen Mythologie versuchte, um neuen, einheitlichen Sinn in der Tat aus dem Boden zu stampfen. Nicht erst in diesem, möglicherweise vom Neutralismus der wissenschaftlichen Rationalität provozierten, schrill hochgestimmten, ir-rationalen Sinn-Wahn meinen Adorno und Horkheimer die katastrophische Wiederkehr des Mythos denunzieren zu müssen, sondern im positivistischen Selbstverständnis der Wissenschaften, das die absurde Herrschaft des Gegebenen festigt. In seiner großartigen *Arbeit am Mythos* hat Hans Blumenberg demgegenüber die

möglichen Ursachen für gefährliche Remythisierungen differenzierter gesehen. Er deutet an, wie die wissenschaftliche Entzauberung der Welt, ihre rücksichtslose Entmythologisierung teuflischen Reprisen des Mythos Vorschub leisten könnte. Blumenberg weist darauf hin, daß Mythen sich an Erfahrungen des Unwahrscheinlichen anlehnen, es zu etwas Bedeutsamem verarbeiten. Durch die Erforschung der anonymen Gesetzmäßigkeiten, die die Erscheinungen steuern, wird nun aber alles Unwahrscheinliche nach und nach in Wahrscheinlichkeiten transformiert. Während so die Kristallisationspunkte für bedeutsame Geschichten beseitigt werden, besteht das Bedürfnis nach ihnen doch fort. In den bedeutungsleeren, abstrakt geometrisierten, aller eigensinnigen Strukturen beraubten Raum kann es seine – zunehmend gespenstischen Visionen – unkontrolliert projizieren und dabei entwertete Traditionen willkürlich benutzen. Vgl. Hans Blumenberg, *Arbeit am Mythos*, Frankfurt/Main 1979, S. 84 f. und S. 113.

16 Adorno/Horkheimer, *DA*, S. 21.
17 Ebenda, S. 26.
18 Ebenda.
19 Vgl. Adorno/Horkheimer, *DA*, S. 24.
20 Ebenda, S. 45.
21 Vgl. Adorno, *Negative Dialektik*, a.a.O., S. 346 f. Zwar hat Adorno immer wieder der Sehnsucht nach Versöhnung mit der Natur Ausdruck gegeben, die unversöhnte ist ihm aber offenkundig ziemlich verzerrt erschienen. Natur wird ihm zur Chiffre blindwütiger Feindseligkeit, absurden Machtgerangels. Liest man Adornos diesbezügliche Ausführungen, so läßt sich gelegentlich die Frage nicht mehr zurückhalten, welch merkwürdig gespanntes Verhältnis dieser philosophische Autor wohl zu seinen eigenen »animalischen« Gelüsten gehabt haben mag. In der *Negativen Dialektik* scheut er sich nicht, noch die idealistischen Systemkonzepte, die das Andere der Natur der Vernunft einzuverleiben versuchen, auf den naturverhafteten Machtkampf ums Dasein zurückzuführen. Adorno versteigt sich zu der Behauptung, in ihnen wirke das beutegierige Raubtierverhalten weiter. Damit nämlich ein Tier sich aufraffe, ein anderes ergreife und auffresse, bedürfe es der Wut auf die ins Auge genommene Beute. Er unterstellt, die Energie zur Überwältigung eines anderen werde nur aufgebracht, wo man hassend verurteile. »Das zu fressende Lebewesen muß böse sein«, so Adorno. (*Negative Dialektik*, a.a.O., S. 31) Eine Amsel beispielsweise fräße also einen Wurm nur dann, wenn ihr dieser böse oder minderwertig vorkäme? Und das bewundernde Begehren – es hielte zahnlos inne vor dem Begehrten? Die Umgangssprache scheint da tiefer zu blicken. Sie weiß offenbar, daß wir etwas/jemanden »zum Fressen gern« haben können. Nicht einmal der Kannibalismus scheint sich aus der Vorstellung zu speisen, es gelte Böses zu vertilgen. Augenzeugenberichten zufolge (vgl. Jean de Lery, *Brasilianisches Tagebuch*, Tübingen 1967, S. 262 ff.) legen die menschlichen Menschenfresser eher Wert, darauf, besonders hochgeschätzte, tapfere Gegner zu verzehren.
22 Adorno/Horkheimer, *DA*, S. 28.
23 Blumenberg, *Arbeit am Mythos*, a.a.O., S. 165.
24 Bronislaw Malinowski, *Argonauten des westlichen Pazifik*, Frankfurt/Main 1979, S. 337.
25 Ebenda, S. 339.

26 Ebenda.

27 Vgl. Claude Lévi-Strauss, *Mythologica* I–IV, 5 Bde., Frankfurt/Main 1976.

28 Dazu gehören u. a. Cassirer, Gehlen, Adorno/Horkheimer und sogar noch Blumenberg.

29 Dieser Einwand trifft meines Erachtens auch die faszinierenden Analysen des bedeutendsten Mythenforschers dieses Jahrhunderts. Mit Recht hat sich Claude Lévi-Strauss einen Hyperrationalisten genannt. (Vgl. »Die strukturalistische Tätigkeit. Gespräch mit M. d'Eramo«, in: L.-St., *Mythos und Bedeutung*, Frankfurt/Main 1980, S. 265) Rigoros wie kein zweiter führt der französische Strukturalist die Mythen, die »an sich selbst betrachtet absurde Erzählungen zu sein scheinen« (*Mythologica*, a.a.O., IV, S. 807), auf eine »geheime Logik« zurück, die »die Beziehungen zwischen allen diesen Absurditäten« (ebenda) regelt. Lévi-Strauss entwirft mit Fleiß und Einfallsreichtum den wissenschaftlichen Mythos von der Sinn-Maschine ›Mythos‹. (Vgl. ebenda, S. 249) Obwohl die Mythen so absurd daherzureden scheinen, hat er ihnen ein ganzes Arsenal von (Trans-)Formationsregeln entrissen, die – und das läßt wahrlich jedes Forscherherz vor Freude hüpfen – sogar in mathematischer Formelsprache beschreibbar sind. In der invarianten Funktionsweise des menschlichen Gehirns macht Lévi-Strauss die wahre Hinterwelt der Mythen dingfest. »Schließlich und vor allem« nämlich, so frohlockt er, ermöglichten es die Mythen, »einige Operationsweisen des menschlichen Geistes zutage zu fördern, die im Lauf der Jahrhunderte so konstant und über ungeheure Räume hinweg so allgemein verbreitet sind, daß man sie für grundlegend halten und versuchen darf, sie in anderen Gesellschaften und anderen Bereichen des geistigen Lebens wiederzufinden, wo man sie nicht vermutete und deren Natur sich dadurch erhellt«. (*Mythologica*, a.a.O., IV, S. 749) Die »Einheit und Kohärenz« (ebenda), die die strukturalistische Methode in der operationellen Tiefe des »wilden Denkens« aufstöbert, ist die Einheit und Kohärenz wissenschaftlicher Rationalität, die sich selber gehirnphysiologisch erklärt. (Vgl. ebenda, S. 735) Darin, daß solch gewiefter wissenschaftlicher Geist sich in den Mythen glaubt wiedererkennen zu können, indem er sie erklärt, wiewohl sie nichts erklären, sieht Lévi-Strauss einen Beweis für die Universalität dieser Rationalität. Das mythische Denken, so versichert er, spiele sich auf derselben Ebene ab wie das wissenschaftliche, auch wenn es nur einen (eingeschränkten) Sinn für das sinnlich Wahrnehmbare beweise (ebenda, S. 795, sowie ders., *Das wilde Denken*, Frankfurt/Main 1973, S. 29 und S. 308) und »in Bildern gefangen« (*Das wilde Denken*, a.a.O., S. 34) sei. Gut hegelisch aber führt er aus, in der strukturalistischen Analyse komme dieses Denken endlich zum Bewußtsein seiner selbst (*Mythologica*, a.a.O., IV, S. 767), denn die binären Operationsregeln, denen die nicht-wissenschaftlichen Varianten des Mythos gehorchen, werden nun selbst offenbar. (ebenda, S. 735) Mir scheint allerdings, solche Wahrheit wolle die mythische Rede zum Verstummen bringen, indem sie sie auf die Gesetze ihres Sprachsystems reduziert. Sprache als Regelsystem (langue) und Sprache als konkrete Rede (parole) – Lévi-Strauss selbst beruft sich auf diese Unterscheidung de Saussures, um zu klären, was seine Analyse der Mythen leistet. (Vgl. *Mythologica*, a.a.O., IV, S. 741) Sicher, alltägliches Sprechen, ob um Verständigung bemüht, zum Streit oder zum Gelächter aufgelegt, gehorcht Regeln, die der Sprache eignen, deren wir uns bedienen, ohne daß uns diese bewußt sein müssen. Was aber, wenn die explizite Darstellung dieser Re-

geln an die Stelle des Sprechens träte? In einer analogen Überführung der vielfarbigen mythischen Erzählungen in die explizite Formulierung des Regel-Inventars, das in ihnen zu stecken scheint, glaubt Lévi-Strauss aber den Gipfel der mythischen Wahrheit erklommen zu haben.

30 Solch religiöse Sehnsucht leitet etwa Manfred Franks Ausführungen über Mythologie. Vgl. M. Frank, *Der kommende Gott. Vorlesungen über die Neue Mythologie,* Frankfurt/Main 1982.

31 Lévi-Strauss, *Das wilde Denken,* a.a.O., S. 266 f. Übrigens scheinen wir gelegentlich ganz ähnlich zu verfahren. Nichts wird erklärt oder im strengen Sinn »gerechtfertigt«, wenn wir uns eines bedeutsamen Erlebnisses erinnern, etwa von der Gegenwart der Liebe her ihren schüchternen, kaum wahrnehmbaren Anfängen nachspüren. Wir heben nur hervor, was uns wichtiger ist als anderes.

32 Vgl. ders., *Mythologica,* a.a.O., IV, S. 714.

33 Erst mit ihrer Hilfe ließe sich aber demonstrieren, daß mythische Traditionen tatsächlich so stabil sind.

34 Lévi-Strauss, *Mythologica,* a.a.O., IV, S. 798.

35 Vgl. J. Habermas, »Die Verschlingung von Mythos und Aufklärung«, in: K. H. Bohrer (Hrsg.), *Mythos und Moderne,* Frankfurt/Main 1983, (S. 405–431) S. 406.

36 Vgl. ders., *Theorie des kommunikativen Handelns,* a.a.O., Bd. I, S. 81 f.

37 Lévi-Strauss, *Mythologica,* a.a.O., IV, S. 755.

38 Vgl. Adorno/Horkheimer, *DA,* S. 29.

39 Vor allem Adorno versucht, die Utopie gegen das »Immergleiche« des Mythos auszuspielen. Vgl. *Negative Dialektik,* a.a.O., S. 64.

40 Adorno/Horkheimer, *DA,* S. 27.

41 Ebenda, S. 28.

42 So beklagt Adorno in der *Negativen Dialektik,* Glück, das nicht ewig währt, »das die erborgte Zeit, die ihm vergönnt ist, durchschauen müßte«, wäre keines. (Adorno, *Negative Dialektik,* a.a.O., S. 240) Im Gegensatz dazu hat noch der späte Horkheimer versucht, den Gedanken der Unwiderruflichkeit des Todes zu denken und auszuhalten. Er notiert Anfang der sechziger Jahre: »Ich habe den Verdacht, daß eine richtigere Menschheit unendlich viel mehr im Bewußtsein des Todes leben würde. Alles erschiene in seinem Licht, ohne darum bitter zu schmecken, nur als ein relativierendes, die Dinge zurechtrückendes Moment.« (Horkheimer, *Notizen,* Frankfurt/Main 1974, S. 173)

43 Adorno/Horkheimer, *DA,* S. 55.

44 Ebenda, S. 95.

45 Vgl. Adorno, »Die Idee der Naturgeschichte«, in: ders., *Philosophische Frühschriften, Gesammelte Schriften Bd. I,* Frankfurt/Main 1973, S. 345–365, insbesondere S. 363.

46 Vgl. Adorno, *Negative Dialektik,* a.a.O., S. 239.

47 Adorno/Horkheimer, *DA,* S. 234.

48 Ebenda.

49 Ebenda, S. 36.

50 Vgl. Adorno, *Minima Moralia,* Frankfurt/Main 1970, S. 157.

51 Adorno/Horkheimer, *DA,* S. 36.

52 Ebenda.

53 Zu den bedeutendsten Leistungen Adornos gehört sicher seine unnachgiebige Kritik jeglicher Ursprungsphilosophie.

54 Vgl. Adorno, »Parataxis – Zur späten Lyrik Hölderlins«, in: ders., *Noten zur Literatur, Ges. Schriften* Bd. 11, Frankfurt/Main 1974, S. 447–491.

55 Vgl. Hölderlin, »Über Religion (Fragment)«, in: *Werke und Briefe in 3 Bänden* (Hrsg. Beißner, Schmidt), Frankfurt/Main 1969, Bd. II, S. 635–641.

56 Adorno, a.a.O., S. 487.

57 Hölderlin, »Über Religion«, a.a.O., S. 637.

58 Adorno, »Parataxis«, a.a.O., S. 457.

59 Hölderlin, »Reflexion«, a.a.O., Bd. II, S. 603 f.

60 Adorno, »Parataxis«, a.a.O., S. 463.

61 Ders., *Ästhetische Theorie*, a.a.O., S. 55.

62 Hölderlin, Brief an den Bruder (vom 1. Jan. 1799), a.a.O., Bd. II, S. 892.

63 Vgl. Adorno, *Ästhetische Theorie*, a.a.O., S. 232.

64 Ebenda, S. 283.

65 Mit solch theoretischer Reflexion, wie sie in den Homburger Aufsätzen niedergelegt ist, hat sich Hölderlin freilich nicht begnügt. Seine Lehre vom »Wechsel der Töne« beschreibt, wie sich die konkrete Einheit der Widersprüche als harmonisch-rhythmische Reihung dichten läßt. Gerade in solcher »Parataxis« aber hat Adorno das Eingeständnis des Scheiterns entziffern zu können vermeint. »Parataktisch zerrüttet« (Adorno, »Parataxis«, a.a.O., S. 475) erscheint ihm Hölderlins poetische Sprache, Ausdruck einer »Unmöglichkeit im Innersten« (ebenda, S. 480). Hölderlin aber wollte ganz bewußt das Schöne und das Barbarische nicht zu sehr voneinander sondern. (Vgl. Hölderlin, »Reflexion«, a.a.O., S. 605) Im Verzicht auf das hypotaktische Schema der Unterordnung, das dem zweckrationalen Denken eignet, hat Hölderlins Dichtung dem Harmonisch-Entgegengesetzten eine Sprache verliehen.

66 Hölderlin, »Der Rhein«, a.a.O., Bd. I, S. 150.

2. Negative Dialektik –
»solidarisch mit Metaphysik im Augenblick ihres Sturzes«

1 Vgl. Horkheimer/Adorno, *DA*, S. 10.

2 Adorno, *Negative Dialektik*, a.a.O., S. 398.

3 Ebenda, S. 13.

4 Ebenda.

5 Vgl. Horkheimer, *KV*, 174.

6 Vgl. Rüdiger Bubner, »Kann Theorie ästhetisch werden? Zum Hauptmotiv der Philosophie Adornos«, in: *Neue Rundschau*, 89. Jahrgang 1978, Heft 4, S. 537–553.

7 Ebenda, S. 543.

8 Adorno, *Negative Dialektik*, a.a.O., S. 181.

9 Ders., *Minima Moralia*, a.a.O., S. 333 f.

10 Vgl. Adorno, *Negative Dialektik*, a.a.O., S. 353.

11 Ders., »Die Aktualität der Philosophie«, in: *Philosophische Frühschriften*, a.a.O., S. 325.

12 Ders., »Die Idee der Naturgeschichte«, a.a.O., S. 362.

13 Ebenda.

14 Ebenda, S. 359.

15 Vgl. u. a. Walter Benjamin, »Goethes Wahlverwandtschaften«, in: Goethe, *Wahlverwandtschaften,* Frankfurt/Main 1972, S. 255–333.

16 Vgl. ders., *Charles Baudelaire,* Frankfurt/M. 1980, S. 173, und ders., *Ursprung des deutschen Trauerspiels,* Frankfurt/Main 1972.

17 Vgl. ders., *Ursprung . . .,* a.a.O., S. 205.

18 Benjamin hat etwa Mechanismen der Kulturindustrie durchaus positive Seiten abgewonnen. Vgl. ders., *Das Kunstwerk im Zeitalter seiner technischen Reproduzierbarkeit,* Frankfurt/Main 1971, insbesondere S. 17 f.

19 Ders., *Ursprung des deutschen Trauerspiels,* a.a.O., S. 193.

20 Ebenda, S. 263.

21 Ebenda, S. 254.

22 Adorno, *Minima Moralia,* a.a.O., S. 96.

23 Das »›Niemandsland zwischen dem ›feudalen Zwang‹ und ›bürgerlicher Barbarei‹«, das in Adornos »Huldigung an Zerlina« aufscheint, beschreibt eben nicht, wie Scheible interpretierend vorschlägt, einen historischen Augenblick, der wirklich eine Chance zur Versöhnung geboten hätte, nun aber »unwiderruflich vorbei ist«. (Hartmut Scheible, »Geschichte im Stillstand – Zur Ästhetischen Theorie Theodor W. Adornos«, in: *Adorno,* Sonderband *Text und Kritik,* hrsg. H. L. Arnold, München 1977, S. 93). Das Bild Zerlinas, das einen flüchtigen Augenblick unverstümmelter Humanität darstellt, ist gerade kein geschichtlicher Ort, sondern das »Gleichnis der Geschichte im Stillstand«, einer paradiesischen Welt, die keiner Dialektik mehr bedürfte.

24 Adorno, *Negative Dialektik,* a.a.O., S. 20.

25 Ebenda, S. 183 (Vorrang des Objekts meint übrigens ausdrücklich nicht: Vorrang des Gegebenen. Vgl. ebenda, S. 186).

26 Ebenda, S. 191.

27 Vgl. ebenda, S. 137.

28 Die Tauschrationalität, nicht die losgelassene Mehrwertproduktion, der ziellose Betrieb expansiver Selbsterhaltung, ist für Adornos Gesellschaftskritik der Stein des Anstoßes. Im Tausch, der alle Dinge, ohne Ansehen ihrer besonderen Qualitäten, zu Waren zurechtstutzt, sie vergleichbar macht, indem er ihnen einen quantifizierten Gegenwert zumißt und sie so auf ein allgemeines Äquivalent bezieht, entspringt und triumphiert die Identität setzende Vernunft. (Vgl. *Negative Dialektik,* S. 20, S. 93) Im Tausch setzen sich Adorno zufolge die rohen Naturverhältnisse, Rache und Vergeltung, fort. Er ist die »rationale Gestalt der mythischen Immergleichheit«. (Adorno, »Fortschritt«, in: ders., *Stichworte (Kritische Modelle 2)* Frankfurt/Main 1969, S. 48)

29 Adorno, *Negative Dialektik,* a.a.O., S. 190.

30 Vgl. ebenda, S. 15 f., S. 190.

31 Man könnte ja auch versuchen, ihm in Bildern Raum zu geben, es in Geschichten selber zu Wort kommen zu lassen.

32 Adorno, *Negative Dialektik,* a.a.O., S. 396; vgl. auch S. 56.

33 Ders., »Reflexionen zur Klassentheorie«, in: ders., *Soziologische Schriften I, Gesammelte Schriften* Bd. 8, Frankfurt/Main 1972, S. 376.

34 Vgl. ders., *Negative Dialektik,* S. 242.

35 Adorno, *Negative Dialektik,* a.a.O., S. 394.

36 Vgl. ebenda, S. 352 f.

37 Ebenda, S. 393.

38 Ebenda.
39 Nietzsche, a.a.O., Bd. III, S. 533.

C. Perspektiven der Vernunftkritik

I. Resignation: Horkheimers Sehnsucht nach dem »Ganz Anderen«

1 Es sind vor allem zwei zentrale Motive der negativen Metaphysik Adornos, die
   sich in Horkheimers Spätwerk finden: die theologische Version der Metapher
   vom Bilderverbot und die fatalistische Klage über den Fluch der Erbsünde, der
   auf der Menschheit laste. Vgl. Horkheimer, »Kritische Theorie gestern und
   heute«, in: *Gesellschaft im Übergang*, a.a.O., S. 168, sowie ders., »Über den
   Zweifel«, in: *Sozialphilosophische Studien*, a.a.O., S. 130.
2 Vgl. ders., *Verwaltete Welt? Ein Gespräch*, Zürich 1970, S. 36 f., sowie ders.,
   »Was wir ›Sinn‹ nennen, wird verschwinden«, a.a.O., S. 171 f.
3 Ders., »Bemerkungen zur Liberalisierung der Religion«, in: *Sozialphilosophische Studien*, a.a.O., S. 135.
4 Ders., »Pessimismus heute«, in: *Sozialphilosophische Studien*, a.a.O., S. 142.
5 Vgl. ders., »Was wir ›Sinn‹ nennen, wird verschwinden«, a.a.O., S. 173 f.
6 Vgl. ders., »Bemerkungen zur Liberalisierung der Religion«, a.a.O., S. 135.
7 Vgl. ders., »Theismus – Atheismus«, in: *Zur Kritik der instrumentellen Vernunft*, a.a.O., S. 216.
8 Vgl. Horkheimer/Staudinger, *Humanität und Religion*, Würzburg 1974,
   S. 53.
9 Vgl. Horkheimer, *KV*, S. 123.
10 Horkheimer, *KV*, S. 66.
11 Das ließe sich beispielsweise an Platons idealer Konstruktion eines gerechten
   Ständestaats demonstrieren, dessen hierarchisches Gefüge dem Verfasser zufolge ausdrücklich den naturgemäß abgestuften Fähigkeiten der Einzelnen wie
   dem inneren Aufbau der Seele entsprechen soll.
12 Vgl. Horkheimer, *KV*, S. 165 und S. 166.
13 Horkheimer, *Verwaltete Welt? Ein Gespräch*, a.a.O., S. 24.
14 Ebenda. Demselben Schema bleibt übrigens auch die Wissenschaftskritik Herbert Marcuses verhaftet, der während der dreißiger Jahre zum engeren Kreis der
   Mitarbeiter des »Instituts für Sozialforschung« gehörte. (Vgl. Marcuse, *Versuch
   über die Befreiung*, Frankfurt/Main, S. 27, sowie ders., *Der eindimensionale
   Mensch*, Berlin/Neuwied 1967, S. 181) Zwar thematisiert Marcuse den Zusammenhang von Naturbeherrschung und sozialer Herrschaft ausdrücklich, er
   macht aber nicht hinreichend klar, daß es die humanistische Idee des Allgemeinen ist, die sich als instrumentelle Vernunft realisiert. Nur aufgrund dieses
   Versäumnisses kann Marcuse davon träumen, die wissenschaftlich-technische
   Rationalität müsse nur in den Dienst des wahren Allgemeinen genommen werden (Marcuse, *Der eindimensionale Mensch*, S. 183 und S. 242 f.) und könne
   diesem guten Zweck sogar entgegenkommen, indem sie ihre innere Struktur
   verändere und einen »wesentlich anderen Erfahrungszusammenhang« (Marcuse, ebenda, S. 181) entwickele.

15 Daher erweist sich als gedankenlose Verdoppelung der Krankheitssymptome, was eine erstaunlich leichtfertige Version gegenwärtiger Vernunftkritik als neue Wunderkur gegen die Leiden der Moderne propagiert. (Vgl. Peter Sloterdijk, *Kritik der zynischen Vernunft*, Frankfurt/Main 1983, insbesondere S. 365–367) Als heilsames Gegengift gegen die instrumentelle Vernunft und ihre lebensbedrohenden Folgeerscheinungen empfiehlt Sloterdijk seinen Lesern eine bemerkenswert simple Arznei: den entspannten »Kynismus der Zwecke«. (Vgl. ebenda) Die Rezeptanweisung lautet: »Wer allen sogenannten Zielen und Werten im kynischen Sinn eine Absage erteilt, sprengt den Zirkel der instrumentellen Vernunft, in welchem ›gute‹ Ziele mit ›bösen‹ Mitteln verfolgt werden.« (Ebenda, S. 367) Die Therapie, die hier angepriesen wird, hinkt der Realität in grotesker Weise hinterher. Längst sind die »großen Ziele«, die wir angeblich bloß »abblitzen lassen« müssen (ebenda), damit uns im Leben endlich »wieder warm« (ebenda, S. 390) wird, in den Mühlen instrumenteller Vernunft zerrieben worden. Der Hinweis auf die skrupellose Logik der Willkür, der zufolge ein angestrebter Zweck jedes Mittel heilige, berührt den vertrackten Problemzusammenhang, in den sich die Aufklärung verstrickt hat, nur oberflächlich. Wenn eine Diagnose sich an derart grob gerasterten Krankheitsbildern orientiert wie diejenige Sloterdijks, dann ist Mißtrauen wohl auch den Heilmitteln gegenüber angebracht, zu deren Verordnung sie führt. Daß von den Rettern, gleich welcher Couleur, die größte Gefahr ausgeht, kann einer unnachgiebigen Selbstreflexion der Aufklärung nicht verborgen bleiben. Die zweifellos von sich selbst überzeugte *Kritik der zynischen Vernunft* ist davon weit entfernt. Soweit Sloterdijk den zeitgenössischen Zynismus der Anpassung ins Visier nimmt (vgl. ebenda, S. 41), folgt er den Spuren der *Dialektik der Aufklärung* und zehrt vom Reflexionspotential Kritischer Theorie. Triftig charakterisiert er das »modernisierte unglückliche Bewußtsein« (ebenda, S. 37), das sich seufzend seiner hehren Ideale erinnert und sich doch, sei es achselzuckend, sei es mit forcierter Frechheit, im Gegebenen einrichtet, weil es durch seinen Selbsterhaltungsdrang an die scheinbaren Sachzwänge gefesselt ist. Entgegen dem prätentiösen Eigenlob Sloterdijks bestreite ich, daß seine Erwägungen zum »Zusammenhang von Strategie und Zynismus« (ebenda, S. 653) wesentlich über die Einsichten hinausgehen, die sich aus dem Blickwinkel einer Kritik der instrumentellen Vernunft ergeben. Der »zynische« Zeitgeist entspringt dem schlechten Gewissen der gescheiterten Aufklärer, das sich in rüdem Geständniszwang äußert. Diejenigen, die einmal angetreten waren, Vernunft in die Lebenswelt zu bringen, haben resigniert und versuchen ihren Selbstzweifel zu beschwichtigen, indem sie auf die leidigen Realitäten verweisen. Diesem Opportunismus bietet Sloterdijks Buch, dessen gewollt lässige Argumentation allenfalls polemische, nicht gedankliche Schärfe begünstigt, psychische Entlastung. Mittels eines hanebüchenen Manichäismus bemüht sich die *Kritik der zynischen Vernunft*, verstörende Zweideutigkeiten zu beseitigen. Einem ›bösen‹ Zynismus von oben konfrontiert sie den ›guten‹ Kynismus von unten (vgl. ebenda, S. 206, S. 222, S. 400 f.), als ob gesellschaftliche Herrschaft sich in der Gegenwart noch über eine eindeutige Polarität von oben und unten realisierte. Wer sich an dieses dualistische Schema klammert, wird sich allemal einzureden wissen, daß er eigentlich auf der Seite der ›kynischen Rebellion‹ stehe. Er darf sich als Opfer der Verhältnisse fühlen, deren Macht er durch sein alltägliches Verhalten fortwährend festigt. Gelegentlich scheint Slo-

terdijk von der Ahnung befallen zu werden, daß seine ahistorischen (vgl. ebenda, S. 401) Denkschablonen allzu einfältig sind. Dann vermischt er sie launig, streicht etwa beiläufig das »Entweder« der Alternative und spricht vom »Kyniker oder Zyniker« (ebenda, S. 536). Solche lichten Momente können aber nicht darüber hinwegtäuschen, daß Sloterdijk der begrifflichen Entdifferenzierung Kritischer Theorie Vorschub leistet. Sein vielgepriesener »Kynismus«, so scheint mir, verfällt der Dialektik der Aufklärung. Das wird unverkennbar, wenn man die Fluchtwege genau betrachtet, auf die der Leser der *Kritik der zynischen Vernunft* verwiesen wird. »Energetisches [! H. H.] Bewußtsein im Hier und Jetzt« (ebenda, S. 383) wird da besungen und der »wahre« Mensch, »der Herr seiner Begierden bleibt und im Einklang mit der Natur vernünftig lebt« (ebenda, S. 307). Verwunderlich sind solche Ungereimtheiten nicht mehr, sobald man, wie Sloterdijk, Selbstreflexion »kynisch« mit geistiger Selbstbefriedigung verwechselt. (Vgl. ebenda, S. 467) Die *Kritik der zynischen Vernunft* verkennt die selbstzerstörerische Dynamik der Aufklärung und sie unterschätzt deren unüberbietbare Radikalität. Besessen von dem, was man mit Sloterdijk durchaus seinen »kynischen« Impuls nennen könnte, der Begierde nämlich, die »nackten Tatsachen« zu enthüllen, ist das Denken der Aufklärung durchaus nicht auf halbem Wege stehengeblieben. (Vgl. ebenda, S. 365) Es ist vielmehr in jenen Zustand gespaltenen Bewußtseins geraten, den man mit Sloterdijk »Zynismus« nennen kann, der jedoch durch einen »Kynismus der Zwecke« nicht überschritten, sondern narzißtisch gespiegelt wird.

16 Vgl. Horkheimer, *Verwaltete Welt? Ein Gespräch*, a.a.O., S. 27 ff., sowie ders., *Notizen*, a.a.O., S. 32 und S. 33.

II. Kommunikative Rationalität – ein neues Paradigma?

1 J. Habermas, »Die Verschlingung von Mythos und Aufklärung – Bemerkungen zur Dialektik der Aufklärung nach einer erneuten Lektüre«, in: K. H. Bohrer (Hrsg.), *Mythos und Moderne*, Frankfurt/Main 1983, S. 405–431.
2 Ebenda, S. 413.
3 Ebenda, S. 412.
4 Ebenda, S. 429.
5 Ebenda.
6 Ebenda.
7 Ebenda.
8 Vgl. J. Habermas, *Theorie des kommunikativen Handelns*, a.a.O.
9 Habermas, »Die Verschlingung von Mythos und Aufklärung«, a.a.O., S. 413.
10 Vgl. ebenda, S. 411, sowie Habermas, *Theorie des kommunikativen Handelns*, a.a.O., Bd. I, S. 65.
11 Adorno, *Negative Dialektik*, a.a.O., S. 223 (Anm.).
12 Ebenda.
13 Habermas, *Theorie des kommunikativen Handelns*, a.a.O., Bd. I, S. 95.
14 Vgl. ebenda, S. 96.
15 Vgl. ebenda, S. 95.
16 Vgl. Habermas, *Theorie des kommunikativen Handelns*, a.a.O., Bd. I. S. 102.

17 Vgl. ebenda, Bd. I, S. 518.
18 Habermas, *Theorie des kommunikativen Handelns,* a.a.O., Bd. I, S. 500.
19 Ebenda, S. 522.
20 Weder für Horkheimer noch für Adorno spielt die Mimesis »die Rolle des
   Statthalters für eine ursprüngliche Vernunft, deren Platz durch die instrumentelle Vernunft usurpiert worden ist«. (Habermas, *Theorie des kommunikativen
   Handelns,* a.a.O., Bd. I, S. 512, Anm.) Wahre Ursprünge, in welcher Weise auch
   immer, zu imaginieren, hütet sich die Kritische Theorie. Wohl bezeichnet
   Adorno das mimetische Vermögen als »gleichsam physiologische Vorform des
   Geistes« (Adorno, *Ästhetische Theorie,* a.a.O., S. 172), als solche ist es allerdings
   auch mit der schneidenden Ambivalenz des begrifflichen Vermögens geschlagen: noch Mimesis erscheint Adorno als unzulässige Gleichmacherei von Ver-
   schiedenartigem. (Vgl. Adorno, a.a.O., S. 169 f.) Wie Horkheimer betont,
   bedeutet Nachahmung eines anderen nicht in jedem Fall einfühlsames Verstehen; sie kann durchaus in den Dienst denunziatorischer Absichten treten, zur
   höhnischen Karikatur geraten. (Vgl. Horkheimer, *KV,* S. 114)
21 Vgl. Habermas, *Theorie des kommunikativen Handelns,* a.a.O., Bd. I, S. 522.
22 Vgl. ebenda, S. 517 f. Während wir doch immer schon »in der Welt« sind, wenn
   wir anfangen zu denken, will die neuzeitliche Bewußtseinsphilosophie unseren
   Weltbezug eigens begründen. Die vernünftige Subjektivität setzt sich der Welt
   entgegen, um sie mittels der theoretischen Vernunft vorzustellen, wie sie ist, und
   gemäß der praktischen Vernunft einzurichten, wie sie sein soll.
23 Habermas, *Theorie des kommunikativen Handelns,* a.a.O., Bd. I, S. 518.
24 Ebenda.
25 Ebenda.
26 Ebenda.
27 Vgl. ebenda, Bd. I. S. 525.
28 Ebenda, Bd. II, Titel.
29 Ebenda, Bd. I, S. 209.
30 Habermas, *Theorie des kommunikativen Handelns,* a.a.O., Bd. II, S. 139; vgl.
   auch ebenda, S. 561.
31 Ebenda, Bd. I, S. 387.
32 Ebenda, Bd. I, S. 112. Ich halte den Rückgriff auf dieses Begriffspaar nicht für so
   einleuchtend, wie Habermas dem Leser suggeriert. Ich finde ihn nur insofern
   naheliegend, als er Eindeutigkeit vortäuscht und auf diese Weise die Voraussetzungen normativen Urteilens verdeckt. Was Kranksein ist und was Gesundheit,
   das scheint uns »intuitiv« (vgl. Habermas, ebenda, Bd. II, S. 571) unterscheidbar
   zu sein. Doch haben die Kriterien, an denen sich die medizinische Diagnose
   orientiert, eine aufschlußreiche Geschichte, die derjenigen der neuzeitlichen Rationalität überhaupt entspricht. Erst die moderne Medizinwissenschaft versteht
   das Krankheitsgeschehen nicht mehr als einen eigenartigen natürlichen Prozeß,
   sondern erfaßt es als meßbare innere Abweichung eines lebenden Systems von
   einer Norm, die als reguläres Funktionieren definiert ist. Die ärztliche Kunst der
   Gegenwart läßt sich in der Tat als »Fall einer Anwendung empirisch-theore-
   tischen Wissens« beschreiben, der »unter dem Aspekt der Durchsetzung zweck-
   rationaler Handlungsorientierungen angemessen analysiert werden kann«.
   (Ebenda, Bd. I, S. 344) Obwohl Habermas dies bemerkt, arbeitet die *Theorie des
   kommunikativen Handelns* mit dem Maßstab krank-gesund (normal-patholo-

gisch) bezeichnenderweise, als wäre er ein normatives Prinzip unverkürzter Vernunft.

33 Ebenda, Bd. I, S. 507.

34 Ebenda.

35 Ebenda.

36 Vgl. diese Studie B. I. 4b.

37 Habermas, *Theorie des kommunikativen Handelns,* a.a.O., Bd. I, S. 523.

38 Das betont Habermas selbst in seiner Auseinandersetzung mit der Systemtheorie Parsons', gegen die er einwendet, sie reduziere »die Strukturen sprachlich erzeugter Intersubjektivität [...] auf Mechanismen wie Tausch und Organisation«. (Ebenda, Bd. II, S. 384)

39 Ebenda, Bd. I, S. 44.

40 Vgl. ebenda, Bd. I, S. 28.

41 Vgl. Habermas, *Theorie des kommunikativen Handelns,* a.a.O., u. a. Bd. I, S. 38 f.

42 Vgl. ebenda, u. a. Bd. I, S. 385.

43 Vgl. ebenda, Bd. I, S. 395 und S. 410, Bd. II, S. 400.

44 Idealiter ist das die gesamte Menschheit, denn es handelt sich um die Beurteilung von Universalitätsansprüchen. Vgl. ebenda, Bd. I, S. 49.

45 Ebenda, Bd. I, S. 387.

46 Vgl. Habermas, »Die Verschlingung von Mythos und Aufklärung«, a.a.O., S. 406.

47 Vgl. ebenda, S. 429. Interessant finde ich, daß Habermas das Beispiel einer »Sicherheitsvorschrift« bemüht, um auf die angeblich unverkennbare Differenz von Macht- und Geltungsansprüchen aufmerksam zu machen. Wer sich den Anweisungen einer Sicherheitsvorschrift widersetze, werde nämlich »auf die geltenden Vorschriften hingewiesen, nicht auf Strafen, die im Fall der Nichtbefolgung zu erwarten sind«. (Ders., *Theorie des kommunikativen Handelns,* a.a.O., Bd. I, S. 405) Ergeben sich Sicherheitsanweisungen denn nicht in der Regel aus technischen Erfordernissen? Erhöht sich nicht das Risiko eines Unfalls, sobald sie nicht befolgt werden? Lassen sie sich nicht unter rein instrumentellen Gesichtspunkten erklären?

48 Vgl. *Theorie des kommunikativen Handelns,* a.a.O., u. a. Bd. I, S. 408; Bd. II, S. 115, S. 270, S. 417.

49 Ebenda, Bd. I, S. 387.

50 Habermas, *Theorie des kommunikativen Handelns,* a.a.O., Bd. II. S. 147.

51 Ebenda.

52 Ebenda, Bd. II, S. 132.

53 Ebenda; vgl. auch Bd. I, S. 532, sowie Bd. II, S. 400 und S. 516.

Literaturverzeichnis

Abosch, Heinz: »Die ratlose Theorie«, in: *Neue Rundschau*, 93. Jg. 1982, Heft 1, S. 72–84

Adorno, Theodor W.: *Ästhetische Theorie*, Frankfurt/Main 1974

Ders.: *Minima Moralia*, Frankfurt/Main 1970

Ders.: *Negative Dialektik*, Frankfurt/Main 1970

Ders.: *Noten zur Literatur, Gesammelte Schriften 11*, Frankfurt/Main 1974

Ders.: *Philosophische Frühschriften, Gesammelte Schriften 1*, Frankfurt/Main 1973

Ders.: *Stichworte – Kritische Modelle 2*, Frankfurt/Main 1969

Ders.: *Soziologische Schriften I, Gesammelte Schriften 8*, Frankfurt/Main 1972

Ders.: *Über Walter Benjamin*, Frankfurt/Main 1970

Adorno, T. W. u. a.: *Der Positivismusstreit in der deutschen Soziologie*, Neuwied u. Berlin 1969

Albert, Hans: *Traktat über Kritische Vernunft*, Tübingen 1980

Althusser, Louis: *Für Marx*, Frankfurt/Main 1968

Aristoteles: *Die Nikomachische Ethik*, übers. v. Olof Gigon, München 1972

Aristoteles: *Metaphysik*, übers. v. F. Schwarz, Stuttgart 1970

Ders.: *Physikvorlesung*, übers. v. H. Wagner, Darmstadt 1979

Ders.: *Politik*, übers. v. O. Gigon, München 1973

Arnold, Heinz Ludwig (Hrsg.): *Theodor W. Adorno*, Sonderband *Text+Kritik*, München 1977

Bacon, Francis: *Neues Organ der Wissenschaften*, Darmstadt 1974

Bahr, E. (Hrsg.): *Was ist Aufklärung?* Stuttgart 1974

Bataille, Georges: *Die Aufhebung der Ökonomie*, München 1975

Benjamin, Walter: *Charles Baudelaire*, Frankfurt/Main 1980

Ders.: *Das Kunstwerk im Zeitalter seiner technischen Reproduzierbarkeit*, Frankfurt/Main 1971

Ders.: »Goethes Wahlverwandtschaften«, in: Goethe, *Wahlverwandtschaften*, Frankfurt/Main 1972, S. 255–333

Ders.: *Ursprung des deutschen Trauerspiels*, Frankfurt/Main 1972

Beyer, Wilhelm Raimund: *Die Sünden der Frankfurter Schule*, Frankfurt/Main 1971

Blumenberg, Hans: *Arbeit am Mythos*, Frankfurt/Main 1979

Ders.: »Das Fernrohr und die Ohnmacht der Wahrheit«, in: Galilei, *Sidereus Nuntius – Nachricht von neuen Sternen*, Frankfurt/Main 1965

Ders.: *Die Genesis der kopernikanischen Welt*, Frankfurt/Main 1975

Blumenberg, Hans: *Säkularisierung und Selbstbehauptung*, Frankfurt/Main 1974

Bohrer, Karl Heinz (Hrsg.): *Mythos und Moderne*, Frankfurt/Main 1983

Bonß, W. u. Honneth, A.: *Sozialforschung als Kritik – Zum sozialwissenschaftlichen Potential der Kritischen Theorie*, Frankfurt/Main 1982

Bubner, Rüdiger: »Was ist Kritische Theorie?«, in: *Philosophische Rundschau*, 16. Jg. 1969, Heft 3/4, S. 213–249

Ders.: »Kann Theorie ästhetisch werden? Zum Hauptmotiv der Philosophie Adornos«, in: *Neue Rundschau*; 89. Jg. 1978, Heft 4, S. 537–553

Descartes, René: *Meditationes de prima philosophia* (lt.-dtsch.) Hamburg 1959

Ders.: *Meditationen. Mit sämtlichen Einwänden und Erwiderungen*, Hamburg 1965

Ders.: *Die Prinzipien der Philosophie*, Hamburg 1955

Ders.: *Regulae ad directionem ingenii* (lt.-dtsch.), Hamburg 1973

Ders.: *Von der Methode des richtigen Vernunftgebrauchs und der wissenschaftlichen Forschung*, Hamburg 1960

Diederich, Werner (Hrsg.): *Theorien der Wissenschaftsgeschichte*, Frankfurt/Main 1974

Dubiel, Helmut: *Wissenschaftsorganisation und politische Erfahrung*, Frankfurt/Main 1978

Ebeling, Hans (Hrsg.): *Subjektivität und Selbsterhaltung. Beiträge zur Diagnose der Moderne*, Frankfurt/Main 1976

Elias, Norbert: *Über den Prozeß der Zivilisation* (2 Bde.), Frankfurt/Main 1976

Feyerabend, Paul K.: *Der wissenschaftstheoretische Realismus und die Autorität der Wissenschaften*, Braunschweig/Wiesbaden 1978

Foucault, Michel: *Überwachen und Strafen*, Frankfurt/Main 1977

Frank, Manfred: *Der kommende Gott. Vorlesungen über die Neue Mythologie*, Frankfurt/Main 1982

Freud, Sigmund: *Psychologie des Unbewußten*, Studienausgabe Bd. III, Frankfurt/Main 1975

Gadamer, Hans-Georg: *Wahrheit und Methode*, Tübingen 1975

Galilei, Galileo: *Opere* Bd. V, Firenze 1968

Ders.: *Unterredungen und mathematische Demonstrationen über zwei neue Wissenszweige, die Mechanik und die Fallgesetze betreffend*, Darmstadt 1964

Gamm, Gerhard: »Leiden. Von der Zerstörung falscher Utopien«, in: *Konkursbuch* 8 *(Leiden)*, Tübingen 1982, S. 106–123

Geyer, Carl-Friedrich: *Aporien des Metaphysik- und Geschichtsbegriffs der kritischen Theorie*, Darmstadt 1980

Gumnior, H. u. Ringguth, R.: *Horkheimer*, Hamburg 1973

Habermas, Jürgen: *Theorie des kommunikativen Handelns* (2 Bde.), Frankfurt/Main 1981

Ders.: »Wahrheitstheorien«, in: *Wirklichkeit und Reflexion – Festschrift für Walter Schulz*, Pfullingen 1973

Ders.: *Zur Rekonstruktion des Historischen Materialismus*, Frankfurt/Main 1976

Hegel, G. W. F.: *Werke in 20 Bänden,* davon Bd. 3, Bd. 7, Bd. 12, Frankfurt/Main 1970/71

Heidegger, Martin: *Die Technik und die Kehre,* Pfullingen 1962

Ders.: *Holzwege,* Frankfurt/Main 1972

Ders.: *Nietzsche* (2 Bde.), Pfullingen 1961

Ders.: *Sein und Zeit,* Tübingen 1967

Ders.: *Wegmarken,* Frankfurt/Main 1967

Hesse, Heidrun: »Denken in der Leere des verschwundenen Menschen. Überlegungen zu Foucaults Konzept von Geschichte und Kritik«, in: *Konkursbuch 3 (Erfahrung und Erinnerung),* Tübingen 1979, S. 81–98

Dies.: »Rückkehr in die Gegenwart. Nietzsche und die Kritische Theorie«, in: *Konkursbuch 8 (Leiden),* Tübingen 1982, S. 52–63

Hobbes, Thomas: *Leviathan oder Stoff, Form und Gewalt eines bürgerlichen und kirchlichen Staates,* Frankfurt/Main 1966

Ders.: *Vom Körper (Elemente der Philosophie* I), Hamburg 1967

Ders.: *Vom Menschen/Vom Bürger (Elemente der Philosophie* II/III), Hamburg 1959

Hölderlin, Friedrich: *Werke und Briefe* (in 3 Bdn.), Hrsg. F. Beißner u. J. Schmidt, Frankfurt/Main 1969

Homer: *Odyssee,* übers. v. W. Schadewaldt, Hamburg 1958

Homer: *Odyssee,* übers. v. Joh. H. Voß, München ohne Jahr

Horkheimer, Max: *Anfänge der bürgerlichen Geschichtsphilosophie/Hegel und das Problem der Metaphysik/Montaigne und die Funktion der Skepsis,* Frankfurt/Main 1971

Ders.: *Aus der Pubertät,* München 1974

Ders.: *Gesellschaft im Übergang* (Hrsg. W. Brede), Frankfurt/Main 1972

Ders.: *Kritische Theorie* (2 Bde., Hrsg. A. Schmidt), Frankfurt/Main 1968

Ders.: *Notizen und Dämmerung* (Hrsg. W. Brede), Frankfurt/Main 1974

Ders.: *Sozialphilosophische Studien* (Hrsg. W. Brede), Frankfurt/Main 1972

Ders.: *Über Kants Kritik der Urteilskraft als Bindeglied zwischen theoretischer und praktischer Philosophie,* Frankfurt/Main 1925 (Druck: J. B. Hirschfeld, Leipzig)

Ders: *Vernunft und Selbsterhaltung,* Frankfurt/Main 1970

Ders.: *Zur Kritik der instrumentellen Vernunft* (Hrsg. A. Schmidt), Frankfurt/Main 1974

Horkheimer, M. / Adorno, T. W.: *Dialektik der Aufklärung,* Amsterdam 1947

Horkheimer, Max u. a.: *Zeitschrift für Sozialforschung,* Reprint München 1980

Horkheimer, Max: *Spiegel*-Gespräch (Was wir »Sinn« nennen, wird verschwinden), in: *Wir leben in der Weltrevolution. Gespräche mit Sozialisten,* Hrsg. G. Wolff, München 1971, S. 155–182

Horkheimer/Staudinger: *Humanität und Religion, ein Briefwechsel,* Würzburg 1974

Horkheimer, Max: *Verwaltete Welt? Ein Gespräch m. O. Hersche,* Zürich 1970

Jay, Martin: *Dialektische Phantasie. Die Geschichte der Frankfurter Schule und des Instituts für Sozialforschung,* Frankfurt/Main 1976

Kafka, Franz: *Sämtliche Erzählungen,* Frankfurt/Main 1970

Kant, Immanuel: *Grundlegung zur Metaphysik der Sitten,* Hamburg 1965

Kant, Immanuel: *Kritik der reinen Vernunft*, Hamburg 1956
Ders.: *Kritik der Urteilskraft*, Hamburg 1968
Kimmerle, Gerd: »Absage an Marx«, in: *Konkursbuch 7 (Müßiggang und Laster)*, Tübingen 1981, S. 43–66
Kondylis, Panajotis: *Die Aufklärung im Rahmen des neuzeitlichen Rationalismus*, Stuttgart 1981
Kuhn, Thomas S.: *Die Struktur wissenschaftlicher Revolutionen*, Frankfurt/Main 1967
Küsters, Gerd-Walter: *Der Kritikbegriff der kritischen Theorie Max Horkheimers*, Frankfurt/Main 1980

Lakatos, Imre: *Beweise und Widerlegungen*, Braunschweig 1979
Leibniz, G. W.: *Kleine Schriften*, Frankfurt/Main 1965
Lery, Jean de: *Brasilianisches Tagebuch*, Tübingen 1967
Lévi-Strauss, Claude: *Das wilde Denken*, Frankfurt/Main 1973
Ders.: *Mythologica I–IV* (5 Bde.), Frankfurt/Main 1976
Ders.: *Mythos und Bedeutung*, Frankfurt/Main 1980
Ders.: *Rasse und Geschichte*, Frankfurt/Main 1972
Lorenz, Konrad: *Die Rückseite des Spiegels. Versuch einer Naturgeschichte menschlichen Erkennens*, München 1977
Lübbe, Hermann: »Instrumentelle Vernunft. Zur Kritik eines kritischen Begriffs«, in: *Perspektiven der Philosophie*, Neues Jahrbuch, Hrsg. Berlinger, Fink, Kaulbach, Hildesheim 1975, S. 111–139

Malinowski, Bronislaw: *Argonauten des westlichen Pazifik*, Frankfurt/Main 1979
Maòr, Maimon: *Max Horkheimer*, Berlin 1981
Marcuse, Herbert: *Der eindimensionale Mensch*, Berlin/Neuwied 1967
Ders.: *Versuch über die Befreiung*, Frankfurt/Main 1972
Martens, E. (Hrsg.): *Texte des Pragmatismus*, Stuttgart 1975
Marx, Karl / Engels, Friedrich: *Werke (MEW* 1, 3, 23, 25), Berlin (Ost), 1969–1972
Marx, Karl: *Grundrisse zur Kritik der politischen Ökonomie (Rohentwurf)*, Berlin (Ost) 1974
Mayer, Hans: »Nachdenken über Adorno«, in: *Frankfurter Hefte*, 25. Jg. 1970, Heft 4, S. 268–280
Migdal, Ulrike: *Die Frühgeschichte des Frankfurter Instituts für Sozialforschung*, Frankfurt/Main – New York 1981

Needham, Joseph: *Wissenschaftlicher Universalismus*, Frankfurt/Main 1977
Negt, Oskar: »50 Jahre Institut für Sozialforschung«, in: Kluge/Negt: *Kritische Theorie und Marxismus*, Niederlande 1974
Newton, Isaac: *Mathematische Prinzipien der Naturlehre*, Darmstadt 1963
Nietzsche, Friedrich: *Werke* (in 3 Bdn., Hrsg. K. Schlechta), München 1966

Plessner, Helmuth: *Diesseits der Utopie*, Frankfurt/M. 1974
Popper, Karl Raimund: *Conjectures and Refutations*, London 1965
Ders.: *Falsche Propheten. Hegel, Marx und die Folgen. (Die offene Gesellschaft und ihre Feinde*, Bd. II), Bern 1958

Ders.: *Logik der Forschung*, Tübingen 1976
Porkert, Manfred: *Lehrbuch der chinesischen Diagnostik*, Heidelberg 1976
Poser, Hans (Hrsg.): *Mythos und Philosophie*, Berlin/New York 1979
Post, Werner: *Kritische Theorie und metaphysischer Pessimismus – Zum Spätwerk Max Horkheimers*, München 1971

Rittner, Volker: »Die unterirdische Geschichte des Abendlandes und das Verhältnis von Körper, Herrschaft und Zivilisation«, in: D. Kamper (Hrsg.), *Abstraktion und Geschichte*, München/Wien 1975

Sade, D. A. F. Marquis de: *Die Philosophie im Boudoir*, Hamburg 1972
Ders.: *La Nouvelle Justine/Histoire de Juliette*, in: *Oeuvres complètes*, Bd. 15–24, Paris 1967–59
Sambursky, Shmuel (Hrsg.): *Der Weg der Physik*, München 1978
Sartre, Jean-Paul: *Kritik der dialektischen Vernunft*, Reinbek 1967
Schäfer, Lothar: *Erfahrung und Konvention – Zum Theoriebegriff der empirischen Wissenschaften*, Stuttgart/Bad Cannstatt 1974
Scheible, Hartmut: »Von der bestimmten zur abstrakten Negation«, in: *Neue Rundschau*, 87. Jg. 1976, Heft 1, S. 86–111
Schmidt, Alfred: *Die Kritische Theorie als Geschichtsphilosophie*, München 1976
Ders.: *Drei Studien über Materialismus*, München 1977
Ders.: *Zur Idee der Kritischen Theorie*, München 1974
Schmidt, Friedrich W.: »Hegel in der Kritischen Theorie der ›Frankfurter Schule‹«, in: O. Negt (Hrsg.), *Aktualität und Folgen der Philosophie Hegels*, Frankfurt/M. 1970
Schmucker, Joseph F.: *Adorno – Logik des Zerfalls*, Stuttgart/Bad Cannstatt 1977
Schulz, Walter: *Die Vollendung des Deutschen Idealismus in der Spätphilosophie Schellings*, Pfullingen 1975
Ders.: *J. G. Fichte – Vernunft und Freiheit*, Pfullingen 1962
Ders.: »Zum Problem der absoluten Reflexion«, in: *Wissenschaft und Gegenwart* Heft 24, Frankfurt/Main 1963
Skuhra, Anselm: *Max Horkheimer – Eine Einführung in sein Denken*, Stuttgart 1974
Sloterdijk, Peter: *Kritik der zynischen Vernunft*, Frankfurt/Main 1983
Söllner, Alfons: *Geschichte und Herrschaft*, Frankfurt/M. 1979
Sommer, Manfred: *Die Selbsterhaltung der Vernunft*, Stuttgart/Bad Cannstatt 1977
Spinoza, Baruch de: *Ethica/Ethik* (lt.-dtsch.), Darmstadt 1967
Stent, G.: »That was the Molecular-Biology that was«, in: *Science*, Vol. 160, April 1968, S. 390–395

Theunissen, Michael: *Gesellschaft und Geschichte – Zur Kritik der kritischen Theorie*, Berlin 1969

Weber, Max: *Gesammelte Aufsätze zur Religionssoziologie*, Bd. I, Tübingen 1920
Ders.: *Soziologie – Universalgeschichtliche Analysen – Politik*, Stuttgart 1973
Ders.: *Wirtschaft und Gesellschaft*, Tübingen 1976

Wellmer, Albrecht: *Kritische Gesellschaftstheorie und Positivismus*, Frankfurt/Main 1969

Westarp, Graf Michael-Viktor: »Kritische Theorie in der Sackgasse«, in: *Merkur*, 24. Jg. 1970, S. 477–484

Wieland, Wolfgang: *Diagnose – Überlegungen zur Medizintheorie*, Berlin/New York 1975

Witschel, Günter: *Die Wertvorstellungen der Kritischen Theorie*, Bonn 1975

Wittgenstein, Ludwig: *Philosophische Untersuchungen*, Frankfurt/Main 1971

Zilsel, Edgar: *Die sozialen Ursprünge der neuzeitlichen Wissenschaft*, Frankfurt/Main 1976